Wolfgang Mertens

Erziehung zur Konfliktfähigkeit

Unterricht, Erziehung
Wissenschaft und Praxis

Zu diesem Band:

Erziehung zur Konfliktfähigkeit soll dazu befähigen, gestörte Interaktionsprozesse rechtzeitig zu erkennen und Konflikte auszutragen, statt sie zu umgehen oder zu verleugnen. Bislang, liegen keine theoretisch ausreichend fundierten Konzepte für eine konfliktorientierte Erziehung vor. Deshalb wird hier ein sozialpsychologisches und psychoanalytisches Modell entwickelt, das einen Interpretationsrahmen für herkömmliche konflikteinleitende und -verfestigende Erziehungshandlungen schafft. Erst bei Einsicht in diese Zusammenhänge läßt sch abschätzen, wie groß die gegenwärtigen Chancen für die Erziehung zu einer besseren Konfliktverarbeitung sind.

Wolfgang Mertens

Erziehung zur Konfliktfähigkeit

Vernachlässigte Dimensionen der Sozialisationsforschung

2. Auflage

Ehrenwirth Verlag München

CIP-Kurztitelaufnahme der Deutschen Bibliothek

Mertens, Wolfgang
Erziehung zur Konfliktfähigkeit : vernachlässigte Dimensionen d. Sozialisationsforschung. – 2. Aufl. – München : Ehrenwirth, 1978.

(Unterricht, Erziehung, Wissenschaft und Praxis)
ISBN 3-431-01612-X

ISBN 3–431–01612–X

Einbandgestaltung: Walter Rupprecht-Freigang
Druck: Appl, Wemding
Printed in Germany 1978a

Inhalt

Einleitung 7

1. Darstellung der Konzepte: Konflikt, Konfliktfähigkeit, Friedensfähigkeit 11
   1.1. Eine a-soziale Konzeption des Konflikts 11
   1.1.1. Definition des Konflikts 11
   1.1.2. Bewußtseinspräsenz des Konflikts 12
   1.1.3. Eine operationale Fassung des Konflikts 12
   1.1.4. Die kognitiven Dissonanztheorien 13
   1.2. Vorläufige Definition des Begriffs »Konfliktfähigkeit« 15
   1.3. Erziehung und Sozialisation 22
   1.4. Konfliktfähigkeit: vernachlässigte Dimension der Sozialisationsforschung 26
   1.5. Pädagogik der Friedensfähigkeit 31
   1.6. Das Curriculumprojekt »soziales Lernen« 33

2. Entwurf eines sozialpsychologisch-psychoanalytischen Konfliktmodells 35
   2.1. Rahmenbedingungen des Konflikts 36
   2.2. Skizzierung eines sozialpsychologisch-psychoanalytischen Konfliktmodells 41
   2.3. Zur Ableitung der Dimension »Konfliktfähigkeit« 50

3. Beispiele alltäglicher Konflikte 52
   3.1. Konflikt zwischen Eltern 52
   3.2. Konflikthafte Szenen zwischen Eltern und Kind 55

4. Der kommunikationstheoretische Ansatz 58
   4.1. Definition 58
   4.2. Kommunikationsmodalitäten 61
   4.3. Axiome menschlicher Kommunikation 62
   4.4. Kommunikationsstörungen 66
   4.4.1. Mißverständnisse innerhalb der linguistischen Kommunikationsebene 66
   4.4.2. Nichtbeachtung nonverbaler Kommunikation 66
   4.4.3. Widersprüche zwischen verbaler und nonverbaler Kommunikation 67
   4.4.4. Der Versuch, nicht zu kommunizieren 69
   4.4.5. Thema-Diskontinuität 69
   4.4.6. Störungen auf der Inhalts- und Beziehungsebene 69
   4.4.7. Widersprüchlichkeit von Interpunktionen 70
   4.4.8. Rigidität in symmetrischen und komplementären Interaktionen 70
   4.5. Erziehung zur Konfliktfähigkeit im kommunikationstheoretischen Ansatz 71
   4.5.1. Einübung in nichtsprachliche Kommunikation 71

4.5.2. Einübung von expliziter verbaler Metakommunikation 72
5. Der kognitionstheoretische Ansatz 75
5.1. Definition 75
5.2. Ergebnisse kognitionstheoretischer Forschung 77
5.2.1. Implizite Persönlichkeitstheorie 77
5.2.2. Die Zuschreibung von Verhaltensursachen 78
5.2.3. Die sich selbst erfüllende Prophezeiung 78
5.2.4. Etikettierung 79
5.2.5. Reziproke interpersonelle Wahrnehmung 80
5.3. Störungen bei der Kognition des anderen 84
5.4. Erziehung zur Konfliktfähigkeit im kognitionstheoretischen Ansatz 90
6. Der symbolisch-interaktionistische Ansatz 92
6.1. Definition 93
6.2. Konzepte des interaktionistischen Rollenmodells 93
6.2.1. Realisierung von Empathie 94
6.2.2. Interpretationen von Verhaltenserwartungen 95
6.2.3. Möglichkeit von Differenzen zwischen Erwartungen und Bedürfnissen 96
6.2.4. Möglichkeit flexibler Normenanwendung 96
6.2.5. Soziale und personale Identität 97
6.2.6. Ich-Identität als Balance 99
6.3. Identitätsstörungen 101
6.3.1. Verhindung von Empathie und »role-taking« 101
6.3.2. Verhinderung von Rollendistanz 103
6.3.3. Verhinderung von Ambiguitätstoleranz 105
6.3.4. Verhinderung einer balancierenden Ich-Identität 109
6.4. Erziehung zur Konfliktfähigkeit im symbolisch-interaktionistischen Ansatz 110
7. Der psychoanalytische Ansatz 112
7.1. Das Konfliktkonzept der klassischen Psychoanalyse 112
7.1.1. Äußerer und innerer Konflikt 112
7.1.2. Entwicklung und Wandel des Konfliktmodells 113
7.1.3. Das »Ich« als Agent der Vermittlung 115
7.1.4. Bedingungen für das Auftreten eines neurotischen Konflikts 116
7.1.5. Unterschiedliche Konfliktkonstellationen 118
7.1.6. Kritik am klassisch psychoanalytischen Konfliktmodell 121
7.2. Das Konfliktkonzept von Lorenzer 129
7.2.1. Psychoanalyse als Interaktionstheorie 129
7.2.2. Repräsentanz, Symbol und Klischee 131
7.2.3. Desymbolisierung und Klischeebildung 132
7.3. Erziehung zur Konfliktfähigkeit im psychoanalytischen Ansatz 137
Literatur 140

Einleitung

Die rasch angewachsene Literatur über Sozialisationsforschung kann nicht darüber hinwegtäuschen, daß die zumeist leerformelhaft vorgetragenen Forderungen nach Emanzipation, Mündigkeit, Kreativität, Sensibilität usf. in den wenigsten Fällen von einer gut fundierten Theorie ausgingen und von handlungsrelevanten Vorschlägen zur Verwirklichung dieser Erziehungsziele gefolgt waren. Nach der zunächst enthusiastischen Aufnahme – endlich schien die herkömmliche Entwicklungspsychologie mit ihren sterilen Fragestellungen überwunden zu sein – trat dann auch bald Enttäuschung ein. Die Sozialisationsforschung ermöglichte es zwar, die Entwicklung von Motiven, Wertorientierungen und Verhaltensmustern als *Lernen sozialer Rollen* zu thematisieren, ihre Schichtabhängigkeit und -spezifität – vor allem anhand amerikanischer Arbeiten – zu erkennen und so innerhalb eines soziologischen Bezugsrahmens die älteren pädagogischen Erziehungsziele nach Mündigkeit und Selbstverwirklichung erneut aufzugreifen; die Entwicklung einer interdisziplinären, d. h. soziologische, pädagogische und psychologische Konzepte umfassenden Sichtweise blieb jedoch zumeist in den Anfängen stecken. Denn in den meisten deutschsprachigen Veröffentlichungen zur Sozialisationsforschung wurden die verschiedenartigen Theorieansätze nur nebeneinandergereiht; ihre wechselseitige Verflechtung bekam man kaum in den Griff. Die Rollentheorie, die sich hierzu noch am ehesten geeignet hätte, weist den Nachteil auf, daß ihre Begriffe für Psychologen zu unscharf und in ihren empirischen Korrelaten kaum jemals bestimmbar sind. Diese forschungstechnischen Schwierigkeiten und der Mangel an wohldurchdachten anthropologischen und politischen Leitvorstellungen verhinderten deshalb auch bislang, präzise Vorschläge zur Verwirklichung bestimmter wünschenswerter Sozialisationsziele zu machen.

Dennoch setzte Ende der sechziger Jahre – ausgehend von dem Aufweis von Sozialisationsdefiziten innerhalb der Unterschicht – eine breite, bildungspolitisch unterstützte Bewegung ein, die sog. kompensatorische Erziehung. Mit ihrer Hilfe sollte es möglich sein, das Postulat der Chancengleichheit für alle endlich einzulösen.

Bestimmte Erziehungsstrategien, zu denen vor allem die Gründung von Vorschulkindergärten gehörte, sollten die Ungleichheit der Bildungschancen verringern helfen. Kompensatorische Erziehung erfüllt zwar den Zweck, den veränderten Produktionsbedingungen entsprechend, eine qualifiziertere Ausbildung schon im Kindesalter einzuleiten, die Bedingungen sozialer Diskriminierung können jedoch damit nicht beseitigt werden.

Neben der Propagierung dieser technologischen Lernziele und Lehrstrategien wurden von anderen Autoren Erziehungsziele genannt, die »Emanzipation von den derzeitigen Zuständen und Praktiken« (Fend 1971, S. 15) für wünschenswert halten.

Erziehung zur »Emanzipation«, zur »Flexibilität«, zur »Mündigkeit«: Diese und ähnliche Forderungen erwecken die Hoffnung, daß der Autor konkrete Schritte zur Verwirklichung dieser Erziehungsziele aufzeigt. Aber die meisten Vorschläge bleiben einem pädagogischen Idealismus verhaftet. Kritikfähigkeit, Ichstärke, solidarisches Handeln sind zwar progressive Gegenvorschläge zu herkömmlichen Erziehungszielen, bleiben aber leider nur gedankliche Alternativen. Denn der Verwirklichung dieser mit aufklärerischem Pathos vorgetragenen Ziele stehen massive Hindernisse im Wege.

Aus dieser Erkenntnis können u. a. folgende Schlüsse gezogen werden:

1. Man verzichtet auf die Aufstellung und Beschreibung progressiv anmutender Erziehungsziele und überläßt die Aufklärung von Eltern und Lehrern weitgehend Autoren konservativer Mentalität (z. B. Meves 1971).
2. Man arbeitet Konzepte »freier Kindererziehung« (z. B. Ritter 1972) oder einer »kinderfreundlichen Erziehung in der Dreizimmerwohnung« (Dessai 1973) aus, übersieht dabei aber, daß die Verwirklichung solcher Erziehungsmaßnahmen nur privilegierten Eltern möglich ist.
3. Man zählt die gegenwärtigen sozialisationstheoretischen Forschungsbefunde auf und analysiert, wie eine »Einübung in die Klassengesellschaft« (Huch 1972) durch die gegenwärtige Erziehungspraxis vorgenommen wird.
4. Man beginnt nicht mit proklamatorischen Leerformeln, die zukünftige Emanzipation verheißen, sondern geht von dem konkreten, sinnlich erfahrbaren Leiden aus und versucht, es in seiner Entstehung über verschiedene Etappen der Subjektivität bis zu seinen objektiven gesellschaftlichen Bedingungen zurückzuverfolgen.

Gelingt es, schlüssig nachzuweisen, daß gegenwärtiges psychologisches Leiden weitgehend gesellschaftlich vermittelt ist, so folgt daraus, daß Erziehungskonzepte vorläufig nur geringe Abhilfe schaffen können. Diese Erkenntnis hätte den Vorteil, daß man sich über die baldige Innovation gesellschaftlicher Verhältnisse keinen – letztlich unpolitischen – Illusionen hinzugeben braucht. Das ungeduldige Wünschen des ganz anderen schlägt ohnehin allzubald in Enttäuschung um. Deswegen erscheint eine realistische Haltung angemessener zu sein. Aus diesem Grunde kann man auch Konfliktfähigkeit als die Einsicht bezeichnen, daß die meisten Konflikte zwar erkannt, beschrieben, analysiert, aber kaum und nur unzureichend gelöst werden können, solange nicht bestimmte, aus den Produktionsverhältnissen ableitbare Dimensionen (wie etwa Herrschaftsverhältnis und Machtbeziehungen, Konkurrenz-, Leistungs- und Besitzorientierung, Warencharakter zwischenmenschlicher Beziehungen) eine grundlegende Veränderung erfahren.

Wobei man aber hinzufügen muß, daß es bisher keine Gesellschaftsform verstand, die in den Produktionsverhältnissen liegenden Widersprüche aufzulösen. Schon allein deswegen, weil alle politischen Systeme dazu neigen, sich auf Dauer zu stabilisieren und deshalb Konflikte als Störung des inneren Gleichgewichts möglichst eliminieren wollen, ohne ihre progressive Funktion und ihre Chancen zu erkennen.

Es wird im folgenden zunächst notwendig sein, ein falsches Verständnis vom Konflikt, nämlich die a-soziale und ahistorische Konzeption, wie sie – paradigmatisch für viele andere Ansätze – in 1.1 beschrieben wird, zu überwinden.

Mit Hilfe einer in den folgenden Kapiteln auszuführenden interaktionistischen Betrachtungsweise wird es möglich sein, subtiler als in bisherigen interpersonalen Konfliktkonzeptionen (etwa Interrollenkonflikten) Störungsmöglichkeiten aufzuzeigen, die zu vielfältigen Formen gebrochener Kommunikation und verdinglichter Interaktion führen. Der psychoanalytische Ansatz ist trotz einiger Unzulänglichkeiten besser als alle idealistischen Bewußtseinspsychologien oder ausschließlich am Verhalten orientierten Lerntheorien geeignet, Aussagen über die Dynamik verdrängter und aus dem Sprachspiel exkommunizierter Triebe zu machen.

Eine interaktionistische und psychoanalytische Betrachtungsweise muß jedoch jeweils auf die objektiv-historische Lage zurückbezogen werden. »Es gibt überhaupt keinen theoretischen Grund, mit dem gerechtfertigt werden könnte, warum subjektive Schicksale von Individuen ... als letzte Erklärungsebene genommen werden müßten. Im Gegenteil nötigt die wissenschaftliche Reflexion sogar dazu, weiter hinter solche Bedingungen ›zurückzufragen‹, solange nicht zweifelsfrei feststeht, daß ein solches Bemühen erfolglos ist.« (Mollenhauer 1972, S. 183)

Im Nachvollzug der hier vorzunehmenden Ausarbeitung eines kritischen sozialpsychologisch-psychoanalytischen Konfliktkonzepts kann der Leser sich selbst eine Meinung darüber bilden, wie groß der Spielraum für eine Erziehung zur Konfliktfähigkeit ist.

Die Legitimation für eine Erziehung zur Konfliktfähigkeit wird sich aus der Erkenntnis ergeben, daß bislang die Bedingungen einer progressiven Konfliktverarbeitung nicht gelernt, geschweige denn begriffen worden sind. Konflikte werden, sofern überhaupt wahrgenommen und nicht verleugnet oder verdrängt, stets nur als individuelles Versagen, als Problem des privaten Lebens ausgegeben. Gerade diese Privatheit des Konflikts verhindert offene Kommunikation und Verständigung über etwaige gemeinsame Leidensursachen. Die »Jemeinigkeit« des Konflikts verbietet es von vornherein, das Leiden auch als objektives gesellschaftliches Schicksal zu begreifen.

Als der Psychoanalytiker Kilian in einer Fernsehsendung seine Gesprächsteilnehmer ermunterte, frei zu sagen, was für sie das bedeutsamste Ereignis des vergangenen Jahres gewesen sei, wurde in einem erstaunlichen Ausmaß deutlich, daß viele Befragte nur geringen Anteil an wichtigen politischen, gesellschaftlichen, kulturellen und sportlichen Ereignissen des Jahres 1972 genommen hatten. Die Beschäftigung mit ihrem eigenen Kummer – der allerdings als solcher von den Betroffenen oftmals gar nicht benannt werden konnte – hatte ihre Interessen und Aufmerksamkeit stark beansprucht. Die Lebenskraft, so schien es, wurde in vielen Fällen dafür verbraucht, sich selbst und sein eigenes Leben – seine Sehnsüchte, Wünsche und Ziele – nicht wichtig zu nehmen. Als Kilian mit geschickten Fragen hinter die Phrasen seiner Gesprächsteilnehmer gelangte, entstand aus dem Satz: »Man muß doch zufrieden sein mit dem, was man hat« unversehens das Konfliktbewußtsein: »Im Grunde habe ich nicht viel von meinem Leben gehabt, ein paar vage Hoffnungen, die nicht in Erfüllung gingen, manchmal ein Verlangen nach Selbstverwirklichung und Sinn, das ich jedoch bald als anmaßend empfand.« Und manche erinnerten sich, wie ihnen als Kind gesagt wurde: »Sei bescheiden und sei froh, daß es dir so gut geht, uns ist es viel schlechter ergangen.« Kein Wunder, daß sich noch im Bewußtsein mancher Erwachsenen die kindliche Einübung in Fatalismus widerspiegelte, die undurchschaut zur Lebensmaxime wurde und Tag um Tag eine Bestätigung erfuhr. Jeder Gedanke an ein befreiteres Leben muß dann auch zwangsläufig Schuldgefühle und Abwehr hervorrufen, da man früh gelernt hat, sich gegen sein vermeintliches Schicksal nicht auflehnen zu dürfen. Denn leben heißt leiden, heißt Unterdrückung von ureigensten Bedürfnissen.

In diesem Buch sollen in Umrissen die Grundzüge eines kritischen sozialpsychologisch-psychoanalytischen Konfliktkonzepts entwickelt und die möglichen Freiräume für eine konfliktorientierte Erziehung, die zur Konfliktfähigkeit hinführen kann, beschrieben werden.

Zu diesem Zweck sind in dem 1. Kapitel wichtige Konzepte, wie das zu überwindende a-soziale Konfliktverständnis, die Disposition Konfliktfähigkeit, Erziehung und Sozialisation, näher ausgeführt.

Im 2. Kapitel wird in komprimierter Form ein sozialpsychologisch-psychoanalytisches Konfliktmodell entworfen, welches dann in den Kapiteln 4 bis 7 im einzelnen zu explizieren ist. Im 3. Kapitel findet der Leser Beispiele alltäglicher Konflikte und Auseinandersetzungen zwischen Eheleuten, Eltern und Kind. Diese Beispiele werden zur Erläuterung in den anschließenden Kapiteln des öfteren herangezogen werden. Am Ende der Kapitel 4 bis 7 werden jeweils Vorschläge für eine Erziehung zur Konfliktfähigkeit unterbreitet.

1. Darstellung der Konzepte: Konflikt, Konfliktfähigkeit, Friedensfähigkeit

Bevor die Grundzüge eines sozialisationstheoretischen Konfliktmodells entwickelt werden, ist es notwendig, Begriffe, wie Konflikt, Konfliktfähigkeit, Erziehung und Sozialisation, zu definieren. Ist Konfliktfähigkeit tatsächlich eine vernachlässigte Dimension der Sozialisationsforschung? Wieweit beschäftigt sich auch die Pädagogik der Friedensfähigkeit und des sozialen Lernens mit dem Konzept einer konfliktorientierten Erziehung?

Kann die herkömmliche Psychologie Lösungsvorschläge für eine konfliktorientierte Erziehung anbieten? Oder muß sie ihre Hilflosigkeit offenbaren, wenn es darum geht, praxisrelevante Aussagen zu machen, die eine Befreiung des Menschen aus unbegriffenen Abhängigkeiten ermöglichen? Im folgenden wird dies anhand der wohl bekanntesten Konfliktdefinition zu überprüfen sein.

1.1 Eine a-soziale Konzeption des Konflikts

Nach einer recht bekannten Unterscheidung kann man von einem Konflikt »innerhalb« einer Person (intrapersonal) und einem Konflikt zwischen zwei oder mehr Personen (interpersonal) sprechen. Wenngleich nicht abzustreiten ist, daß im subjektiven Erleben viele Konflikte zunächst als intrapersonal erscheinen, so ist diese Sichtweise doch Ausdruck einer »a-sozialen« Psychologie, für die es bislang ausreichend war, ihren Gegenstand als abstrakt-isoliertes Individuum zu bestimmen.

Diese Psychologieauffassung kommt auch in der bekanntesten Konfliktdefinition zum Ausdruck.

1.1.1 Definition des Konflikts

Am Beispiel der nach Buridanus überlieferten Fabel von einem Esel, der sich zwischen zwei gleich großen Heuhaufen nicht entscheiden konnte und deshalb verhungerte, beschrieb Hofstätter (in Anlehnung an Lewin 1935) drei Arten von Konflikten, die er als Appetenz-Appetenz-Konflikt (zwei rivalisierende Hinstrebungen), als Aversions-Aversions-Konflikt (zwei Wegstrebungen) und als Appetenz-Aversions-Konflikt thematisierte (vgl. 1957, S. 181 f.).

Ein Konflikt besteht somit nach dieser Auffassung aus dem Gegeneinanderwirken von Motiven. Konflikte sind als hypothetische Konstrukte zu verstehen, da man den Konflikt selbst nicht beobachten kann. Für eine weiterführende Charakterisierung des Konflikts bieten sich die fünf formalen Merkmale an, die Lehr (1965, S. 308 ff.) genannt hat. 1. Die Auslösung mehrerer Verhaltenstendenzen (etwa bei Wahl, Entschluß oder Entscheidung); 2. die Unvereinbarkeit der Tendenzen; 3. die affektive

Beunruhigung, die sich auch in Form eines ›gestörten Zukunftsbezuges‹ (Thomae 1960) bemerkbar macht; 4. das kognitive Moment des Orientierungsverlustes und 5. das Moment des ›Entscheidungs- oder Lösungsdruckes‹, was sich auch als motivationale Komponente bezeichnen läßt (vgl. das von Konsonanzforschern postulierte Motiv zur Dissonanzreduktion).

1.1.2 Bewußtseinspräsenz des Konflikts

Da die konfliktinitiierenden Vorgänge und der Konflikt selbst dem Bewußtsein oftmals gar nicht zugänglich sind, ist es sinnvoll, ein Kontinuum der Bewußtseinspräsenz von Konflikten zu konstruieren (vgl. Lehr S. 314 f.). Dieses reicht von dem Pol »unbewußter Konflikt« über kaum bemerkte, am »Rande« des Bewußtseins ablaufende Konflikte bis hin zu dem mit voller Bewußtseinshelligkeit – etwa als Entscheidungsdilemma – erlebten Konflikt.

1.1.3 Eine operationale Fassung des Konflikts

Stellvertretend für andere behavioristische und experimentell nachprüfbare Ansätze der Konfliktforschung soll das Konfliktmodell von Miller (1944) skizziert werden, das dieser im Anschluß an Lewin (1935) und Hull (1938) entwickelt hat.

Miller führt zunächst zwei Gradienten ein, einen Annäherungs- und einen Vermeidungsgradienten:

1. Der Annäherungsgradient bezeichnet die mit der Nähe zum Ziel positiver Valenz anwachsende Tendenz, sich diesem zu nähern.
2. Der Vermeidungsgradient zeigt die Tendenz an, ein Ziel negativer Valenz zu meiden, die wiederum um so stärker wird, je näher das Ziel erreicht wird.
3. Eine weitere Grundannahme postuliert, daß der Vermeidungsgradient stärker ist als der Annäherungsgradient, d. h., daß die Stärke der Vermeidung mit der Nähe schneller ansteigt als die Stärke der Annäherung.
4. Des weiteren geht Miller davon aus, daß beide Tendenzen von der zugrunde liegenden Triebstärke abhängig sind und daß sie eine Funktion der Häufigkeit der vorausgegangenen Verstärkung sind.
5. Ein letztes Postulat lautet schließlich, daß von zwei miteinander in Konflikt befindlichen Reaktionen die stärkere auftritt. Im sog. Zielgradienten-Modell (nach Hull 1938, S. 288) läßt sich das Auftreten des Konflikts symbolisch an der Kreuzung der beiden Gradienten ablesen.

Dieses behavioristische Konfliktmodell, das mit Hilfe zahlreicher Rattenexperimente überprüft worden ist, hat auch zu Forschungen über psychoanalytische Konzepte angeregt; so haben Murray/Berkun (1935) etwa den Vorgang der Verschiebung – hier allerdings unter lerntheoretischen Gesichtspunkten der Generalisation – studiert und experimentell

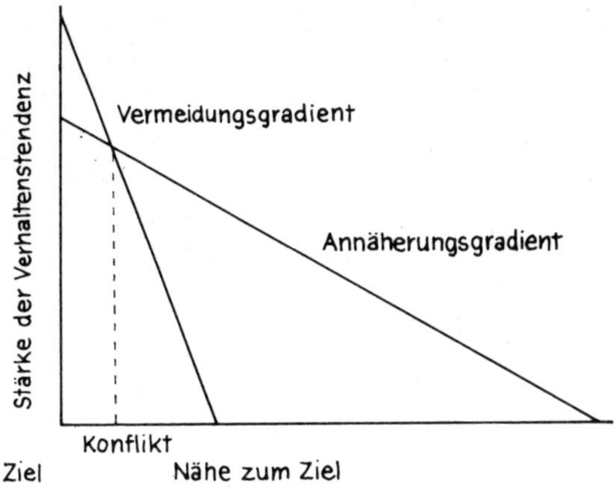

Abb. 1: Annäherungs- und Vermeidungstendenzen in Abhängigkeit von der Nähe zu einem Ziel und der Stärke der Verhaltenstendenzen

nachgewiesen, daß Verschiebung eine Konfliktlösung darstellt (vgl. hierzu Feger 1965).

Allerdings kann der Vorteil einer experimentellen Überprüfung dieses Modells nicht über die massiven Nachteile hinwegtäuschen; es stellt genau betrachtet das Paradigma eines sprachlosen und interaktionsunfähigen Organismus dar, in dem darüber hinaus von der Komplexität eines Konfliktgeschehens völlig abgesehen wird.

Ähnliches gilt für mathematische Spiel- und Entscheidungstheorien des Konfliktes, die allesamt von der Prämisse ausgehen, der Mensch würde sein Verhalten – wie ein homo oeconomicus – stets nach zweckrationalen und logistisch ausgeklügelten Überlegungen steuern. Daß dies keineswegs so ist, daß Entscheidungen sich gelegentlich vielmehr durch äußerste Irrationalität auszeichnen, wird innerhalb der psychoanalytischen Konflikttheorie zu besprechen sein.

1.1.4 Die kognitiven Dissonanztheorien

Aufschlußreicher sind hingegen die kognitionstheoretischen Ansätze innerhalb der Sozialpsychologie (vgl. Abelson u. a. 1968). Die bekanntesten Konsistenztheorien sind etwa das Balanceprinzip von Heider (1958), das Kongruitätsprinzip von Osgood und Tannenbaum (1955) und die Dissonanztheorie von Festinger (1957).

Allen Konzeptionen ist gemeinsam, daß sie dem Individuum ein Streben nach Konsonanz seiner Einstellungen, Meinungen und Verhaltensweisen unterstellen. Tritt eine Dissonanz, eine Inkongruenz z. B. zwischen Einstellung und Verhaltensweise auf, so bemüht sich das Individuum laut

Einheit

Festingers Theorie um eine Wiederherstellung der kognitiven Stimmigkeit. Der Konflikt besteht in der Dissonanztheorie immer zwischen kognitiven Elementen, etwa der Einstellung, andere Menschen nicht anzulügen, und dem Wissen, dies z. B. im Rahmen eines Experimentes unter erzwungener Einwilligung (forced compliance) dennoch getan zu haben. Wie kann das Individuum einen derartigen Konflikt, der in diesem Fall aus der Unvereinbarkeit der Attitüde mit dem attitüdendiskrepanten Verhalten entstanden ist, reduzieren? Da die Versuchsperson ihr bereits ausgeführtes Verhalten nicht mehr rückgängig machen kann, ist es ihr in diesem Fall nur möglich, ihre Einstellung zu ändern (vgl. Festinger 1957).

Ein anderer Reduktionsmechanismus besteht z. B. darin, neue Kognitionen heranzuziehen, um auf diese Weise das kognitive Ungleichgewicht zu verringern (was z. B. im Falle des Kaufs eines Gebrauchtwagens, bei dem man anschließend erhebliche Mängel entdeckt, darin bestünde, nun nach Informationen über die Vorzüge des Wagentyps zu suchen).

Mit der Reduzierung der kognitiven Dissonanz kehrt nach Meinung der Dissonanzforscher sodann wieder ein Zustand der Beruhigung, des Gleichgewichts, der kognitiven Ordnung zurück.

Die kognitive Dissonanztheorie hat eine Unzahl sozialpsychologischer Untersuchungen zur Folge gehabt, vor allem im Anschluß an das klassische Experiment von Festinger/Carlsmith (1959). Die Auseinandersetzung mit alternativen Erklärungsmöglichkeiten über die Rolle der Belohnung in Experimenten mit »forced compliance« hat zu einer Spezifikation der Bedingungen (etwa Art der Kommunikation, Selbstverpflichtung, Entscheidungsfreiheit u. a. m.) geführt und die anfänglich so simpel erscheinende »Theorie« als ein komplexes Hypothesengebilde erscheinen lassen (vgl. Frey 1971). Im Rahmen dieses kurzen Überblicks ist es nicht möglich, darauf ausführlicher einzugehen. Soviel aber sei kritisch angemerkt: Alle Konsistenztheorien postulieren, daß das Individuum motiviert ist, auftretende kognitive Unordnung auf schnellstem Wege zu reduzieren. Konflikte, deren Lösung keine kurzfristigen Einstellungsänderungen erlauben, sondern etwa zeitextensives Umlernen oder Neuorientierungen erforderlich machen, geraten außerhalb des Blickfeldes der Konsistenztheorien. Immer nur bestrebt, seinen kognitiven »Kirchhofsfrieden« nicht zu gefährden, ist das Individuum unfähig, Ambiguitäten und Widersprüchlichkeiten für längere Zeit zu tolerieren und zu ertragen. Vielmehr muß es sich mit Hilfe von Rationalisierungen oder »Saure-Trauben-Strategien« einreden (und darauf laufen viele Versuche des von Festinger beschriebenen Dissonanzreduzierungsvorgangs hinaus), daß seine Entscheidungen, sein Tun und Erleben von allen Widersprüchen gereinigt sind. Christina Rohr (1972), die den ideologischen Gehalt psychologischer Theorien über Verhaltensveränderungen herauszuarbeiten versuchte, schreibt in ihrer Kritik an den Konsistenztheorien: »Wenn die Annahme lautet, daß Menschen generell Inkonsistenzen bei sich selbst und zwischen sich und ihrer Umgebung verabscheuen und wahrgenommene Dissonanzen abzubauen versuchen, dann bleibt ungeklärt, wie es zu Situationen kommt, in denen Spannung, Ungewißheit und Imbalance produziert statt reduziert werden. Risikoverhalten, Überdruß an Redundanz und Wiederholung, Sättigung von bloßer Harmonie und Sicherheit, Ablehnung des Ordnungsprimats, aber auch Apathie gegenüber Differenzen und Widersprüchen können mit Hilfe dieser Theorien nicht erklärt werden. Widersprüche und Antagonismen im Bewußtsein des Individuums müssen keineswegs zur Motivation ihrer Verdrängung führen. Ungleichgewichtige Zustände können sehr lange stabil bleiben und bei niemandem Intentionen zu ihrer Beseitigung provozieren.« (S. 24)

Die unter 1.1.1 erfolgte Definition, die beschriebenen Charakteristika des Konflikts, das experimentell-behavioristische Paradigma als operationalisierte Form des Lewinschen Konfliktbegriffs und die Dissonanztheorie können noch nicht den Weg zu einer fundierten Betrachtung eines Konflikts weisen. Es wird in den Kapiteln 2 bis 7 deswegen auch nötig sein, die a-soziale Konzeption, die wohl am deutlichsten anhand des oben gewählten Konfliktbegriffs aufzuzeigen war, zu überwinden. Dazu müssen kommunikations-, kognitions-, interaktionstheoretische und psychoanalytische Ansätze miteinbezogen werden, um einen Konflikt nicht nur in seiner abstrakt-isolierten Form und seiner scheinbar individualpsychologischen Natur zu erkennen, sondern ihn in seinen Entstehungsbedingungen und Grundstrukturen als zwischenmenschlichen und gesellschaftlich vermittelten zu begreifen.

Bevor dieses Konfliktmodell zu entwickeln ist, muß jedoch eine vorläufige Definition von Konfliktfähigkeit erfolgen.

1.2 Vorläufige Definition des Begriffs: »Konfliktfähigkeit«

Konfliktfähigkeit – das mag vielen zunächst unverständlich klingen. Warum sollte man fähig sein zu Konflikten?

Mit dem hier verwendeten Terminus Konflikt sind nicht die Alltagssorgen gemeint, die unserem Bewußtsein leicht zugänglich sind. Vielmehr gibt es Konflikte, die sich unserer bewußten Verfügbarkeit entzogen haben, sich in gestörter Interaktion und Kommunikation manifestieren und Beziehungen zerstören, wo oftmals gar kein bewußter Anlaß dazu gegeben ist.

Wir haben zumeist nur gelernt, Konflikte zu unterdrücken und zu verschleiern oder – sofern wir den Konflikt als solchen überhaupt begreifen – auf nicht angemessene Weise zu verarbeiten. Herkömmliche Erziehung konnte sehr häufig die Individuen nicht dazu befähigen, mit Konflikten progressiv umzugehen.

In dieser Arbeit müssen deswegen Gedanken aufgezeigt werden, wie Eltern und Erzieher zunächst das Entstehen von Konflikten bei sich selbst erkennen können, dann aber auch, wie sie ihre Kinder zu konfliktfähigen Individuen erziehen können.

In dieser Verschränkung von eigener Konfliktfähigkeit und Erziehung zur Konfliktfähigkeit liegen die Chancen, aber auch die Grenzen dieses Vorhabens. Die Chancen, weil die Reflexion über die eigenen Konflikte erst das Verständnis für eine einfühlsamere Erziehung schafft; die Grenzen, weil jeder Versuch, herkömmliche Erziehungsmethoden zu überwinden, zumeist an den eigenen, gesellschaftlich vermittelten, emotionalen Widerständen der Erzieher scheitert.

Schon immer hat es Versuche und Vorschläge gegeben, mit Konflikten umzugehen; sie reichen von der Beschäftigung mit der Philosophie, in der man einen Trost zu finden hoffte, bis hin zu modernen Verfahren gruppendynamischer Sitzungen. Auch die Literatur über dieses Thema ist reichlich.

An einem Beispiel soll verdeutlicht werden, daß jedoch die bisherigen Versuche dem Thema »Umgang mit Konflikten« nicht gerecht zu werden vermochten. Als prototypisch für viele andere Veröffentlichungen sei das Buch des bekannten Münchner Religionsphilosophen Leist (1966) »Über Leben, Lüge und Liebe« erwähnt. In einem Kapitel, überschrieben »Konflikte des Alltags« (vgl. S. 37 ff.), heißt es:

»Die Langeweile ist jene Zeit, jene Weise, wie ich da bin, wenn nichts Wesentliches passiert. Langeweile ist nach der Depression eine der größten Nöte, an der heutige Menschen leiden. Man suchte sie zu vertreiben. Doch kehrte sie in anderer Gestalt wieder. Der organisierte Reisebetrieb, die Industrialisierung der Erholung sind nichts anderes als Narkotika gegen die unaufhebbare Langeweile ... Depression, Überdruß und Langeweile entstehen aus der Mitte unseres Wesens und lassen sich auch nur aus dieser Mitte überwinden ... Die Liste unserer Nöte wird länger: zu Langeweile, Überdruß und Depression gesellen sich Freudlosigkeit und Übermüdung ... Was macht uns denn so müde, müde über alle Maßen? Schauen wir unser durchschnittliches Leben an: Die Arbeit ist mühselig, oft ungeliebt. Wir würden sie bewältigen, sie müßte nicht so ermüden, wenn nicht noch etwas anderes hinzukäme! Ja – wenn nicht hinzukäme, daß die Ehe am Zerbrechen ist, daß die zahlreichen Konflikte zwischen Mann und Frau an den Kräften zehren ... Das macht so müde: was denn – die Konflikte? Ja – die Konflikte, in denen wir vergeblich nach Sinn suchen. Wir verheben uns ständig an uns selbst – weil wir mehr wollen, als menschlichem Dasein zugewiesen ist ... Wir sind so übermüdet, weil wir ständig über die Grenzen unseres Wesens und seines Könnens hinausstreben.«

Im weiteren Verlauf seiner Überlegungen über die Pathologie des Durchschnittsbürgers ermahnt Leist seine Leser nun zur Introspektion:

»So kann jeder von uns in sich einen Lebensplan entdecken, dem er von Kindheit an nachhastet, der zu weit gesteckt ist und über seine Kräfte hinausgeht.« Und folgerichtig fordert er uns auf, dieser prometheischen Überheblichkeit mit Hilfe von drei Regeln entgegenzutreten: »Eine erste Regel: Haben wir Geduld mit uns selbst! Unsere Ungeduld gegen die anderen erwächst der Ungeduld gegen uns. Haben wir Nachsicht mit uns, daß wir vieles nicht können, andere uns überlegen sind. Haben wir Nachsicht mit uns, daß wir älter werden.

Haben wir Geduld mit uns selbst – dazu gehört, suchen wir unsere Grenzen zu erkennen. Wir sind kein Genie; wir sind meistens auch nicht so schön und reich, wie wir es wünschen ... Haben wir Geduld mit uns selbst, lernen wir unsere Grenzen kennen, und noch ein drittes, verzichten wir, uns in unsere Niedergeschlagenheit hineinzusteigern.«

Die Gedankengänge von Leist wurden deshalb zitiert, weil sie eine weitverbreitete Tendenz erkennen lassen: Abgesehen davon, daß es für den Leser eine gewisse Beruhigung bedeutet, wenn er von einem Fachmann erfährt, daß auch für andere die Arbeit mühselig und die Ehe fast am Zerbrechen ist, so wird ihm andererseits eine große beunruhigende Willensleistung abverlangt: sich am eigenen Schopfe aus dem Sumpf des mißgestalteten Zusammenlebens zu ziehen. Zugleich wird ihm die Vorstellung suggeriert, daß den allermeisten Konflikten anthropologische Grundkonstanten – faustisches Verlangen, maßloses Besitz- und Machtstreben – zugrunde liegen. Mit dieser Sichtweise wird folgendes unterschlagen:

1. Motive sind im Verlauf der lebensgeschichtlichen Prägung erworben worden, sind also durch Lernprozesse steuerbar. Der Tiefenpsychologe Adler hat bereits vor über fünfzig Jahren aufzuzeigen versucht, wie sich aus dem seiner Meinung nach ursprünglichen Streben des Kindes nach Gemeinschaft und mitmenschlicher Verbundenheit aufgrund falschen erzieherischen Einflusses verzerrtes Macht- und Geltungsstreben entwickeln können.
2. Die von Leist u. a. erwähnten Ehekonflikte sind Beziehungskonflikte, die nur durch den Rekurs auf die Interaktionsebene einer vollständigen Betrachtung zugänglich werden. Die Ermahnung zur Geduld und zur Anerkennung unserer Grenzen setzt dagegen von vornherein einen monadologischen Bezugsrahmen von Beziehungskonflikten.
3. Konflikte müssen gemäß dem noch ausführlicher darzustellenden Konzept in den allermeisten Fällen als gesellschaftlich vermittelt betrachtet werden. In einer Gesellschaft, in der z. B. ein zu gering ausgeprägtes Streben noch Dominanz, Konkurrenz und Leistung als Schwächlichkeit interpretiert wird und zumeist auch negative Sanktionen nach sich zieht, ist es absurd, vom einzelnen zu verlangen, auf eine Vermehrung sozialen Ansehens im Sinne von Macht und Besitz zu verzichten.

Mit moralischen Appellen und ähnlichen Münchhauseniaden ist den allermeisten Konflikten nicht beizukommen, weil diese Sichtweise die Bedeutsamkeit psychodynamischer Vorgänge, die sozialpsychologisch zu bestimmende Natur von Beziehungskonflikten und die gesellschaftlichen Konstituenten außer acht läßt. Dies rächt sich durch die weitgehende Unfruchtbarkeit derartiger Vorschläge, die in den Büchern von Kulturkritikern und theologisch-philosophischen Autoren in großer Anzahl zu finden sind (so z. B. Bodamer 1966).

Hier kann nur eine genaue Analyse der Konfliktentstehung und des Konfliktverlaufes von dem Druck befreien, stets die Verantwortung für intra- sowie interpersonelle Konflikte bei sich selbst suchen zu müssen. Zugleich wird die detailliertere Betrachtung auf den Umstand verweisen, daß Konflikte eine historisch und sozio-ökonomisch variable Gestalt aufweisen, somit also prinzipiell veränderbar wären und nicht einer wie immer auch gearteten ubiquitären und ewig gleichbleibenden »Konfliktträchtigkeit« (Lückert) des Menschen zugeschrieben werden müssen.

Konfliktfähigkeit heißt auch nicht ausschließlich Fähigsein zur Lösung von Konflikten in einem harmonistischen Sinn. Unter harmonistischer Konfliktlösung soll z. B. das während gruppentherapeutischer Sitzungen auftauchende Gefühl der Scheinbefreiung verstanden werden, das sich einstellt, wenn es Gruppenmitgliedern gelungen ist, Gruppenkonflikte auf der Ebene interpersoneller Beziehungen unter Absehung der sozialstrukturellen Bedingungen zu lösen. Daß Aggressionen z. B. nicht nur der »Böswilligkeit«, der »Schizoidie«, dem »Rivalitätsdenken« usf. einzelner Gruppenmitglieder entspringen, sondern auch auf latente sozialstrukturelle Konflikte verweisen, wird innerhalb des Bezugsrahmens einer unpolitisch verstandenen Gruppentherapie zumeist nicht gesehen. Vielmehr gibt man sich zufrieden – und meint, den Konflikt gelöst zu haben –, wenn es aufzuzeigen gelingt, daß Aggression »nur« entstehen konnte, weil einer seine Rivalitätsgefühle auf den anderen übertragen hat, im Grunde damit aber seinen Vater oder ein Geschwister gemeint hat usf.

Konfliktfähigkeit in dem hier zu verstehenden Sinn soll ein Problembewußtsein genannt werden, dem eine vordergründige Konfliktregelung als nicht mehr ausreichend erscheint, obgleich diese vordergründige Art von Konfliktbewältigung einen ersten wichtigen Schritt darstellt. Vielmehr sollte man sich bei einer progressiven Konfliktverarbeitung darüber Gedanken machen, ob nicht der jeweils privat erscheinende Konflikt dadurch adäquater gelöst werden kann, daß man ihn auch als gesellschaftlich vermittelt begreifen lernt. Dazu wäre es notwendig, die bisherige Sichtweise eines autonomen Individuums, dem die Gesellschaft als eine abstrakte Größe gegenübersteht und mit dem es vielleicht gelegentlich konfrontiert wird, durch das Bewußtsein zu ersetzen, daß Menschen immer Menschen in konkreter gesellschaftlicher Lage sind und daß somit das menschliche Wesen auch als Ensemble gesellschaftlicher Verhältnisse aufzufassen ist.

Die metaphysische Redeweise von einem abstrakten Individuum (abstrakt, weil von allen konkreten historisch-gesellschaftlichen Bedingungen abgesehen wird), dem es »immer schon aufgegeben ist«, am schmerzlich in der eigenen Brust verspürten Konflikt sein höheres Menschsein zu beweisen, müßte der Einsicht weichen, daß gesellschaftlich vermittelte Konflikte nicht alleine durch den Akt der Nachinnenverlegung und durch eine binnenpsychologische Betrachtungsweise angemessen gelöst werden können. Dies setzt freilich ein Umdenken voraus, zu dem man nicht nur aufgrund der tradierten Ideologeme noch unzureichend befähigt ist, sondern für das auch die affektiven Voraussetzungen nur mangelhaft entwickelt sind. Denn die Anerkennung des Umstandes, daß Konflikte auch gesellschaftlich vermittelt sind, müßte viele dazu bewegen, nach befriedigenderen Formen gesellschaftlicher Verhältnisse zu suchen. Dies würde in manchen Fällen sicherlich das Aufgeben naiv angemaßter Vorrechte zur Folge haben und Haltungen erfordern, zu denen man als frühzeitig zur Konkurrenz erzogenes und auf Mehrung des Besitzes und der Macht trainiertes Individuum nur schwerlich in der Lage ist.

Das Sich-nicht-Zufriedengeben mit herkömmlichen Konfliktlösungen kann freilich auch einen Leidensdruck erzeugen, weil es zu keinem, die eigentliche Ursache zudeckenden technokratischen Konfliktmanagement mehr kommen kann. Dieser Leidensdruck würde aber seinen Ursprung nicht der blinden Umsetzung eines Konflikts in mannigfache Symptome verdanken (wie neurotischer Leidensdruck), sondern der Empörung über ungerechte und Leiden schaffende Zustände.

An einem kurzen Beispiel soll verdeutlicht werden, daß es zumeist lohnend ist, in dem Konfliktverständnis nicht auf einer psychologischen Ebene stehen zu bleiben. Der Münchner Psychotherapeut Singer schildert die Entstehung der Lernunfähigkeit eines Jungen aufgrund einer Bewegungshemmung:

»Ein achtjähriger Junge kam in psychotherapeutische Behandlung, weil er wegen Lernunfähigkeit von der Schule verwiesen werden sollte. Er litt unter mannigfaltigen Ticks – unwillkürlichen Muskelzuckungen – am ganzen Körper und im Gesicht. Diese behinderten ihn schließlich so, daß er nicht mehr lernen und schreiben konnte ... Die tiefenpsychologische Untersuchung und nachfolgende psychotherapeutische Behandlung zeigten, daß es sich um eine Erkrankung handelte, die eine Hauptursache in der starken Behinderung der Bewegungsimpulse hatte. Das Kind wurde von früh an auf engstem Raum eingesperrt, damit es nicht so viel ›anstellen‹ könne. Bei seinen Versuchen, sich die Umwelt zu erobern, stieß es auf ständige Strafen: Die überreinliche und bewegungsfeindliche Mutter mußte aufpassen, damit das Kind nichts anfaßte und nirgends anstieß. Beengte Wohnverhältnisse brachten mit sich, daß der Junge ständig zum Ruhigsein und Stillsitzen angehalten wurde. Diese starke Einengung führte zur Störung des ganzen motorischen Apparates. Wegen der daraus resultierenden umfassenden Lernhemmung kam der Junge in Psychotherapie.« (Singer 1973, S. 53 f.)

Hier wird der Konflikt als einer zwischen den expansiven motorischen Antrieben des Kindes und einer bewegungsfeindlichen Mutter geschildert. Beiläufig wird erwähnt, daß die Wohnverhältnisse beengt waren. Aber gerade an dieser Stelle wäre es notwendig gewesen, weiterzufragen, um so der Gefahr zu entgehen, den Konflikt ausschließlich psychologisch zu verstehen.

Ein im obigen Sinne geschildertes Problembewußtsein würde deshalb über die psychologische Betrachtungsweise hinausführen und fragen, warum das Kinderzimmer in den traditionellen deutschen Neubauten immer noch das kleinste Zimmer, fast kaum größer als das Klosett, sein muß, warum der Psychologie und der Soziologie des Wohnens (vgl. Mitscherlich 1965) so wenig Beachtung geschenkt wird? Dann würde man auch die brutale Härte von Wohnungsgesellschaften, denen nicht an einer menschenfreundlichen Erziehung, sondern an der Steigerung ihrer Profite gelegen ist, bedenken müssen. So wurde z. B. auf einer Tagung der Katholischen Akademie in Bayern, die sich mit gesellschaftlichen, architektonischen und theologischen Problemen der Kirche in Trabantenstädten befaßte, von einem überdurchschnittlich starken Anwachsen von Lernstörungen und Aggressionen bei den Kindern des Münchener Vorortes Neuperlach berichtet. Diese Verhaltensstörungen sind die Folge der Anpassung an beengte Wohnverhältnisse und der totalen Unterwerfungsbereitschaft der Eltern an die rigorosen Ordnungsvorstellungen der Wohnungsgesellschaften. Weil Eltern vor dem Verlust ihrer Wohnung massive Angst haben, werden sie in ihren Erziehungsmaßnahmen zunehmend restriktiver (vgl. SZ, Nr. 66, 1973, S. 11). Und weiter würde man fragen, ob sich hinter diesem Konflikt nicht auch das Problem der Stadtsanierung und der Regelung des Besitzes an städtischem Grund und Boden verbirgt: »Es gibt . . . nicht nur Aggression in Taten und Worten, sondern auch in Planung, in ökonomischem Verhalten. Die Tatsache, daß der Grund und Boden nicht vermehrbar ist, bedeutet, daß er monopolistisch mißbraucht werden kann von denjenigen, die ihn haben.« (Mitscherlich 1965, S. 50 f.)

Dem achtjährigen Jungen wäre freilich mit diesen Gedanken nicht gedient. Keine Spieltherapie mit ihm zu unternehmen, um sich nicht dem Vorwurf auszusetzen, daß Psychotherapie oder jegliche Art von Sozialarbeit immer nur einspringt, um den Sand im Getriebe der bestehenden Gesellschaft zu beseitigen (vgl. Holzkamp 1972a), wäre deshalb auch unmenschlich.

Aber man sollte sich als Therapeut oder als Erzieher zumindest auch darüber Gedanken machen, welche prophylaktischen Maßnahmen ergriffen werden müßten, welche Öffentlichkeitsarbeit und welche Aufklärung nötig wären, um diesen Mißständen zunächst einmal wenigstens mit Empörung begegnen zu können.

Erziehung zur Konfliktfähigkeit muß sich deshalb auch nicht nur damit befassen, welche Einstellungen und Verhaltensweisen ein heranwachsender Mensch im Verlauf seiner Erziehung erwerben sollte, um Konflikte im zwischenmenschlichen Bereich auszutragen, statt sie zu umgehen und zu verleugnen, sondern auch damit, wie man das Einfühlungsvermögen, die Sensibilität und den Gerechtigkeitssinn für untragbar gewordene gesellschaftliche Strukturen und Widersprüche schärfen kann. Die Art des herkömmlichen Bewußtseins, auf diese Antagonismen entweder apathisch stumpf, resignativ, achselzuckend gelangweilt oder blindwütig aggressiv zu reagieren, ist hingegen nicht Ausdruck von Konfliktfähigkeit. Diese verlangt vielmehr rational kontrolliertes gemeinsames Handeln.

Konfliktfähigkeit heißt aber auch, die Vermitteltheit unserer Konflikte im dialektischen Verständnis zu begreifen; ein reines Kausalverhältnis anzunehmen, »die Gesellschaft« als Sündenbock hinzustellen, um so nach Art einer Sündenbockstrategie eine Reduzierung der kognitiven Dissonanz zu erzwingen, wäre genauso verfehlt wie eine psychologistische Betrachtungsweise.

Dagmar Seehuber (1972) z. B. hat in einem sehr ehrlichen Erfahrungsbericht »Probleme der Erwachsenen bei der Kindererziehung« die eigenen Ängste und Bedürfnisse reflektiert und dabei versucht, »die gesellschaftliche Verdrängung eines gesellschaftlichen Vorgangs dort zu durchbrechen, wo es am schmerzhaftesten ist: bei sich selbst.« (In: Saß 1972, S. 42) Indem es Seehuber gelingt, die emotionalen Hintergründe des eigenen Verhaltens zu überprüfen, kann sie die aufgestauten Ängste und die unterdrückten Konflikte aus ihrer eigenen Kindheit aufarbeiten und braucht sie nicht länger blindlings zu reproduzieren; zugleich kann sie aber auch klarer erkennen, welche gesellschaftlichen Zwangsmechanismen zur Unterstützung der Ängste beitragen.

An diesem Erfahrungsbericht läßt sich deutlich machen, daß die Redeweise von der »gesellschaftlichen Vermitteltheit« unserer Konflikte keine Alibifunktion annehmen darf, etwa in dem Sinne, daß man für die Mißlichkeiten des Zusammenlebens in Ehe-Partner-, Freundschafts-, Eltern-Kind-Beziehungen usf. immer nur einen Namen erfindet: die Gesellschaft. Natürlich schlagen sich die Auspowerung der Arbeitskraft, der Stumpfsinn einer Lohnarbeit, die nur mit Dingen statt mit Symbolen zu tun hat, die fehlende Kommunikation in den oftmals mit starkem Lärm erfüllten Betriebshallen, die mangelnde Dispositionsverfügung und die ökologische Kontrolle, die Angst vor Arbeitsplatzverlust usf. in den Erziehungseinstellungen und Verhaltensweisen der Eltern nieder. Und auch vor den besser gestellten Kopfarbeitern macht das aus unseren Produktionsverhältnissen ableitbare Tauschprinzip und -denken nicht halt: Es erfaßt prinzipiell alle Interaktionen des Menschen und läßt herrschaftsfreie Interaktion, z. B. zwischen Eltern und Kind, als Unmöglichkeit erscheinen. Denn wenn man immer nur darauf erpicht ist, sein Kind zu einem auf dem Markt genügend konkurrenzfähigen Individuum zu erziehen, muß man zwangsläufig die Bedürfnisse des Kindes, z. B. Liebe zu erhalten, die nicht an Bedingungen geknüpft ist, negieren; denn Liebe um der Liebe willen bringt auf dem Markt nichts ein.

Trotzdem ist zu bedenken – und hierin ist auch die Rechtfertigung für eine konfliktorientierte Erziehung zu erblicken –, daß der obgleich immer nur heteronome Spielraum für Phantasie, für Einfühlungsfähigkeit, für Einsicht in eigene Ängste und rigide, ohne genügende Denkarbeit ablaufende Verhaltensmuster zunächst genützt werden kann, um die für selbstverständlich gehaltenen Privilegien, die man sich als Eltern gegenüber dem Kind herausnimmt, aufzugeben. Diese Haltung muß freilich mit der Zielvorstellung verbunden sein, sich auf die Dauer mit diesem beschränkten Spielraum nicht zufriedenzugeben und um seine Erweiterung zu kämpfen.

1.3 Erziehung und Sozialisation

Der Begriff Sozialisation besitzt keineswegs die eindeutige Bestimmtheit, die ein sozialwissenschaftlicher Terminus aufweisen sollte.

Nicht nur Soziologie, Pädagogik, Psychologie, Anthropologie und Ökonomie haben die Thematik der Sozialisation aus jeweils unterschiedlichen Blickwinkeln beschrieben, auch die mangelnde Einigung über die Zweckmäßigkeit, Erziehungsvorgänge von Sozialisationsprozessen zu unterscheiden, hat bislang präzise Definitionen ausbleiben lassen.

Eine recht weite Definition bestimmt Sozialisation als einen Prozeß, in dessen Verlauf der neugeborene Mensch kulturspezifische Normen und Werte übernimmt, die an bestimmten Positionen und Rollen festgemacht sind.

Im Unterschied zu dem von geisteswissenschaftlich eingestellten Pädagogen lange Zeit benutzten Erziehungsbegriff verweist die Definition von Sozialisation also darauf, daß der Prozeß des Erlernens von Wertorientierungen nur angemessen interpretiert werden kann, wenn man die gesellschaftlichen Voraussetzungen (etwa Strukturmerkmale von Institutionen und Gruppen, z. B. Familie, Schule) mitberücksichtigt.

Fend (1969) hat in seinem Buch »Sozialisierung und Erziehung« den Versuch unternommen, Sozialisation in »Sozialmachung« und »Sozialwerdung« zu unterteilen. Unter Sozialmachung versteht Fend intentionales Erziehungshandeln. Dieses erzieherische Verhalten erfolgt keineswegs nach persönlichen Vorlieben oder privaten Überlegungen, sondern nach soziokulturell tradierten Normen, die verschiedene Grade der Institutionalisierung erfahren haben. Durch den Prozeß der Sozialmachung oder Erziehung soll der Heranwachsende bestimmte Wertvorstellungen und Fähigkeiten erwerben, um mit diesen Voraussetzungen die Kontinuität des gesellschaftlichen Systems gewährleisten zu können.

Wenn Ziele und Mittel der Erziehung nicht unbefragt tradiert werden, sondern Gegenstand kritischer Reflexion und antizipierenden Planens werden, spricht Fend von formeller im Unterschied zur informellen Erziehung. Fend kommt schließlich zu folgender Definition: »Unter Erziehung sind alle Maßnahmen – formelle und informelle – zu verstehen, die Erwachsene in Interaktion mit Heranwachsenden begreifen, um Lernvorgänge hervorzurufen, die zu wünschenswerten Ergebnissen führen.« (S. 52)

Während mit der Definition von Sozialisation als Sozialmachung die Verhaltensweisen von Eltern und Lehrern unter dem Aspekt der gesellschaftlichen Funktion der Erziehung thematisiert werden, bezeichnet Fend mit dem Begriff »Sozialwerdung« den Prozeß, der aufgrund der soziokulturellen Beeinflussung auf seiten des Heranwachsenden stattfindet und in dessen Verlauf Wertorientierungen verinnerlicht werden.

Die von Fend als »Enkulturation« bezeichnete Sozialwerdung im weiten Sinne (Lernen der Kultur im Unterschied zum Lernen der gruppenspezifischen Normen) braucht nur am Rande zu interessieren.

Gemäß der Unterscheidung des Sozialisationsprozesses in »Sozialmachung« und »Sozialwerdung« lassen sich auch die verschiedenen Beiträge zur Sozialisationsforschung einteilen. Während in einigen Schriften hauptsächlich elterliche Erziehungseinstellungen, Sanktionsverhalten und Autoritätsausübung in Abhängigkeit von der sozialen Schicht beschrieben werden (z. B. Bronfenbrenner 1958, Pearlin/Kohn 1966, Herrmann 1966, Becker 1964, Baumrind 1971), steht in anderen Arbeiten die Entwicklung von Wertorientierungen, Verhaltensweisen und Motiven im Verlauf der Sozialwerdung im Vordergrund der Betrachtung (z. B. Goslin 1969, Hoffman 1970, Oevermann 1966, Heckhausen 1972).

So plausibel diese Unterscheidung von »Sozialmachung« und »Sozialwerdung« auf den ersten Blick auch sein mag, reduziert sie doch den komplexen Vorgang der Sozialisation auf ein funktionalistisches Konzept: hier der Erzieher, die Sozialisationsinstanz, die »sozial macht« – dort der Zögling, der »sozial wird«. Gemäß diesem Verständnis müssen die Strategien der Sozialmachung als unabhängige Variablen begriffen werden, deren Manipulation eine Veränderung der abhängigen Variablen, der Sozialwerdung des zu Erziehenden, hervorruft. Diese Konzeption sollte jedoch durch eine interaktionistische Sichtweise überwunden werden: Im Vorgang der Sozialisation sind der Erzieher und der »educandus« wechselseitig aufeinander bezogen und nicht nur ihre jeweiligen Intentionen, sondern auch Bedürfnisse, Ängste und Konflikte bestimmen die Richtung ihres Handelns. Deswegen kann auch das sozialisationstheoretische Konzept einer Erziehung zur Konfliktfähigkeit weder allein auf der Seite der »Sozialmachung«, noch auf der Seite der »Sozialwerdung« angesiedelt werden: Der anfänglich noch ungebrochene Ausdruck kindlicher Triebimpulse rührt an die eigene verdrängte Problematik der Eltern, läßt Bedürfnisse und Ansprüche des Kindes konflikthaft erfahren und zwingt die Eltern als die stets Mächtigeren dazu, in gesellschaftlich vermittelter, gestörter Kommunikation die Erwartungen des Kindes unerfüllt zu lassen.

Um den Prozeß der Übernahme bestimmter Wertorientierungen genauer bestimmen zu können, hat man auf verschiedene Theorien zurückgegriffen.

Lerntheoretisch eingestellte Forscher beschreiben die Entwicklung des Heranwachsenden zu einem sozialen und handlungsfähigen Individuum als einen permanenten Lernvorgang, in dessen Verlauf das Kind mit Hilfe operanter Konditionierung bestimmte Verhaltenssequenzen lernt oder im Sinne des Imitationslernens ganze Verhaltenssegmente von Eltern, Angehörigen von »peer groups« oder in Massenmedien dargestellten Personen übernimmt.

Rollentheorien beschreiben den Prozeß des Erlernens bestimmter Rollen (Erwartungen, die an den Inhaber einer bestimmten Position gestellt werden, z. B. Rolle des Kindes, des Schülers, des Mädchens usf.) als Vorgang der Rollenwahrnehmung, -übernahme und -ausgestaltung (vgl. z. B. Waller 1971).

Psychoanalytische Theorien, die sich weitgehend mit der Entwicklung motivationspsychologischer und affektiver Sachverhalte befaßt haben, beschreiben den Prozeß der Sozialwerdung als einen Vorgang der Verinnerlichung elterlicher Wertorientierungen, der schließlich zum Aufbau des sog. Über-Ichs führt, jener von Freud konzipierten und als theoretische Konstruktion aufzufassenden Instanz innerhalb der Persönlichkeit. Das Über-Ich stellt jedoch nicht eine genaue Abbildung elterlicher Ver- und Gebote dar, sondern ist gemäß der primärprozeßhaften Logik des kleinen Kindes vielfältig abgewandelt und unterliegt somit auch noch im späteren Leben einer mehr oder weniger große Bereiche erfassenden affektiven Eigendynamik, die sich gegen Vernunft und Einsicht durchzusetzen vermag.

In der herkömmlichen Sozialisationsliteratur wurde man schon frühzeitig darauf aufmerksam, daß sich in den »unteren Sozialschichten« – gemessen an den Fähigkeiten und Fertigkeiten der »oberen Sozialschichten« – Defizite z. B. in der Ausgeprägtheit der Leistungsmotivation feststellen ließen. Dieser Umstand führte dazu, schichtenspezifische Variationen elterlicher Erziehungseinstellungen und Autoritätsausübung und deren Konsequenzen für die Sozialwerdung des Kindes genauer zu untersuchen. In Ermangelung eindeutiger Abgrenzungskriterien für soziale Schichten, begnügte man sich zumeist mit einer deskriptiven, multidimensionalen Konzeption sozialer Schichtung. Die Einteilung nach Unterschicht und Mittelschicht, nach Dimensionen wie Einkommen der Eltern, Ausbildungsniveau und Berufsposition, die entweder additiv oder gewichtet in die Bestimmung des sozioökonomischen Status eingingen, konnte indes nicht darüber hinwegtäuschen, daß diese Versuche von einer historischen Betrachtungsweise ungleicher Machtverteilung eher abgelenkt haben. »Sozialstatistische Schichtungspyramiden werden als autonom begründete gesellschaftliche Strukturen verstanden und nicht mehr als abgeleitete Erscheinungsformen eines historisch sich entfaltenden unaufhebbaren Interessenantagonismus, der notwendig aus den kapitalistischen Eigentumsverhältnissen resultiert: 1,7% der Bevölkerung besitzen rund 70% des Eigentums an gewerblichen Unternehmungen.« (Huffschmidt 1969, S. 33; nach Combe 1972, S. 242)

Mit der Einführung von Variablen der sozialen Schichtzugehörigkeit als zu berücksichtigende Moderatorvariablen bei nomothetisch-psychologischer Forschung ist deshalb auch noch nicht die ahistorische Sichtweise des Individuums in der gegenwärtigen Sozialisationsforschung überwunden, wie einige Autoren (z. B. Herrmann 1971) angenommen haben. Denn die ahistorische Verwendung des Begriffs der sozialen Schicht verschließt die Möglichkeit, »anders als in Kategorien einer gleichsam naturnotwendigen Ungleichheit des Menschen zu denken«. (Pressel 1970, S. 140)

Die schichtenspezifische Sozialisationsforschung hat aber noch ein weiteres Mißverständnis nahegelegt. Man gewinnt aus den Untersuchungen leicht den Eindruck, als seien die Normen, das Erziehungsverhalten und die daraus resultierenden Dispositionen der Mittelschichtsangehörigen die Richtschnur für alle Erziehungsakte schlechthin (vgl. z. B. Stelly 1972). Demgegenüber hat z. B. Christine Holzkamp (1971) schon davor gewarnt, die Werte und Erziehungspraktiken der Mittelschicht unkritisch als gesamtgesellschaftliche Leitvorstellungen zu übernehmen und sie etwa als höherwertig gegenüber denen der Unterschicht zu betrachten: »Wären die primären, durch den Sozialisationsprozeß zu vermittelnden Qualifikationen an der Norm orientiert, eine humanere, rationale und emanzipierte Gesellschaft aufzubauen, so würden Angehörige der Mittelschicht, an dieser Norm gemessen, in ähnlicher Weise als ›kulturell benachteiligt‹ gelten müssen wie eine Unterschicht, die an mittelständischen Standards gemessen wird.« (S. 113) Der Medizinsoziologe Wulff (1972) sprach im Rahmen seines Aufsatzes »Psychopathie? Soziopathie?« sogar von einer Normopathie, als einer bislang kaum begriffenen Leidensform der Mittelschicht: »Ein weiterer Ansatzpunkt zur Kritik scheint mir die naive Idealisierung der Lebensverhältnisse, Berufsrollen, Sozialisationsbedingungen und Charakterstrukturen der Mittelklasse zu sein ... Man gewinnt geradezu den Eindruck, es genüge, für die gesamte Bevölkerung Mittelklasseverhältnisse zu schaffen, um einen vorzüglichen Boden zur Lösung der meisten psychosozialen und psychosexuellen Probleme zu bereiten. Hier scheint mir einmal Vorsicht im Hinblick auf die Forschungsmethodik, z. B. die von Rainwater (1959) gebrauchte Interview-Methode, am Platz zu sein. ›Mittelschichten‹ neigen zu ihrer eigenen Art von Stereotypisierung und Normenkonformität; z. B. dürfte bei ihnen ein stärkerer Konformitätsdruck vorliegen, ihre sexuellen Beziehungen zum Partner zufriedenstellend zu finden, als bei der Unterschicht, d. h. darin nicht nur dem Interviewer, ... sondern gegebenenfalls auch dem Partner und sich selbst etwas vorzumachen. Aber auch jenseits solcher methodischen Schwierigkeiten wird die Frage, zu welchen eigenen Zwängen, Deformationen und Ängsten eine typische Mittel- und Oberklassen-Sozialisation führt, in allen zitierten Arbeiten kaum je gestellt. Ob dazu nicht die Verschleierung von Widersprüchen, die Glättung von Konflikten durch verbale Erledigungsriten, die zwanghafte Überidentifikation mit dem Vater und vieles andere gehört, was zu einer eigenen psychischen Leidensform, der Normopathie, der sadomasochistisch identifikatorischen Unterwerfung unter die jeweils angebotenen Konventionen, Normen und Werte führt? Spießermief, Hobbykult, die eingezäunten kleinen Freiheiten und die begrenzten Ausbrüche, die Grüne-Witwen-Zivilisation und die Cocktailkommunikation, der milde Alkoholismus und der milde Beruhigungsmittelmißbrauch, die kanalisierte Kontaktmoral und der ihr entsprechende soziale Autismus außerhalb von vorprogrammierten Situationen, das sind doch wohl kaum Zeichen psychischer Gesundheit?« (S. 77 f.)

1.4 Konfliktfähigkeit: vernachlässigte Dimension der Sozialisationsforschung

Was soll mit dem Untertitel dieser Arbeit angedeutet werden? Ist die Reflexion und die empirische Forschung über Konfliktfähigkeit als Erziehungsziel und als Voraussetzung jeglicher Erziehung tatsächlich bislang vernachlässigt worden? Oder wurde hier nur mit einem neuen Etikett versehen, was andernorts schon abgehandelt wurde? So sprach Habermas z. B. in seiner bekannten Sommervorlesung 1968 von drei vernachlässigten Dimensionen möglicher Freiheitsgrade des Handelns innerhalb der herkömmlichen Rollentheorie und ordnete ihnen auf der Ebene der Persönlichkeitsstruktur die Grundqualifikationen der flexiblen Über-Ich-Formation, der Frustrationstoleranz und der kontrollierten Selbstdarstellung zu. Wenngleich sich auch teilweise Überschneidungen ergeben werden, soll mit dem hier abzuhandelnden Konzept »Erziehung zur Konfliktfähigkeit« etwas anderes gemeint sein.

Überblickt man die bisherigen deutschsprachigen Abhandlungen zur Sozialisationsforschung (etwa Fend 1969, Gottschalch et al. 1971, Huch 1972, Caesar 1972), so wird man feststellen, daß diese Autoren sich zumeist mit Konzepten wie Leistungsmotivation, Sprachstilen, moralischen Verhaltensdispositionen befaßt und die schichtspezifisch bedingten Unterschiede in der Ausprägung dieser Merkmale herausgearbeitet haben. Der Aufweis vermeintlicher Sozialisations-»Defizite« innerhalb der Unterschicht führte zu dem Problem der Chancenungleichheit, die man mit Hilfe einer kompensatorischen Erziehung, z. B. in Vorschulkindergärten, auszugleichen beabsichtigte. Kompensatorische Erziehung wurde jedoch bald wieder zum Problem, da man sich über den Stellenwert etwa einer Erziehung zur ausgeprägten Leistungsmotivation oder zu einem »elaborierten Sprachcode« (Bernstein) nicht einig werden konnte. Begriffen die einen hohe Leistungsmotivation als Vehikel einer möglichen Emanzipation, so sahen die anderen darin nur den Versuch einer Integration des Unterschichtenkindes in die leistungsfixierte Mittelschicht, deren Aufstiegsnormen menschliche Vernunft mehr korrumpieren können als Apathie und Resignation. Derartige pauschale Alternativ-Vorstellungen konnten jedoch nur deshalb entstehen, weil eine differenziertere sozioökonomische, psychologische und soziologische Betrachtungsweise bisher unterblieb. Neben einer Aufzählung einiger Forschungsergebnisse von McClelland und Heckhausen findet sich z. B. in Gottschalch u. a. (1971) der interpretationsbedürftige Satz: »Hinter der Messung von Leistungsmotivation steht die Unternehmerideologie, daß jeder sich im Konkurrenzkampf auf dem Markt zu bewähren vermag.« (S. 102) Leistungsmotivation jedoch nur als Konkurrenzmechanismus bürgerlicher Individuen auszugeben, wäre gewiß genauso falsch, wie eine forcierte Erziehung zur Leistungsmotivation zu fordern, wie dies z. B. Heckhausen (1972) unternimmt.

Wenn sich Heckhausen zudem noch im Anschluß an eine Arbeit von

Miller/Swanson (1958) mehr oder weniger offen gegen eine egalitäre Familienstruktur ausspricht, weil der in dieser Familie männliche Heranwachsende dadurch nicht mehr so stark motiviert sei, selbstgesetzte Leistungsziele zu verfolgen, wird die Überprüfung einer zumeist unkritisch vorgetragenen Forderung nach einer Erziehung zur Leistungsmotivation dringend notwendig.

Bronfenbrenner (1965) hat sicherlich nicht zu Unrecht den Verdacht geäußert, daß eine starke Ausgeprägtheit von Leistungsmotivation auch mit Herrschsucht und Dominierenwollen einhergeht.

Andererseits darf man wiederum nicht übersehen, daß schon das gesunde Kleinkind ein starkes Bedürfnis nach motorischer Aktivität, nach Zugreifen und Manipulieren aller möglichen Gegenstände hat (vgl. Bühler 1919, White 1959) – ein Vorgang, in dem man ein Vorläufermotiv der Leistungsmotivation erblicken kann.

Eine differenziertere Betrachtungsweise müßte sich auch mit dem Sachverhalt auseinandersetzen, daß unsere Leistungsgesellschaft in vielen Bereichen eher eine *Erfolgsgesellschaft* ist. Damit soll zum Ausdruck gebracht werden, daß oftmals als persönliche Leistungsanstrengung ausgegeben wird, was tatsächlich jedoch nur Erfolgsglück gewesen ist. »Zu leicht wird übersehen, daß die sogenannte *Leistungs*gesellschaft in manchen zentralen Zügen für die soziale Oberschicht und Teile der oberen Mittelschichten eine *Erfolgs*gesellschaft publizitär verkaufter Scheinleistungen und Karrieren ist, zumal die berufliche und gesellschaftliche Leistung kaum mehr dem einzelnen zugeschrieben werden kann: Team, System und Konjunktur bilden gesamtgesellschaftliche Leistungsdeterminanten. Wir leben nicht in der idealisierten, öffentlich deklarierten Leistungsgesellschaft, sondern in einer *Erfolgs*gesellschaft: Weniger die personal erbrachte Leistung zählt zur Statusgewinnung als eher die *soziale Wirkung* von Leistungen, der Erfolg oder gar der Schein der Leistung oder des Talents ...« (Lenk 1972, S. 59)

In der bisherigen Sozialisationsforschung, deren Vorschläge zur kompensatorischen Erziehung verschiedene politische Einstellungen nicht nur zu einer Erziehung zur Leistungsmotivation widerspiegeln, wurden jedoch Konzepte einer konfliktorientierten Erziehung nicht behandelt. Vielleicht hängt dies auch damit zusammen, daß in der Sozialisationsforschung zumeist Ergebnisse zitiert werden, die mit den Methoden der empirischen Sozialforschung, also mit Fragebögen, Tests und Experimenten gewonnen wurden. So wichtig diese Ergebnisse als Orientierungsdaten auch sein mögen, ihre alleinige Verwendung engt das Denken unnötig ein. Herkömmliche social-research-Methoden müssen sich wegen der ihnen inhärenten behavioristischen Tendenz zumeist auf die Analyse von Oberflächendaten beschränken. Sicherlich ist es aufschlußreich zu erfahren, daß bestimmte Kriterien wie Schichtzugehörigkeit mit in Fragebögen erfaßten Einstellungen, wie z. B. »Planen macht einen Menschen nur unglücklich, da die Pläne ohnehin kaum jemals verwirklicht werden können«, korrelieren. (Dieses aus einem Fragebogen von Rosen 1956 stammende Item sollte Auskunft über die Wertorientierungsalternative »present-future orientation« geben. Ein gegenwartsorientiertes Individuum, das obiges Item mit »Ja« angekreuzt hätte, betont, daß es die Vorzüge der Gegenwart zu schätzen versteht; ein zukunftsorientiertes Individuum [»Nein«] geht davon aus, daß Planen und Aufschieben der unmittelbaren Bedürfnisbefriedigung sinnvolle Opfer darstellen) (vgl. Rolff 1967).

Aber weiß man damit beispielsweise auch schon, welche Wünsche, welche Ressentiments und welche Leiden sich hinter einer ausgeprägten Zukunftsorientierung verbergen können? Der Sozialwissenschaftler, der die Anzahl der Ja-Nein-Ankreuzungen auszählt, erfährt hierüber so gut wie gar nichts. Zwar genügen diese Daten den aus dem naturwissenschaftlichen Denken übernommenen Standards der Intersubjektivität, der Operationalisierbarkeit usf.; sie bleiben aber doch einem Einsichtsniveau verhaftet, dem die Kraft zur kritischen Durchdringung von als unveränderlich begriffenen Fakten der Erscheinungswelt fehlt. Der Einwand, daß sich eines Tages aus diesen mühsam zusammengetragenen Bausteinchen eine gehaltvolle Theorie ergeben wird, die eine große Erklärungskraft besitzt, ist noch nicht einmal auf einer positivistischen Argumentationsebene stichhaltig. Denn nicht nur bleibt das methodische Bewußtsein, das die Komplexität menschlichen Erlebens und Verhaltens in einzelne Variablen aufgelöst hat, (zumindest bislang) unfähig, eine Zusammenschau der zuvor partialisierten und fragmentierten Bestimmungsstücke vorzunehmen, sondern man gerät mit dieser Einstellung auch unverzüglich in die Gefahr, die z. B. Adorno mit den folgenden Worten gekennzeichnet hat: »Dann nimmt die empirische Sozialforschung das Epiphänomen, das, was die Welt aus uns gemacht hat, fälschlich für die Sache selbst.« (1969, S. 88)

Wenngleich auch das empirische Bewußtsein unser Alltagsbewußtsein zu einem gut Teil konstituiert, so kann man sich gemäß den Überlegungen der kritischen Theorie und einer historisch-materialistischen Betrachtungsweise nicht allein mit der Konstatierung eines bestimmten Zusammenhangs zwischen der Wertorientierungsalternative: Gegenwarts-Zukunftsorientierung und der sozialen Schicht zufriedengeben; vielmehr würde man weiterfragen: nach den gesellschaftlichen Konstitutionsbedingungen, die für die Entstehung einer ausgeprägten Zukunftsorientierung verantwortlich zu machen sind, aber auch nach dem seelischen Gesamtzusammenhang, in dem eine derartige Wertorientierung eingebettet ist. Anknüpfend an das psychosoziale Entwicklungsschema von Erikson (1966) hat z. B. Lincke (1970) den Gedanken geäußert, daß Initiative und Leistung als ursprüngliche Ich-Aktivitäten sekundär zur Abwehr von Schuld- und Minderwertigkeitsgefühlen eingesetzt werden können. »Unsere Gesellschaft fördert diese Abwehrform, indem sie jene Individuen, die sich ihrer bedienen, mit hohen Prämien unterstützt, und diejenigen bestraft, welche nicht mitspielen.« (S. 382) Die aus spezifisch westeuropäischen-nordamerikanischen Sozialisationsbedingungen hervorgegangene Ich-Über-Ich-Spannung, die sich in Scham-, Schuld- und Minderwertigkeitsgefühlen äußert, »sucht die Gesellschaft auszubeuten und in ein hohes Aktivitätspotential überzuführen . . .« (S. 375).

Es ergibt sich also eine mitunter gefährliche Verkürzung des Sachverhaltes, wenn innerhalb sozialisationstheoretischer Theorienbildung nur von experimentell und mit Hilfe von Fragebögen gewonnenen Befunden ausgegangen wird. Historische, sozioökonomische und hermeneutisch erschließbare lebensgeschichtliche Zusammenhänge müssen ebenfalls berücksichtigt werden.

Nicht nur die Verkürzung, auch die Vernachlässigung sehr vieler relevanter Forschungsansätze muß bedacht werden. Da es gemäß der traditionell-empirischen Methodik vielen Forschern als notwendig erscheint, nur Konzepte zuzulassen, die exakt zu operationalisieren sind, bleiben viele Fragestellungen, die sich dieser Methode nicht unterwerfen lassen, unbeachtet.

Sicherlich mag es interessant sein zu erfahren, daß es einen feldabhängigen und einen feldunabhängigen kognitiven Stil gibt und daß letzterer eher mit einem die Leistungen des Kindes anspornenden Erziehungsverhalten der Mutter korreliert (vgl. Witkin 1962). Aber Kontaktarmut, Kooperationsunfähigkeit, Konkurrenzverhalten, Mißtrauen, Angst und das Gefühl von Sinnlosigkeit – dies alles sind doch auch Dimensionen, Charaktereigenschaften, Einstellungen, die Heranwachsende im Verlauf der Sozialisation erworben haben und die das durchschnittliche Erleben in weitaus größerem Umfang prägen als etwa feldabhängiges Wahrnehmen.

Auf dieses Problem sind auch Hagemann-White/Wolff (1973) eingegangen, indem sie neben der Forderung, daß Sozialisationstheorien praxis- und handlungsanleitend sein müssen, die Frage stellen, inwieweit Sozialisationsforschung zu einer Enthüllung dessen beiträgt, »was den Menschen gegenwärtig angetan wird . . . Sozialisationsforschung könnte theoretisch und empirisch untersuchen, wie die Arbeitssituation das Privatleben der Massen prägt und in Formen gegenseitiger Unterdrückung zwingt. Sie könnte ans Tageslicht zerren, wie die Menschen in Ehe und Familie diejenigen, die sie zunächst doch lieben, Schritt für Schritt und unaufhaltsam kaputt machen« (S. 24).

Sozialisationsforschung müßte also auch von dem Gedanken getragen sein, die gegenwärtig weitverbreiteten Formen psychischen Elends als Forschungsgegenstand in den Griff zu bekommen, und Erklärungen bereitstellen, die zu einer Aufklärung der Betroffenen führen und zu einer Verhinderung zukünftiger krankmachender Sozialisationserfahrungen beitragen können.

Aber ist denn die Redeweise von der psychischen Verelendung nicht nur ein agitatorisches Mittel zur Verächtlichmachung der gegenwärtigen Gesellschaft? Ist es denn nicht so, daß die sog. Linken, wie Brezinka (1973) in seiner Streitschrift über die pädagogischen Leitvorstellungen dieser »weltanschaulich-politischen Bewegung« schreibt, den unmündigen Massen immer nur weismachen wollen, wie sehr sie im psychischen Elend stecken (vgl. S. 30)?

Oder gibt es vielleicht doch erkennbare Anzeichen, die es gar nicht erst notwendig machen, »in Erwachsenen und Jugendlichen das Bewußtsein zu wecken, daß sie von den vorhandenen Institutionen und ihren Repräsentanten unterdrückt werden« (S. 30)? Hier können Zahlen mehr aussagen als noch so viele Argumente gegen Brezinka.

»1. Wenigstens 50% der 12 Millionen Patienten, die jährlich eine ärztliche Praxis aufsuchen, sind an sogenannten ›funktionellen Leiden‹ erkrankt, d. h. sie leiden an psychosomatischen Erkrankungen (de Boor 1965, Mitscherlich 1966).
2. Mindestens 10–15% der Bevölkerung brauchen einmal in ihrem Leben psychotherapeutische Hilfe. Das sind für die Bundesrepublik 6–9 Millionen Menschen ...
3. Etwa 2—3% der Bevölkerung erkranken einmal in ihrem Leben an einer manifesten psychotischen Reaktion. Das sind für die Bundesrepublik 1,2–1,8 Millionen Menschen ... 1% der Bevölkerung erkrankt an Schizophrenie.
4. Hinzu kommt die ansteigende Zahl der Suchtkranken. Allein die Zahl der behördlich registrierten Alkoholiker in der Bundesrepublik beträgt 500 000. Die Dunkelziffer liegt mit Sicherheit erheblich darüber, und die absoluten Zahlen steigen laufend.
   Nach Mitteilung der Bundesregierung (1971) müssen in der Bundesrepublik und Westberlin 2,5 Millionen Jugendliche im Alter von 15–25 Jahren als drogengefährdet gelten. 250 000 Jugendliche sind Drogenkonsumenten, und 50 000–120 000 Jugendliche müssen als süchtig angesehen werden. In Westberlin etwa hat sich der Rauschmittelkonsum Jugendlicher in den Jahren 1965–1970 verzwölffacht (Bschor 1971).
   In diesen Zusammenhang gehört auch die Tatsache, daß der Konsum von Psychopharmaka stark zunimmt. Im Jahre 1968 wurden in der Bundesrepublik 30 Millionen Packungen suchtbildender Barbiturate verschrieben, und das Präparat Valium, das ebenfalls süchtig macht, stand 1970 bereits an vierter Stelle in der Reihe der am meisten konsumierten Medikamente.
5. Es werden jährlich etwa 50 000 Selbstmordversuche begangen, nach Schätzungen der Universität Bochum ist die tatsächliche Zahl jedoch erheblich höher und beträgt zumindest das Doppelte.
6. Erschütternd ist die Statistik der Kindesmißhandlungen. Jedes Jahr werden in der Bundesrepublik etwa 90 Kinder von ihren Eltern zu Tode gequält. Die Dunkelziffer beträgt wahrscheinlich das Zehnfache. Etwa 6500 Kinder verwahrlosen jährlich wegen grober Vernachlässigung.« (Ammon 1973, S. 12 f.)

Hinzugefügt werden muß, daß die Angehörigen der Unterschicht von der psychischen Verelendung viel stärker getroffen werden, da psychotherapeutische Behandlung – trotz der in den letzten Jahren eingeführten Kassenleistungen – für sie deshalb immer noch ein Privileg darstellt, weil die Indikation zur Therapie viel seltener als bei Mittelschichtangehörigen gestellt wird (vgl. Keupp/Bergold 1972). Statt dessen werden Angehörige der Unterschicht zu einem viel größeren Prozentsatz in psychiatrischen Institutionen verwahrt.

Es kann deshalb gar nicht darum gehen, wie Brezinka in seiner Polemik unterstellt, den »neuen Menschen« oder »das allseitig entfaltete Individuum« zu schaffen. Vielmehr gilt es, die Entstehungsbedingungen und die Erscheinungsformen des gegenwärtig weitverbreiteten psychischen Elends genauer kennenzulernen und es auch in seinen gesellschaftlichen Vermittlungen zu begreifen.

Zusammenfassend ergibt sich: Beim Nachweis des Fehlens sozialisationstheoretischer Befunde über eine konfliktorientierte Erziehung wurde offenkundig, daß Sozialisationsforschung bislang zuwenig praxisanleitende Aussagen und politisch durchdachte Konzepte für emanzipativ verstandenes erzieherisches Tun bereitstellen kann. Dies ist zum einen durch eine zum Teil restriktive Methodologie verursacht, zum anderen durch die mangelhafte Relevanz sehr vieler Fragestellungen.

In dieser Arbeit soll zumindest ansatzweise versucht werden, die besprochenen Mängel zu vermeiden; dabei ist jedoch zu berücksichtigen, daß sie allenfalls nur eine erste Orientierung geben kann.

1.5 Pädagogik der Friedensfähigkeit

Ein kurzer Überblick über die bisherige Sozialisationsforschung und deren Probleme hat gezeigt, daß das Thema einer konfliktorientierten Erziehung bislang nicht abgehandelt worden ist. Nun gibt es aber eine seit den sechziger Jahren anwachsende Forschungstätigkeit über die Grundzüge und Voraussetzungen einer Friedenspädagogik. Denn mit der Errichtung des Instituts für Friedensforschung der Evangelischen Studiengemeinschaft in Heidelberg, der Gründung der »Deutschen Gesellschaft für Friedens- und Konfliktforschung« u. a. m. erging auch an Pädagogen und Didaktiker eine Aufforderung, sich mit den Inhalten einer Erziehung zur Friedensfähigkeit genauer zu befassen. Kann die Friedenspädagogik Hinweise für eine konfliktorientierte Erziehung geben? Oder schließen sich Friedensfähigkeit und Konfliktfähigkeit gegenseitig aus?

Eine Bestandsaufnahme der wichtigsten Literatur ergibt folgendes Resümee: Gamm (1968), der als einer der ersten Pädagogen sich mit diesem Thema ausführlich auseinandersetzte, forderte eine – von den Thesen des Verhaltensforschers Lorenz inspirierte – Pädagogik der sekundären Angriffshemmung (vgl. S. 138 ff.), die dazu beitragen sollte, den Menschen vor seinesgleichen zu schützen. Da seine Überlegungen aber auf den fragwürdigen Prämissen einer Aggressionstrieb-Theorie beruhen, muß dem Ansatz schon mit äußerster Skepsis begegnet werden. Weiterführend ist die Aufforderung von Hentig (1968), daß Friedenspädagogik vorbereiten müsse, mit Konflikten zu leben. Auch Lückert (1970) sieht in der Erziehung zu einer rationalen Konfliktregelung neben den Erziehungszielen der Kritikfähigkeit, der Entscheidungsbereitschaft, der sozialen Sensibilität und der gesellschaftlichen Verantwortung ein wichtiges Curriculum für zukünftige Friedenspädagogik. Indessen können aber alle diese Überlegungen nicht darüber hinwegtäuschen, daß sie als idealistische Konzeption letztlich davon ausgehen, Frieden sei immer vom guten Willen einzelner Menschen abhängig. Deswegen hat Senghaas (1973) zu Recht davor gewarnt, Erziehung zum Frieden auf eine »individualpädagogische Ebene« einzuschränken. Eine Friedenspädagogik, die die organisierte Friedlosigkeit immer nur auf mangelnden Friedenswillen des einzelnen oder auf einen zur Naturkonstante erklärten Aggressionstrieb zurückführt, verschleiert die innerstaatlichen und die privatwirtschaftlichen Interessen (in den USA beansprucht der Rüstungssektor etwa 50–60% des Bundesbudgets, vgl. Vilmar 1973).

Herkömmliche Erziehung zur Friedensfähigkeit erweist sich deshalb nicht selten als eine Entpolitisierungsstrategie, mit deren Hilfe man zwar lernen sollte, reumütig die eigenen Vorurteile abzubauen und Krieg und Revolutionen als etwas Verabscheuungswertes zu betrachten, aber nicht dazu befähigt wird, die wirklichen Ursachen der Friedlosigkeit in den Griff zu bekommen.

Die zumeist an ausgewählten schulischen Texten unternommenen Analysen gesellschaftlicher Konfliktfelder (etwa Rassismusfrage, Sündenbocksuche, Gastarbeiterprobleme usf., vgl. Dürr 1971) können zudem ein Konfliktverständnis nur auf der kognitiven Ebene erzeugen.

Ackermann (1973) hat deshalb gefordert, daß die Friedenserziehung nicht nur bei der rationalen Durchdringung von gesellschaftlichen Konflikten stehenbleiben darf; vielmehr muß sie konkrete Konflikte, die in der Umwelt des Schulkindes stattfinden, erfahrbar machen. Auch Nutz u. a. (1973) stellen sich die Frage, wie aus kognitiven Einsichten affektive Einstellungen und handlungswirksame Verhaltensweisen hervorgehen können, damit aus einer rein intellektuellen Kompetenz engagiertes Handeln erwächst (vgl. S. 37 f.). Denn: »Mut zum Engagement und zum politischen Handeln als Ziel der Friedenserziehung entsteht nicht nur aus intellektueller Einsicht in deren Notwendigkeit, sondern hat Angstfreiheit und Fähigkeit zum abweichenden Verhalten zur Voraussetzung; Bedingungen, die in den tieferen Schichten der Triebstruktur liegen, welche durch gesellschafts- und schichtenspezifische Sozialisation hergestellt werden.« (S. 37)

Nutz u. a. fordern deshalb innerhalb ihres Programms einer »therapeutischen« Friedensdidaktik den Abbau psychischer Angstbarrieren, indem z. B. Mittelschichtkindern die sozialisationsbedingte Deformierung ihres Bewußtseins aufgezeigt wird und sie auf diese Weise die Diskrepanz zwischen indoktrinierter Meinungsbildung und gesellschaftlicher Wirklichkeit erfahren.

Zusammenfassend ergibt sich, daß die »Erziehung zum Konfliktverhalten«, des öfteren als Bestandteil einer Friedenspädagogik angesehen, zwar eine »didaktische Wende in der politischen Pädagogik« widerspiegelt, wie Wallraven/Dietrich (1970) schreiben, jedoch dabei nicht übersehen werden darf, daß sie zumeist – vor allem wegen der vorwiegend den Intellekt ansprechenden didaktischen Konzeption – nicht geeignet ist, die während der primären Sozialisation stattgefundene Konfliktverdrängung rückgängig zu machen.

Wegen dieses Mangels wurden in letzter Zeit curriculare Bemühungen auf dem Gebiet des »sozialen Lernens« durchgeführt (siehe Punkt 1.6). Für unser Thema ergibt sich, daß Friedenspädagogik nur dann als Voraussetzung für eine Erziehung zur Konfliktfähigkeit verstanden werden kann, wenn sie nicht nur den harmonischen Konsens anzielt – interpretierbar als individualpsychologisches Seid-nett-zueinander –, sondern den sozialpsychologisch und sozioökonomisch bestimmbaren Interessenhintergrund transparent und erfahrbar werden läßt.

1.6 Das Curriculumprojekt »soziales Lernen«

Vor allem die in letzter Zeit von der Pädagogik rezipierte interaktionistische Betrachtungsweise (vgl. Schäfer/Schaller 1971, Mollenhauer 1972, Krappmann 1972, Wellendorf 1973) hat zu einer verstärkten Beschäftigung mit dem Curriculumprojekt »soziales Lernen« geführt. Herrschte in der empirisch ausgerichteten Pädagogik lange Zeit ein funktional-manipulatives Erziehungskonzept vor (die Kenntnis der unabhängigen Variablen erlaube – so wurde angenommen – Bedingungen des Schulerfolgs als abhängige Variable zu prognostizieren und zu realisieren), so eröffnete die interaktionistische Sichtweise ein kommunikatives Erziehungsverständnis. Die sozialpsychologisch relevanten Tatbestände des Machtgefälles zwischen Lehrer und Schüler, die durch spezifische Rollenverhältnisse bedingte implizite Persönlichkeitstheorie des Lehrers und deren Auswirkungen auf den Schüler (vgl. Ulich/Mertens 1973), die Dialektik von Selbst- und Fremdbild und die vielfältigen Formen gestörter Kommunikation verlangten nach einer gründlicheren Analyse des Erziehungsvorganges als eines Prozesses zwischenmenschlicher Wechselwirkung und Beeinflussung.

Zugleich wurde deutlich, daß das Absehen von diesen sozialpsychologischen Vorgängen auch zu einer Vernachlässigung der Erforschung sozialer Lernprozesse geführt hatte. Affektbildung, die Einübung in Kooperation und Partnerschaft, Ermunterung zu freier Kommunikation, die Fähigkeit, Konflikte auszutragen und über soziale Beziehungsstrukturen zu reflektieren, stellen wichtige Inhalte des sozialen Lernens dar, bei dem natürlich auch immer das Verhalten und die Einstellungen des Lehrers als Modell im Sinne des Imitationslernens eine bedeutende Rolle spielen. Der Verwirklichung von Überlegungen zum sozialen Lernen stehen jedoch vorerst noch objektive Machtstrukturen in Form von repressiven, organisatorischen und institutionellen Faktoren im Wege, deren Veränderung allein eine befriedigendere Kommunikation zwischen Lehrer und Schüler und der Schüler untereinander ermöglichen könnte. Im Rahmen dieser noch weitgehend programmatischen Forderungen nimmt der Umgang mit Konflikten einen zentralen Platz ein. Ulich (1974) sieht deshalb auch als vorrangiges Ziel einer Veränderung der herkömmlichen Unterrichtspraxis »die Entwicklung von Konfliktbewußtsein durch Kommunikationsfähigkeit in einer veränderten Machtkonstellation« (S. 89) an. Aus diesem Grunde fordert er eine Institutionalisierung von Konflikten, die beiden Konfliktparteien die Möglichkeit eröffnen sollte, ihre Interessen durchzusetzen. Indes muß man sich bei diesen Versuchen, etwa Konfliktbewußtsein durch kommunikatives Handeln zu ermöglichen, im klaren sein, daß soziales Lernen nur in Interdependenz mit politischem Lernen adäquat zu erreichen ist.

Bleibt soziales Lernen nur auf schulinterne Auseinandersetzungen beschränkt (z. B. Schüler und Lehrer diskutieren zwar über die Fragwürdigkeit einer ministeriell empfohlenen normalverteilten Notengebung, ohne jedoch zugleich kritisch auf die systemstabilisierende Konkurrenzorientierung, die in dieser Notenpolitik zum Ausdruck kommt, einzugehen), muß man sich die Frage stellen, ob dieses neue Curriculumprojekt nicht eher entpolitisierende Wirkungen zur Folge haben kann und ob Preuß-Lausitz (1973) mit seiner Kritik nicht recht hat, wenn er schreibt:

»Auf der Ebene der Schulverwaltungen und von Curriculumgruppen in Institutionen und Hochschulen geht im Rahmen der Revision der politischen Bildung eine starke Rezeption der amerikanischen ›social studies‹ einher mit dem Versuch, durch die Betonung ›sozialer Ziele‹ wie Konfliktreduktion, soziale Integration, soziales Lernen, Kommunikationsfähigkeit usw. den politischen Anspruch einer neuen Pädagogik aufzufangen, ja teilweise abzuwürgen.« (S. 19)

Soziales Lernen, das etwa nur Widersprüche innerhalb des Konfliktfeldes Schule bewußtmacht, ohne sie auf den gesellschaftlichen Kontext zurückzuführen, ist aus diesem Grunde auch nur als ein erster Schritt zu betrachten.

2. Entwurf eines sozialpsychologisch-psychoanalytischen Konfliktmodells

In diesem Kapitel wird in Grundzügen ein sozialpsychologisch-psychoanalytisches Konfliktmodell dargestellt. Damit wird die herkömmliche, z. B. in 1.1 geschilderte Sichtweise eines a-sozialen Individuums überwunden, bei dessen Konzeptualisierung noch zusätzlich von allen konkret-historischen Bezügen abstrahiert wird (Holzkamp 1972a, spricht deshalb vom »abstrakt-isolierten Individuum« als Thematik traditioneller Psychologie). Mit dem Aufweis, daß Konflikte im Verlauf eines kommunikativen und symbolisch interaktiven Prozesses ablaufen, sich intrapsychisch niederschlagen und den weiteren Verlauf der Kommunikation und Interaktion steuern, soll ein genaueres Verständnis der Entstehung, der Verfestigung, der Dynamik und der Struktur von Konflikten erworben werden.

Das zu skizzierende Konfliktmodell ermöglicht durch die Hereinnahme hermeneutisch interpretierbarer oder phänomenologisch erschließbarer Sachverhalte eine genauere Analyse der Entstehungsbedingungen von konfliktinitiierenden oder konfliktverfestigenden Erziehungshandlungen als das ängstliche und zugleich ideologische Stehenbleiben auf der Ebene beobachtbarer Sachverhalte. Die Berücksichtigung von Kommunikations- und Interaktionsstörungen während der Interaktion von Eltern und Kind läßt einen Rekurs auf sozioökonomische Konfliktbedingungen eher zu als etwa das lerntheoretische Paradigma eines »appetence-avoidance«-Konflikts, bei dem die Sichtweise einer gesellschaftlich vermittelten gestörten Kommunikation und Interaktion thematisch nicht relevant wird.

Während die psychoanalytische Theorie die Entstehungsbedingungen oftmals nur sehr pauschal auf Vorgänge wie »Härte« und »Verwöhnung« zurückführt, während schichtenspezifische Sozialisationsforschung von einem faktorenanalytisch gewonnenen Konzept von Erziehungsstilen ausgeht, die sich unterschiedlich restriktiv auf die kindliche Entwicklung auswirken können (vgl. z. B. Schaefer 1959), sollen in dem hier zu entwickelnden Konfliktmodell die konfliktinitiierenden Handlungen der Eltern in der Interaktion mit dem Kind genauer herausgearbeitet werden. Zu diesem Zweck wird davon ausgegangen, daß Eltern und Kind in einem kommunikativen Handlungszusammenhang stehen, daß Art und Weise ihres Handelns durch symbolische Interaktion vermittelt ist, daß das Handeln ferner von kognitiven und motivationalen Vorgängen gesteuert wird.

Da dieses Modell in sehr gedrängter Form abzuhandeln ist und eine Menge Fachtermini voraussetzt, sei der mit dieser Thematik noch nicht allzusehr vertraute Leser auf die Kapitel 3 bis 7 verwiesen, in denen die einzelnen Aspekte des Konfliktmodells in allgemeinverständlicher Form expliziert werden.

Es folgt zunächst eine Darstellung der Rahmenbedingungen, innerhalb derer konfliktinitiierende Interaktion zwischen Eltern und Kind abläuft.

In einem zweiten Abschnitt wird dann ein Konfliktablauf idealtypologisch skizziert.

Erst nach Darstellung dieses modellhaften Konfliktablaufs können in einem weiteren Abschnitt die Ansatzstellen für eine »Erziehung zur Konfliktfähigkeit« theoretisch bestimmt werden.

2.1 Rahmenbedingungen des Konflikts

Interaktionen, in deren Verlauf elterliche Zuschreibungs- und Etikettierungsprozesse, Erwartungen und Bedürfnisse mit kindlichen Bedürfnissen konfligieren können, sind in einen Bedingungs- bzw. Vermittlungszusammenhang eingebettet. Diese Rahmenbedingungen lassen sich folgendermaßen skizzieren:

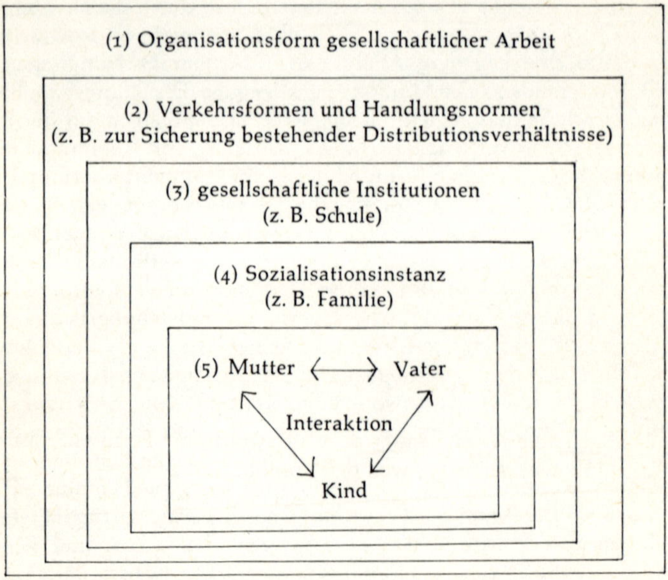

Abb. 2: Modell der Rahmenbedingungen des Konflikts

Mit dieser formalen Darstellung soll vermieden werden, daß das im nächsten Abschnitt formulierte Interaktionsmodell mit konfliktinitiierenden und -verfestigenden Erziehungshandlungen nur von einer sozialpsychologischen oder psychoanalytischen Warte her betrachtet wird. Vielmehr gilt es, den grundlegenden Vermittlungszusammenhang von makrosozialer und mikrosozialer Systemebene als heuristisches Prinzip zu thematisieren.

Was soll mit dem Schaubild ausgedrückt werden?

Mit »Organisationsform menschlicher Arbeit« ist gemeint, daß sich Menschen als Naturwesen die äußere Natur durch Arbeit aneignen müssen und daß die Organisationsform dieser Aneignung durch Arbeit von grundlegender Bedeutung für die Konstituierung aller weiteren sozialen Lebenszusammenhänge ist. Organisationsformen menschlicher Arbeit haben sich im Verlauf der geschichtlichen Entwicklung des Menschen geändert:

An die Stelle z. B. persönlicher Abhängigkeiten wie zu Zeiten der Sklaverei oder des Feudalismus sind in unserer Gesellschaft sachliche Abhängigkeiten getreten. Arbeitnehmer und Arbeitgeber treten in vertraglich geregelte Beziehungen, oder mit anderen Worten: Der eine verkauft seine Arbeitskraft demjenigen, der über die Produktionsmittel verfügt. In dieser Beziehung ist ein grundlegender Antagonismus enthalten, nämlich der zwischen dem gesellschaftlichen Charakter der Produktion und der privaten Form der Aneignung des Gewinns. Man ist daher sehr viel mehr am Gewinn orientiert, als wenn man sich an einem gesamtgesellschaftlichen Bedarf (z. B. Kindergärten, Krankenhäuser, Wohnungen) ausrichten würde. Zwar wird auch in freimarktwirtschaftlichen und ähnlichen Systemen der Anarchie der Warenproduktion durch administrative Planung teilweise entgegengesteuert; dies hat jedoch nichts an der grundlegenden Tendenz geändert, in der Vermehrung des Gewinns das übergreifende Ziel zu sehen. Die vor allem bei vorübergehender Gewinngefährdung (z. B. durch Absatzschwierigkeiten bedingt) angedrohte oder durchgeführte Einführung von Kurzarbeit oder Entlassungen lassen den in den Produktionsverhältnissen angelegten Antagonismus konkret psychisch erfahren. Ein anderer Konflikt würde sich z. B. einstellen, wenn Arbeiter gegen mangelnde Mitbestimmung und Planung der – doch gesellschaftlich vorgenommenen und kooperativ arbeitsteilig ausgeführten – Produktion aufbegehren würden. Die aus dem Antagonismus abgeleitete Angst nimmt aber meist nicht die Form eines rationalen Konfliktbewußtseins an, weil der Konflikt heruntergespielt wird oder man ihn erst gar nicht akzeptiert, indem man etwa sagt: Der Arbeiter müsse froh sein, Arbeit zu haben. Alle säßen im gleichen Boot. Arbeitgeber trügen mehr Verantwortung, sie müßten mehr arbeiten. Oder es wird gesagt: Nicht der Unternehmer sei dafür verantwortlich, wenn sich das Individuum kontrolliert oder beherrscht fühle. Vielmehr seien daran die technischen Sachzwänge einer hochindustrialisierten Gesellschaft schuld, die den individuellen Bedürfnissen nach Selbst- und Mitbestimmung und sinnvoller Produktion entgegenstünden. Diese Argumente mögen in manchen Fällen zutreffen, ändern aber nichts an der Tatsache, daß jeder berechtigt sein muß, seine Interessen zu vertreten. Der damit verbundene Gegensatz läßt sich auch nicht durch pseudokompensierende

Leistungen, etwa durch gesteigerte Konsummöglichkeiten, aufheben. Alle Konfliktvermeidungspolitik, zu der auch zahlreiche betriebspsychologische Maßnahmen gehören (Auffangen aufkommender Unzufriedenheit durch »job rotation«, gruppendynamische Seminare, Führungskurse zum Erlernen eines mitarbeiterorientierten Führungsstils usf.), führt nur zu einer Unterdrückung der ursprünglichen Bedürfnisse, die gemäß einer hier nicht zu explizierenden erweiterten Frustrations-Aggressions-Hypothese vielfache Manifestationen reaktiv-destruktiver Aggression zur Folge hat.

Mit den im Schaubild unter (2) als »Verkehrsformen und Handlungsnormen« thematisierten rechtlichen Verhältnissen wird das in der gegenwärtigen Organisationsform gesellschaftlicher Arbeit implizierte Verhältnis von Über- und Unterordnung vervollständigt und rechtlich abgesichert. Betriebs- und Schulordnungen, Lehrlingsausbildungsverträge, Berufsgelöbnisse u. dgl. m. tragen zu dessen Bestand bei.

Die rechtlich festgelegten »Verkehrsformen und Handlungsnormen« sind institutionalisiert (3) und werden in Elternhaus, Schule, Betrieb oder Universitäten eingeübt und ihre Einhaltung durch Organe der Gesellschaft überwacht (u. a. Rechtsprechung, Polizei, Schulverwaltung). Menschliche Beziehungen sind somit vielfach durch diese institutionalisierten Verhältnisse bestimmt.

Das Herrschaftsverhältnis nimmt in Abhängigkeit von der Stellung im Produktionsprozeß (z. B. ungelernter Arbeiter, Facharbeiter, Angestellter usf.) unterschiedliche Grade der Kontrolle an und kann mehr oder weniger deutlich ins Bewußtsein der Arbeiter und Angestellten treten. Daß aber der Arbeiter oder Angestellte durch dieses Verhältnis geschädigt sein kann, wird ihm oft kaum noch zum Problem. Trotzdem steuert dieses Verhältnis unreflektiert und unausgesprochen Interaktion und Kommunikation.

Neben dieser Tatsache der Über- und Unterordnung ergibt sich noch ein weiteres konstitutives Element der Interaktion, das wiederum aus dem Gegensatz von abhängiger Arbeit und privater Gewinnmaximierung ableitbar ist, und zwar ist es der »Warencharakter menschlicher Beziehungen«.

Was soll unter dem »Warencharakter menschlicher Beziehungen« verstanden werden?

Jede Ware hat einen Gebrauchswert und einen Tauschwert; der Gebrauchswert einer Ware besteht darin, daß sie menschliche Bedürfnisse befriedigen kann, der Tauschwert gibt die Proportion an, in der eine Ware gegen andere bzw. gegen Geld ausgetauscht werden kann – als Funktion der zur Produktion der Waren jeweils notwendigen Arbeitszeit. Waren werden somit nicht in ihren Gebrauchswerten miteinander verglichen, sondern in ihren Tauschwerten. Ein Merkmal der warenproduzierenden Gesellschaft ist also die Orientierung an dem, was man für die Ware bekommt bzw. was man damit eintauschen kann. Der Tauschwert kann nur realisiert werden, wenn man die Ware verkauft. Wegen der Orientierung am Gewinn muß alles käuflich werden, was sich nur irgendwie dazu eignet. In unserer Gesellschaft wird nun fast alles käuflich: angefangen von den täglichen Gebrauchsgegenständen und Dienstleistungen bis hin zu Sicherheit, Ansehen und Liebe. Bis in die feinsten Details menschlicher Kommunikation spiegelt sich die Grundstruktur des (ursprünglich auf den Tausch materieller Bedürfnisse beschränkten) Warenaustausches wider; auch in ihren außerökonomischen Beziehungen sind Menschen dieser Gesellschaftsordnung von dem Prinzip des Warenaustausches durchdrungen.

Menschliche Fähigkeiten und Eigenschaften (wie z. B. Intelligenz, berufliches Wissen, selbstsicheres Auftreten, Schönheit usf.) sind somit selbst zur Ware geworden: Intelligenz wird eingesetzt, um Anerkennung zu erhalten, für Schönheit erhält man bewundernde Blicke, berufliches Wissen sichert einem die Aufmerksamkeit der anderen. In den sozialen Verhältnissen wird das Tauschverhältnis sichtbar, dem wir unterworfen sind; alles ist Gegenstand des Austausches geworden. »Es ist die Zeit, wo selbst Dinge, die bis dahin mitgeteilt wurden, aber nie ausgetauscht, gegeben, aber nie verkauft, erworben, aber nie gekauft: Tugend, Liebe, Überzeugung, Wissen, Gewissen etc., wo mit einem Wort alles Sache des Handels wurde« (Marx, i. A. v. 1971, S. 35).

Gibst du mir soundsoviel Schönheit und Jugend, geb ich dir etwas von meinem Wissen und von meinem Ansehen; deine charakterlichen Eigenschaften sind es mir wert, dich an meinem beruflichen Prestige teilnehmen zu lassen usf. Als Warenbesitzer treten wir uns gegenüber, schätzen unseren Tauschwert ständig ein, haben Angst, daß wir nicht adäquat eingestuft werden, daß wir unseren Kurswert verlieren, haben deshalb auch Angst, unsere Schwächen einzugestehen, die unseren Wert schmälern könnten und einen Verlust der Anerkennung bringen. Nahezu alles Handeln ist deshalb darauf abgestellt, unseren Tauschwert (der sich im psychischen Bereich allerdings nicht mehr wie der ökonomische Tauschwert nach der Arbeitszeit bestimmt) zu erhöhen, damit wir für unsere Eigenschaften und Fähigkeiten den höchstmöglichen Gegenwert erhalten. Obgleich niemals explizit über den Warencharakter der mitmenschlichen Beziehungen gesprochen wird – statt dessen spricht man z. B. von Abneigung, Sympathie, Interesse oder Liebe –, ist er doch die Richtschnur für viele unserer Handlungen und Anlaß unzähliger, zumeist jedoch mystifizierter Konflikte.

Das »Abhängigkeitssyndrom« und das »Warencharaktersyndrom« der menschlichen Beziehungen haben nun weitere Auswirkungen auf menschliche Kommunikation und Interaktion; die »Verdinglichung interpersoneller Beziehungen« (Laing), das Konkurrenz- und Leistungsprinzip sind notwendige Folgen.

Die Verdinglichung interpersoneller Beziehungen ergibt sich daraus, daß wir z. B. Herrschaftsbeziehungen nicht mehr als ein von Menschen geschaffenes Verhältnis begreifen, sondern als eine anonyme Macht, als ein Naturgesetz, dem man nicht entkommen kann.

Das Konkurrenz- und Leistungsprinzip folgt vor allem aus der Orientierung der Produktion am Tauschwert; denn die Produktion sinnvoller Gebrauchswerte würde die Kapitalakkumulation stagnieren lassen; so kommt alles darauf an, den gewinnbringenden Tauschwert der Produkte durch eine erhöhte Quantität der Arbeitsleistung zu vermehren. Es gilt somit die Arbeitsleistung zu steigern, wobei der konkrete Inhalt der Leistung in den Hintergrund tritt. Dieses ursprünglich nur in der Produktion von Waren vorherrschende Leistungsprinzip hat die meisten unserer Lebensbereiche durchdrungen und ist für viele individuelle pathologische Phänomene verantwortlich. Erziehung zur Leistung ist deshalb auch die mehr oder weniger bewußte Prämisse aller Erziehungshandlungen in Familie und Schule. Leisten–Nichtleisten, Können–Nichtkönnen: diese Dichotomie bildet den unausgesprochenen Bezugsrahmen für die Beurteilung unserer Mitmenschen. Leistet jemand weniger als wir, sind wir zufrieden; leistet jemand mehr, beunruhigt es uns, schafft Neid und Mißgunst, die wir nur aus der Welt schaffen können, indem wir uns mit dem Gedanken trösten, daß der Betroffene wahrscheinlich auf irgendeinem anderen Gebiet weniger leisten oder ein Versager sein wird.

Weil es aufgrund des Warenbeziehungensyndroms zu einer ständigen Abhängigkeit vom Urteil des anderen kommt (wird der andere meinen Tauschwert auch adäquat einschätzen?) und weil die Leistung des anderen meine eigene Leistung potentiell gefährdet, stehen Menschen unter Konkurrenzdruck und leben in Angst voreinander. Der ständige Wettbewerb um Absatz der Produkte, Wissen, Karriere, Erfolg, gutes Aussehen, sportlerische, musische, künstlerische Fähigkeiten ist wiederum Anlaß unzähliger Konflikte.

Auch die zwischenmenschlichen Beziehungen in der Familie – die oben unter (4) als Sozialisationsinstanz aufgeführt wurde – sind von dieser Situation geprägt. Nicht nur sichert das herrschende Familienrecht die Verfügungsgewalt der Eltern über das Kind, so daß brutale Erziehungsakte, Identitätszerstörungen, aber auch sublimes »love-conditioning« sich vor keiner außerfamiliären Instanz zu legitimieren brauchen; auch der ständige Zwang, die Kinder zu konkurrenzfähigen und leistungsstarken Individuen zu erziehen, die auf dem Tauschmarkt mithalten können, macht herrschaftsfreie Kommunikation und nicht verdinglichte, nicht entfremdete Interaktion weitgehend unmöglich.

Es ist deshalb nicht übertrieben, wenn Laing (1967) schreibt: »Lange vor Ausbruch eines thermonuklearen Krieges haben wir unseren Verstand verwüsten müssen. Wir fangen bei den Kindern an. Man muß sie rechtzeitig erwischen. Ohne eine gründliche und rasche Gehirnwäsche würde ihr . . . Geist unsere schmutzigen Tricks durchschauen. Kinder sind noch keine Narren; wir werden sie jedoch zu ähnlichen Schwachsinnigen machen, wie wir es sind – mit hohen Intelligenzquotienten, wenn das möglich ist. Vom Augenblick der Geburt an, wenn die Mutter des 20. Jahrhunderts mit dem Steinzeitbaby konfrontiert wird, ist das Baby jenen Kräften der Gewalt unterworfen, die man Liebe nennt ... Diese Kräfte zielen vor allem darauf ab, das meiste der in ihm angelegten Möglichkeiten zu zerstören. Alles in allem verläuft das Unternehmen erfolgreich. Bis zu seinem fünfzehnten Lebensjahr ist der junge Mensch ein Wesen wie wir geworden: ein halbverrücktes Geschöpf, das sich in einer verrückten Welt mehr oder minder angepaßt hat. Das ist es, was in unserer Zeit Normalität bedeutet.« (S. 49/50)

Gemäß dem heuristischen Vorgehen, das zuallererst als ein Suchprinzip mit Orientierungsfunktion zu gelten hat, ist zu überprüfen, ob der hier vorgelegte Vermittlungszusammenhang von makro- und mikrosozialer Ebene empirische Berechtigung besitzt. Es geht also um die These, daß ein Zusammenhang besteht zwischen den Formen materieller Produktion und gestörter Zwischenmenschlichkeit.

Kommunikation und Interaktion innerhalb der Familie (5) bilden nun den sozialpsychologischen und psychoanalytischen Bezugsrahmen für die folgende Skizze eines idealtypologischen Ablaufes konfliktinitierender und -verfestigender Handlungen.

2.2 Skizzierung eines sozialpsychologisch-psychoanalytischen Konfliktmodells

Im folgenden wird von der innerhalb der Familie stattfindenden symbolischen Interaktion und Kommunikation als dem Ausgangspunkt konfliktinitiierender Handlungen gesprochen werden. Dabei muß berücksichtigt werden, daß alle Beteiligten von bestimmten Bedürfnissen, Erwartun-

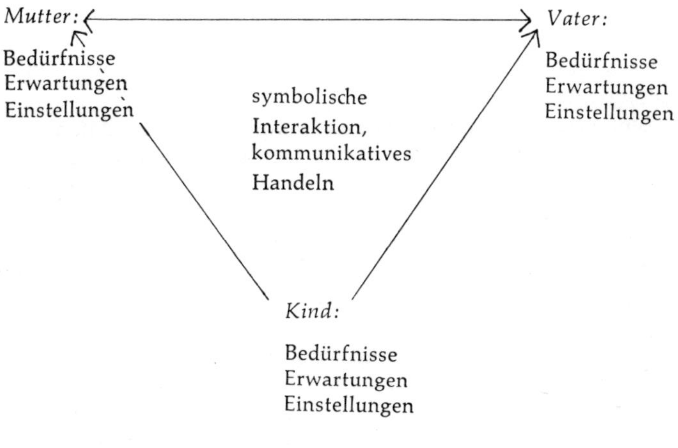

Abb. 3: Symbolische Interaktion zwischen Mutter, Vater und Kind

gen (die eine mehr oder weniger große Bewußtseinspräsenz annehmen können) und Einstellungen in ihren Handlungen gegenseitig bestimmt werden.

Diesen Sachverhalt kann man wie folgt verdeutlichen:

Eltern teilen sich im kommunikativen Handeln (das nach bestimmten, formal zu beschreibenden Axiomen ablaufen kann, vgl. Kap. 4) und in symbolisch vermittelter Interaktion (die sich aufgrund der Antizipation der Erwartungen, Kognitionen und Handlungen des anderen und deren Interpretation sowie der Antizipation des eigenen Handelns gestaltet, vgl. Kap. 6) bestimmte Erwartungen, Bedürfnisse, Einstellungen, aber auch Ängste mit. Ihr eigener Umgang mit Konflikten, die sich etwa aus der Diskrepanz zwischen Erwartungen und Bedürfnissen einstellen, ist nicht nur im Sinne des Imitationslernens, sondern auch aus familienstrukturellen Überlegungen (z. B. Verunmöglichung von Ambiguitätstoleranz bei rigider Rollenverteilung, vgl. Kap. 6) von grundlegender Bedeutung für eine konfliktorientierte Erziehung. Auch in der Interaktion zwischen Mutter und Kind und Vater und Kind spielt sich der Vorgang des kommunikativen Handelns und der (im Säuglingsalter allerdings noch nicht im Kontext verbaler Symbole ablaufenden) symbolischen Interaktion ab. Das Kind bringt in die Interaktion zunächst nur bestimmte Bedürfnisse ein, z. B. nach Gesättigtwerden, nach Körperkontakt, nach schützender Anwesenheit der Mutter. Schon in diesen frühesten Interaktionen werden die Bedürfnisse des Kindes kultur- und gesellschaftsspezifisch ge- und verformt. Bei der beispielsweise in unserer Gesellschaft üblichen Praxis des frühen Abstillens und des nur mangelhaft gewährten Hautkontaktes zwischen Mutter und Kind (die – bei richtiger Gewährung – beide zeitextensive Vorgänge sind, welche aufgrund des oben beschriebenen Warencharaktersyndroms zwischenmenschlicher Beziehungen negativ bilanziert werden) stellt sich mithin bald eine spezifische Einschränkung der kindlichen Bedürfnisse als Konsequenz der mütterlichen Interaktionsform ein. Mit dem Voranschreiten der kindlichen Entwicklung meldet auch das Kind bestimmte Erwartungen an, z. B. über genügend Selbständigkeit zu verfügen, eine Handlung allein, ohne Unterstützung der Mutter ausführen zu wollen. Elterliche Erwartungen und Bedürfnisse, die in vielen Fällen mit den kindlichen, immer schon aufgrund früherer Interaktionen vorgeformten Bedürfnissen und Erwartungen konfligieren, führen in bestimmten kommunikativen Handlungsformen zu einer Einschränkung des Handlungsspielraumes des Kindes. Denn die Angst des Kindes vor Alleingelassenwerden, Liebesverlust oder körperlichen Strafen zwingt es, extraverbal und verbal vermittelte und in Kommunikationssequenzen erworbene interaktive Szenen (z. B. die gedanklich vorgestellte oder tatsächlich ausgeführte aggressive Handlung gegen die Mutter) aus dem sprachlichen und überwiegend sekundärprozeßhaft-organisierten Kommunikationszusammenhang zu »exkommunizieren«. Die aus dem Interaktionszusammenhang verdrängten Szenen bleiben aber im Unbewußten virulent und steuern im weiteren Verlauf kognitive und kommunikative Vorgänge (vgl. Kap. 7).

Folgende Punkte müssen dabei stichwortartig herausgestellt werden:

1. Die Interaktion zwischen Mutter und Vater, die ihre Formbestimmung durch konkrete gesellschaftliche Bedingungen erhält, bildet eine der wesentlichen Konstituenten der Interaktion zwischen Mutter und Kind.
2. Die in früheren Interaktionen geformten Bedürfnisse, Erfahrungen und Erwartungen sowie aus Interaktionen ausgestoßene, d. h. verdrängte Szenen der Mutter, deren Entstehung wiederum von objektiven gesellschaftlichen Prozessen bestimmt ist, bedingen zu einem großen Teil die Art und Weise des mütterlichen Eingehens auf die kindlichen Bedürfnisse.
3. In der Interaktion von mütterlichen Erwartungen und kindlichen Triebbedürfnissen stehen sich nicht Kultur und Natur gegenüber, sondern vom Zeitpunkt der Geburt an (genauer vom Zeitpunkt der Zeugung) enthalten die Bedürfnisse des Kindes bereits ein gesellschaftliches Moment.
4. In der Dialektik von kindlichen Bedürfnissen (die allemal schon gesellschaftlich vermittelt sind) und mütterlichen Erwartungen vollziehen sich Einigung, Kompromiß oder Konflikt, zunächst sprach- und bewußtlos, dann im Medium symbolischer Interaktion.
5. Elterliche Neuanforderungen (als subjektiver Niederschlag von Rollendefinitionen des übergeordneten sozialen Systems) oder die fortschreitende kindliche Triebentwicklung zwingen das Kind dazu, ein eingespieltes Bedürfnis- und Verhaltensrepertoire aufzugeben, umzustrukturieren oder neu zu gewichten, bzw. veranlassen das Kind, seine Erwartungen den Eltern mitzuteilen.
6. Diese Neuanforderungen bzw. Weiterentwicklungen stellen bevorzugte Ansatzstellen für Konflikte dar. In gesellschaftlich vermittelten, verzerrten Interaktionsformen kommt es innerhalb der Dialektik von elterlicher Praxis und kindlicher Entwicklung zumeist zu einem antithetischen Konfliktlösungsverhalten, d. h. zu einer Entweder-Oder-Entscheidung.
7. Die als konfliktuös erfahrenen (von Triebbedürfnissen ausgehenden) interaktiven Szenen werden vom Kind aus dem bewußten, und das heißt aus dem symbolisch vermittelten, Interaktionszusammenhang ausgestoßen, desymbolisiert, verdrängt.
8. Die verdrängten interaktiven Szenen behalten im Unbewußten ihre Virulenz und steuern in Interaktionen Kognition und kommunikatives Handeln. Das Nichtverfügen über bestimmte szenische Elemente oder der Versuch einer Kompensation und Reaktionsbildungen führen zum Aufbau einer subjektiven Struktur.
9. Aus den vorangegangenen Punkten kann mit den Worten Lorenzers (1973) das Fazit gezogen werden: »Wenn die subjektiven Strukturen

Niederschlag gesellschaftlich vermittelter Einigungsformen sind, so gehen gesellschaftliche Widersprüche unmittelbar in diese Einigung ein, bestimmen mithin die subjektiven Strukturen.« (S. 104)

Nach diesem noch sehr allgemein gehaltenen Abriß der Entstehung eines Konflikts müssen nun die im Verlauf der Interaktion vorgenommenen konflikteinleitenden und -verfestigenden Handlungen der Mutter oder der Eltern und die darauf folgenden Handlungen des Kindes unter stärkerer Einbeziehung sozialpsychologischer Ansätze genauer herausgearbeitet werden. Dies soll wiederum stichwortartig geschehen:

1. Eltern mit (im Verlauf ihrer Interaktion konflikthaft erfahrenen) *Bedürfnissen* und bewußten und unbewußten *Rollenerwartungen.*
2. kognizieren (in mehr oder weniger verzerrtem Umfang) kindliche *Triebbedürfnisse*
3. und sehen sie nach Maßgabe ihrer eigenen *Konfliktfähigkeit* z. B. als bedrohlich an.
4. In Akten *kommunikativen Handelns* und in *symbolisch vermittelter Interaktion* teilen sie dem Kind mit, daß sie sein Bedürfnis nicht akzeptieren und statt dessen gehorsames Verhalten *erwarten.*
5. Dem Kind wird die Chance genommen, sich von den ihm angetragenen elterlichen Erwartungen zu *distanzieren;*
6. und es lernt nicht, die *Ambiguität* der elterlichen Erwartungen und seiner damit in Widerstreit stehenden Bedürfnisse zu tolerieren, weil die Angst vor *Tolerierung dieser Ambiguität* zu groß ist.
7. Statt dessen lernt es, sein Bedürfnis bzw. sich selbst in Begriffen der elterlichen *Attribuierung,* z. B. als »böse«, zu *kognizieren* und zu *definieren*
8. und sein von den elterlichen Rollenerwartungen *abweichendes Verhalten* zu *unterdrücken.*

9. Bei wiederholter *Androhung* von elterlicher Strafe oder Liebesverlust

10. muß das Kind sein in die Interaktion eingebrachtes Bedürfnis *verdrängen*, die in Symbole gekleidete *interaktive Szene* aus dem symbolischen Interaktionszusammenhang ausstoßen, *exkommunizieren.*
11. In (durch die elterliche Machtausübung bereits) restringierten Formen der *Kommunikation* teilt das Kind den Eltern mit, daß es sich als gefügig *definiert.*
12. Es verzichtet somit im Teilbereich eines bestimmten, in Szenen organisierten Bedürfnisses auf die *Artikulation* und *Darstellung* seiner (allerdings schon vom ersten Lebenstag an interaktiv und gesellschaftlich vermittelten) *Identität.*

13. Im weiteren Verlauf teilen die Eltern dem Kind in Akten der Explikation von impliziten *Persönlichkeitstheorien, Zuschreibungen* und *»labelings«* mit, wie sie es zu sehen wünschen
14. und machen ihm zugleich durch die Art ihrer *gestörten Kommunikation* (indem sie z. B. keine *Metakommunikation* zulassen) deutlich, daß sie keinen Widerspruch dulden werden.

15. Dem Kind bleibt zumeist nur die Möglichkeit, die *Zuschreibung* und *Etikettierung* der Eltern zu akzeptieren, da es, je kleiner es ist, keine Vergleichsmöglichkeiten mit familienexterner Realität (z. B. peer groups) besitzt.
16. Neben dieser expliziten elterlichen Interpretation und Darstellung der Sichtweise vom Kind,

welche wiederum *Selbstbild* und *Interpretation* kindlicher Bedürfnisse bestimmen, konstituiert auch das vom Kind *vermutete Bild*, das die Eltern von ihm besitzen, *seine Identität*.

17. Das von den Eltern *kognizierte* kindliche Verhalten und das beim Kind *vermutete Bild* über sie selbst haben wiederum zur Folge, daß die Eltern – je nach dem Ausmaß der als bedrohlich wahrgenommenen *Abweichungen* des Kindes von ihren *bewußten* oder *unbewußten Rollenerwartungen* – das Kind immer wieder zur *Neustrukturierung* seiner Bedürfnisse zwingen.

18. Das Kind lernt auf diese Weise – je nach der Rigidität der sich in *kommunikativem Handeln*, *Kognizieren* und mehr oder weniger *identitätsverunmöglichenden Interpretationen* manifestierenden elterlichen *Erwartungen* – zumeist nur *antithetisches Konfliktlösungsverhalten*.

19. Widersprüche zwischen Eltern und Kind können dadurch nicht aufgehoben werden, sondern stehen sich unversöhnlich gegenüber; das Kind als der schwächere Part muß auf seine *Bedürfniserfüllung* verzichten.

20. Die unter Angst vor elterlicher Herrschaft und Strafe und in *gebrochener Interaktion* und *Kommunikation* stattgefundene *Abwehr kindlicher Bedürfnisse* hat ein rational kontrolliertes Handeln und *sprachliches Verfügen* über dranghaft erlebte Impulse weitgehend unmöglich gemacht.

21. Das Kind reagiert vielmehr, immer wenn die Aktualisierung der

betreffenden Impulse geboten wäre, mit *irrationalem Verhalten.* (In psychoanalytischen Begriffen: Es findet eine *Regression* vom *sekundärprozeßhaften Funktionsniveau* des sprachlich vermittelten Denkens, der Affekte und der Handlungen auf das *primärprozeßhafte Niveau* statt.)

22. Diese *vorübergehenden Regressionen* können nun erneut Anlaß dafür werden, daß Eltern ihre *Interpretationen* und *Kognitionen* als gewünschte *Sichtweise* dem Kind oktroyieren (z. B. als Träumerei oder Entschlußlosigkeit interpretieren, was mühsam unterdrückte Aggression ist).

23. Auf diese Weise lernt das Kind, auch seine *primärprozeßhaft ablaufenden* und *primärprozeßhaft-privatsprachlich* geäußerten *Handlungen* in Begriffen elterlicher Interpretationen zu *kognizieren.*

24. Die mannigfachen innerpsychischen Barrieren (*Reaktionsbildungen* und *Charakterformationen*), die das Kind gegen die nachdrängenden Impulse errichtet, machen einen Teil seines Verhaltens aus

25. und werden von den Eltern z. B. als »still«, »bescheiden«, »widerspenstig«, »unaufmerksam«, »verspielt« u. dgl. mehr *etikettiert.*

26. Die unter die gewünschte *elterliche Kontrolle* gebrachten Formen kindlichen Handelns bilden einen Großteil dessen, was herkömmlich als »neurotisch« etikettiert wird. (Die sog. »psychopathischen« und »psychotischen«

Entwicklungsvarianten wurden hier der Einfachheit halber nicht berücksichtigt.)

27. Die *primärprozeßhaft-organisierten* Denk-, Affekt- und Handlungsmuster, deren temporäres Auftreten durch *elterliche Definitions-* und *Etikettierungsprozesse* eine *Verfestigung* erfahren haben, bewirken eine *Störung des kommunikativen Handelns, symbolischer Interaktion* und des *Kognizierens* sowohl der Erwartungen und Bedürfnisse der Eltern als auch der eigenen Bedürfnisse und Erwartungen.
28. *Gestörte Kommunikation* und *verzerrte Kognition* tragen zur weiteren *Stabilisierung* der primärprozeßhaft ablaufenden Denk-, Affekt- und Handlungsmuster bei.

Aufgrund dieser Herleitung einer idealtypologisch skizzierten Konflikt*entstehung* (hervorgegangen aus der Unversöhnlichkeit elterlicher Erwartungen mit kindlichen Bedürfnissen – oder kindlicher Erwartungen mit elterlichen Bedürfnissen), des Konflikt*verlaufs* (gekennzeichnet durch Zuschreibungen, Etikettierungen, gestörte Kommunikation und verzerrte symbolische Interaktion) und der anschließenden Konflikt*verfestigung* (resultierend aus der aufgrund von Angst vorgenommenen Verdrängung interaktiver Szenen) wird ersichtlich, daß ein sozialpsychologisch-psychoanalytisch konzipiertes Konfliktmodell mindestens folgende Aspekte umfassen muß:

– eine Theorie konfliktinitiierender Kommunikationsstörungen (Kap. 4),
– eine Darstellung von kognitionstheoretischen Konzepten (implizite Persönlichkeitstheorie, Zuschreibung, »labeling«, der Vorgang interpersoneller Wahrnehmung) (Kap. 5),
– eine Darstellung der in symbolischer Interaktion (und Kommunikation) ablaufenden Identitätsverunsicherung mit Hilfe von Konzepten wie Empathie (role-taking), Rollendistanz, Ambiguitätstoleranz und der Balance von sozialer und personaler Identität (Kap. 6),
– einen psychoanalytischen Ansatz zur Erklärung der Entstehung primärprozeßhaft ablaufender Denk-, Affekt- und Handlungsmuster (Kap. 7).

Wie läßt sich die Auswahl dieser vier Ansätze und die Nichtberücksichtigung beispielsweise lerntheoretischer und sprachpsychologischer Theorien legitimieren?

Ein sozialpsychologisch-psychoanalytisch konzipiertes Konfliktmodell scheint am geeignetsten zu sein, die Komplexität eines bestimmten, zur Entstehung von Konflikten führenden, zwischenmenschlichen Handelns abzubilden. Entgegen den am Sparsamkeitsprinzip ausgerichteten Lerntheorien wird mit diesem Modell versucht, dem holistischen Aspekt menschlichen Handelns und Erlebens stärker gerecht zu werden. Der Ganzheitscharakter des Vorgehens ist zumindest auf einer heuristischen Ebene fruchtbarer als Strategien, die sich immer nur mit Teilstücken eines komplexen Zusammenhanges beschäftigen und wegen der Zerstückelung des menschlichen Handlungs- und Erlebenszusammenhanges, z. B. in Verhaltensvariablen, sehr oft wesentliche Konstituentien überhaupt nicht mehr zur Kenntnis nehmen.

Eine Darstellung konfliktinitiierender Kommunikationsstörungen ist deshalb wichtig, weil die Art und Weise, miteinander zu kommunizieren, von grundlegender Bedeutung dafür ist, eigene Bedürfnisse und Erwartungen in die Interaktion einzubringen und die Darstellung der Bedürfnisse und Erwartungen des Partners anzunehmen. Wir wollen diese Dimension als kommunikatives Handeln thematisieren und in diesem Bezugsrahmen formale Kommunikationsaxiome beschreiben (vgl. Kap. 4), ohne dabei schon die Auswirkung bestimmter kommunikativer Handlungssequenzen auf Identitätsgewinnung oder -zerstörung zu beschreiben. Kommunikative Handlungen geschehen aufgrund vorgängiger Erfahrungsprozesse, die man als Interpretation vergangener und als Antizipation zukünftiger Handlungseinheiten sowohl von einem selbst als auch des Interaktionspartners anzusehen hat. Die Kognition des Interaktionspartners ist deshalb immer schon durch Interpretationen und Definitionen vermittelt, die nur im Kontext des gesamten Handlungszusammenhanges angemessen verstanden werden können. Dies gilt es bei der Analyse kognitionstheoretischer Sachverhalte (vgl. Kap. 5) zu berücksichtigen.

Antizipatio

Kommunikatives Handeln und Kognizieren können ferner als symbolische Interaktionen betrachtet werden, in deren Verlauf eine Einfühlung in die angesonnenen Erwartungen des anderen, eine Distanzierung, eine Toleranz für Diskrepanzen und – im nicht konflikthaften Fall – eine Ausbalancierung der zugeschriebenen und der eigenen Identität zustandekommen, wobei die Reziprozität dieses Vorgangs von zentraler Bedeutung ist (vgl. Kap. 6). Alle diese beschriebenen Vorgänge sind grundlegend vermittelt durch die im kommunikativen Handeln, Kognizieren und symbolischen Interagieren ins Sprachspiel zugelassenen oder ausgeschlossenen Triebbedürfnisse, die – gemäß dem hier explizierten interaktionistischen Ansatz – als interaktive Szenen zu verstehen sind (vgl. Kap. 7).

Obgleich die Betrachtungsweise menschlichen Handelns als symbolische Interaktion die Sprache als wesentliche Dimension erwähnt, wird sie in diesem Buch nicht in einem eigenen Kapitel ausgeführt. Ihre Bedeutung für die Theorie konflikteinleitender und konfliktverfestigender Handlungsweisen ist nichtsdestoweniger groß. Der sprachliche Aspekt als expliziter Ansatz konnte in diesem Buch nicht berücksichtigt werden, weil die Integration sprachlicher Auswahlstrategien oder Kompetenzen in die Axiome menschlicher Kommunikation oder in kognitionstheoretische Sachverhalte das Konfliktmodell über Gebühr kompliziert hätte. Zudem liegen genügend Arbeiten über die Funktion der Sprache als operative oder kommunikative Kompetenz vor (vgl. Bernstein 1970, Habermas 1971, Oevermann 1972, Lenzen 1973).

2.3 Zur Ableitung der Dimension »Konfliktfähigkeit«

Das im vorangegangenen Abschnitt dargestellte sozialpsychologisch-psychoanalytische Konfliktmodell gestattet es, konfliktverursachende Erziehungshandlungen präziser sehen zu lernen. Damit lassen sich auch die Bedingungen einer Erziehung zur Konfliktfähigkeit genauer aufzeigen, wenngleich der Realisierung dieser Erziehungsakte massive Hindernisse im Wege stehen.

Vor allem sollte auf zwei Tatsachen aufmerksam gemacht werden: Eine Erziehung zur Konfliktfähigkeit findet nicht schon deshalb statt, weil Eltern »antiautoritär«, »liberal«, »nichtrepressiv« u. dgl. mehr zu erziehen glauben. Eine Erziehung zur Konfliktfähigkeit ist vielmehr in sich sehr viel komplexer strukturiert, als daß sie sich zwischen den Extrempunkten: autoritäre–antiautoritäre Erziehung abbilden ließe. Dies soll vor allem in den folgenden Kapiteln verdeutlicht werden.

Zum zweiten muß darauf hingewiesen werden, daß Konfliktfähigkeit keineswegs Konfliktlosigkeit bedeutet. Die entwicklungsfördernde Funktion vorübergehender Krisen in der Dialektik zwischen sozialisierender Umwelt und Kind darf nicht übersehen werden. Die in diesem Buch verwendete Redeweise von Konflikt und Konfliktfähigkeit meint jedoch nicht diese temporären Krisen. Auch sollte deutlich werden, daß mit der Dimension Konfliktfähigkeit nicht für eine konfliktlose Interaktion etwa zwischen Eltern plädiert wird. Die Unfähigkeit, die im Verlauf jeder menschlichen Interaktion auftauchenden Krisen oder Konflikte zu erkennen und in offener Kommunikation auszutragen, ist vielmehr in den Bereich des Pathologischen zu verweisen. »Konfliktfreiheit« ist deshalb keineswegs mit Konfliktfähigkeit zu verwechseln. Unter *Konfliktfähigkeit* soll vielmehr die sich aus verschiedenen Unterdimensionen zusammensetzende *Kompetenz* verstanden werden, die im Verlaufe eines interaktiven Handlungsvorganges als symbolisch und kognitiv typifizierten *Verhaltenserwartungen* und *Zuschreibungen* in ihren möglichen konfliktinitiierenden Funktionen *zu erkennen* und sich in metakommunikativen Akten über das abgelaufene kommunikative Handeln und interpersonelle Wahrnehmungsvorgänge *auseinanderzusetzen.*

Eine Erziehung zur Konfliktfähigkeit müßte dementsprechend das Kind dazu befähigen, Erwartungen, Zuschreibungen, Etikettierungen, sei es von den Eltern, Lehrern oder anderen wichtigen Bezugspersonen, nicht unbefragt zu akzeptieren, die Ambiguität (die aufgrund der Diskrepanz von elterlichen Etikettierungen und kindlichen Bedürfnissen entsteht) in einem ersten Schritt zu tolerieren, um sich dann von den Erwartungen zu distanzieren. Das Kind müßte erkennen können, wie die Eltern ihre eigenen ambivalenten Bedürfnisse in eine gebrochene Kommunikation einbringen, wie aufgrund von Kommunikationsstörungen Mitteilungen der Eltern verzerrt werden und welche Verwirrung sie anstiften können.

Konfliktfähigkeit müßte in einem weiteren Schritt dazu führen, die elterlichen Erwartungen und Interpretationen als gesellschaftlich vermittelt zu begreifen, so daß z. B. die kindliche Identität einengende Zuschreibungen den Eltern nicht mehr nur ausschließlich als jeweils individuelles Versagen angelastet, sondern als aus bestimmten, über verschiedene Stufen vermittelten sozio-ökonomischen Verhältnissen hervorgegangen, verstanden werden. Dazu ist freilich auch eine inhaltliche Aufklärung über die Entstehungsbedingungen etwa von identitätsverstümmelnden Fehlattribuierungen notwendig. Bereits im Vorschulalter eingeführte Curricula, beispielsweise als Simulationsspiele durchgeführte Interessenkonflikte von Kindern (vgl. Wollschläger 1972, Gold u. a. 1973), könnten schon ab dem 4. und 5. Lebensjahr ergänzend zum Aufbau von Konfliktfähigkeit beitragen.

Konfliktfähigkeit heißt letztlich dann auch, die prinzipielle Veränderbarkeit der historischen Bedingtheit von Interaktions- und Kommunikationsformen zu erkennen, ohne sich dabei in naive Utopien zu versteigen. Denn die Modifizierung gegebener Organisationsformen menschlicher Arbeit kann wohl kaum den Warencharakter menschlicher Beziehungen, als eine mögliche Rahmenbedingung gestörter Mitmenschlichkeit, von heute auf morgen aus der Welt schaffen.

3. Beispiele alltäglicher Konflikte

In diesem Kapitel werden einige Konflikte zwischen Eltern und zwischen Eltern und Kindern dargestellt. Diese Beispiele sollen in den Kapiteln 4 bis 7 zur Veranschaulichung dienen. Eine Auswahl repräsentativer Konflikte aus allen denkbaren zu treffen, ist kaum möglich; ebensowenig existieren Taxonomien über relevante Konfliktfelder. Deshalb muß sich der Leser mit der Darstellung von vielleicht harmlos anmutenden und alltäglichen Konflikten begnügen. Auf drastischere Beispiele ist absichtlich verzichtet worden; denn es kam uns darauf an, gerade bei dem Alltagsbewußtsein zugänglichen und vertrauten Interaktionen zwischen Erwachsenen und Kindern mit Analysen anzusetzen. Selbstverständlich sind diese Beispiele – wenn man sie als isolierte Ereignisse auffaßt – kaum als konfliktinitiierend in dem im 2. Kapitel ausgeführten Sinne zu verstehen. Deshalb sollte sich der Leser vergegenwärtigen, daß die geschilderten Szenen in einem Handlungs- und Erziehungskontext stehen und erst in einer längsschnittlichen Betrachtung und durch ihr gehäuftes Auftreten zu konfliktauslösenden und konfliktverfestigenden Handlungsweisen werden.

Vorangestellt werden soll ein Konflikt zwischen Eltern. Damit soll noch einmal darauf hingewiesen werden, daß schwelende, latente, aber auch mit falschen Methoden offen ausgetragene Konflikte in der ehelichen Gemeinschaft die Interaktion mit dem Kind schwer belasten können und die Erziehung zur Konfliktfähigkeit weitgehend unmöglich machen. Auf diese Weise schließt sich allzu häufig der Teufelskreis zwischen elterlicher Konfliktunfähigkeit und einer Erziehung, die das Kind nicht dazu befähigt, den Kreislauf von herrschaftsvermittelter elterlicher Pathologie und kindlichem Leiden zu durchbrechen.

3.1 Konflikt zwischen Eltern

Er und sie sind seit 9 Jahren miteinander verheiratet und haben zwei Kinder, einen 8jährigen Sohn und eine 6½jährige Tochter. Er arbeitet als Facharzt für innere Medizin in einem Krankenhaus. In den Abendstunden schreibt er je nach Zeit an der Übersetzung eines englischen Fachbuches, und seit einiger Zeit studiert er auch psychologische Fachliteratur. Er war 25 Jahre, sie 24 Jahre alt, als sie sich kennenlernten; ein Jahr später hatte sie ihn schon zur Heirat überreden können. Eigentlich wollte er vor der Heirat erst seine Facharztausbildung abgeschlossen haben, um finanziell gesichert dazustehen und seiner zukünftigen Frau etwas bieten zu können. Sie hatte gleich nach der Heirat auf Wunsch ihres Mannes ihren Beruf als Sekretärin in einem Hochschulinstitut aufgegeben, obgleich sie gern noch einige Zeit dort tätig gewesen wäre. Aber seine Idealvorstellung war, daß seine Ehefrau sich nur ihm und den künftigen Kindern widmen sollte.

Beispiel 1: Es ist abends – er sitzt im Wohnzimmer und arbeitet gerade an seiner Übersetzung. Sie hat sich zu ihm ins Zimmer gesetzt und liest in einem Buch. Ab und zu schaut sie zu ihm hinüber.

Sie (gähnt mehrmals, will damit verdeutlichen, daß sie schon müde ist.)

Er (ohne von seiner Arbeit aufzuschauen): Ich weiß, du bist sehr müde, vielleicht wäre es für dich besser, wenn du schon ins Bett gehen würdest.

Sie (bekommt Angst, daß er sie ins Bett schicken will wie ein kleines Mädchen): O nein, ich bin nicht müde, ich mußte nur gähnen, es ist hier vielleicht auch schlechte Luft. *(Steht auf und bewegt sich in Richtung auf das Fenster.)*

Er (leicht verärgert, daß sie auf seine väterlich-sanfte Ermahnung nicht eingegangen ist): Mach bitte nicht das Fenster auf, du weißt ganz genau, daß ich beim Straßenlärm nicht arbeiten kann.

Sie (bleibt unschlüssig stehen und denkt sich: dieser alte empfindliche Idiot, glaubt er denn, daß es nur auf seine Bedürfnisse ankommt.)

Er (glaubt, daß sein Ton Erfolg hatte): Was stehst du denn noch rum? Setz dich bitte wieder hin.

Sie (denkt sich: jetzt kriegt er wieder seine aggressive Tour. Am besten, ich bin still. Setzt sich wieder hin.)

Er: Du mußt schließlich berücksichtigen, daß ich dieses Buch noch bis Ende Mai fertig haben muß. Ich kann mich jetzt nicht von dir ablenken lassen.

Sie (in deutlich gekränktem Ton): Ich wollte dich nicht ablenken.

Er (tut so, als hätte er ihre Entschuldigung nicht gehört): Du weißt genau, daß ich sehr gern den Abend mit dir verbringen würde, aber es geht nun einmal nicht.

Sie (noch mehr gekränkt, schweigt.)

Er (genießt seine Strafpredigt an sie und holt noch einmal aus): Schließlich kann ich nicht wie *du* ständig nur Romane lesen und fernsehen ... und ...

Sie (platzt heraus): Was heißt ständig nur Romane lesen oder fernsehen? Willst du mir etwa vorwerfen, ich wäre dir zu ungebildet?

Er (in kontrolliert-beherrschtem Ton): Ich sagte nicht ungebildet. Ich meinte nur, *ich* habe nicht die Zeit dazu. *(Merkt, daß er zu weit gegangen ist.)*

Sie: Schließlich wolltest du ja auch, daß ich ständig bei dir zu Hause sitze. Ich wäre ja sonst auch gern einmal abends weggegangen ... in irgendeinen Kurs. Aber du hast ja immer gesagt, das würde ich sowieso nicht durchhalten.

Er (will sich auf ihren erregten Ton nicht einlassen, »dieses weibische Gezänk«, denkt er sich, kann ich nicht ausstehen.)

Sie: Überhaupt bin ich ja in deinen Augen viel zuwenig interessiert an allem, an Politik und so. Aber wenn ich dann an irgendeiner Veranstaltung teilnehmen will, paßt es dir auch nicht. *(Denkt sich, daß sie eigentlich gar nicht die Energie dazu aufbringen würde.)* Dauernd muß man um dich herum sein.

Er (beherrscht, mit leicht spöttischem Gesichtsausdruck): Noch was?

Sie: Ja, ich weiß, das kannst du nicht hören, aber . . .

Er (unterbricht sie, blickt dabei auf seine Schreibunterlagen): Aber wieso denn Liebes, ich hör dir doch die ganze Zeit zu. Ich bin ganz Ohr. *(Während er dies sagt, schreibt er gerade einen Satz.)*

Sie (ist irgendwie verwirrt, worüber streiten wir eigentlich?, denkt sie sich): *Den* Minderwertigkeitskomplex hast *du* mir doch erst beigebracht . . .

Er: Welchen?

Sie: Na, daß ich viel zuwenig belesen bin und du dich mit mir nicht unterhalten kannst. *(Erinnert sich dabei, daß sie eigentlich schon früher Minderwertigkeitsgefühle hatte, z. B. in der Schule und so.)* Außerdem wirfst du mir dauernd vor, daß ich faul wäre, zu träge.

Er: Das habe ich noch nie gesagt.

Sie: Natürlich, das sagst du laufend; neulich z. B. als ich es nicht mehr geschafft hatte, auch noch für deinen Bekannten ein zusätzliches Essen zu machen.

Er: Das war ja eine ganz andere Situation. Du wirfst zu viele Dinge in einen Topf. Kein Wunder, wenn du dann gereizt wirst.

Sie: Ich bin nicht gereizt. *(Versucht krampfhaft, ihre Erregung zu verbergen.)*

Er: Natürlich bist du gereizt, und dann kann man sich mit dir einfach nicht mehr vernünftig unterhalten.

Sie: Und du, wo du alles mit deinem Verstand analysieren mußt, anstatt irgend etwas an dich herankommen zu lassen . . .

Er (wieder selbstsicher): Der Verstand hat viele Vorzüge, mein Schatz.

Sie: Ich weiß, *ich* habe keinen Verstand, nur *du*. Aber vielleicht kann ich dadurch auch mehr empfinden als du.

Er: Was willst du damit sagen?

Sie (in erregtem Ton): Daß du ein grober Klotz bist und dich überhaupt nicht in mich einfühlen kannst.

Er (dreht sich zum ersten Mal zu ihr hin und schaut sie an): Ach nein – meinst du vielleicht, daß *du* dich in *mich* einfühlen kannst? *(Seine Stimme wird lauter.)* Du hast noch niemals gemerkt, wann mir nach Liebe zumute war, da bist du . . . da hast du überhaupt keine . . . überhaupt kein Gespür dafür. Und mir willst du vorwerfen, daß . . .

Sie (ist aufgesprungen): Du gemeiner Kerl! *(Läuft aus dem Zimmer.)*

Ein alltäglicher Konflikt, wie ihn viele Menschen erlebt haben und erleben werden. Vielleicht hat man sich an diese Alltäglichkeiten auch nur schon allzusehr gewöhnt. In dieser kurzen Szene wird nicht nur *ein* Mißverständnis sichtbar, sondern eine Vielzahl von konfliktverleugnenden Vorgängen wird offenkundig. Beide streiten sich zwar, aber den wahren Grund ihres Streites kennen sie nicht; denn sie sind unfähig, die

Ursachen ihrer Auseinandersetzung zu erkennen und wahrzunehmen. Sie sind nicht in der Lage, über ihre Kommunikation zu kommunizieren, sie schaffen es nicht, Etiketten, die ihnen vom Partner verpaßt worden sind und die ihr Selbstverständnis und ihre Sichtweise bestimmen, abzuschütteln. Die Rollen, an die sie sich während ihrer Sozialisation anpassen mußten, haben beide zutiefst verinnerlicht, und in jedem Augenblick ihres Erlebens richten sie ihr Verhalten danach aus. Der Konflikt, den sie in dieser Szene agieren, hat auch seine affektive Dynamik; Ängste, die als solche gar nicht bewußt werden, verhindern, daß sie ihre Wünsche und Forderungen ausdrücken können, verhindern Einfühlung in die Erwartungen des anderen und machen sie blind für das, was sie sich doch eigentlich geben wollten: nämlich Verständnis und Liebe.

Und durch all diese Unfähigkeiten, den eigentlichen Konflikt zu erkennen und auf eine Weise auszutragen, die beiden Partnern die Möglichkeit zur Selbstbestimmung gibt, zieht sich auch die gesellschaftlich vermittelte Weise des Miteinanderumgehens: In der Verdinglichung ihrer Beziehung, in der Angst, voreinander Gefühle einzugestehen und sich dadurch als schwach zu erweisen und als Konkurrent unter Konkurrenten nicht mehr konkurrenzfähig zu sein, in der Befürchtung, nicht länger marktkonformes Tauschobjekt zu sein, manifestiert sich gestörte Zwischenmenschlichkeit.

Die Mystifikation eines als etwas ganz anderes erlebten Streites aufzubrechen, kann deshalb auch nicht allein durch Rollendistanz erreicht oder durch Einübung in Konfliktspiele zur Erlangung kommunikativer Kompetenz und ähnlichem mehr grundgelegt werden. Auch eine »metakommunikative Kompetenz« (vgl. Kap. 4) kann gänzlich unfruchtbar bleiben, denn es ist durchaus möglich, daß beide Partner über ihre mißglückte Beziehung zwar metakommunizieren können, ohne jedoch die grundsätzliche Verdinglichung ihrer zwischenmenschlichen Beziehung zu erkennen (vgl. 2.1).

Und doch können in den Erziehungsstrategien zur Konfliktfähigkeit *Möglichkeiten* entdeckt werden, der massiv stattfindenden Indoktrination (z. B. durch Einflüsse von Massenmedien) affektive und konative Dispositionen entgegenzusetzen und an sie in der politischen Erziehung anzuknüpfen.

Bevor diese Erziehungsstrategien geschildert werden, sollen jedoch noch einige Beispiele von Eltern-Kind-Interaktionen dargestellt werden.

3.2 Konflikthafte Szenen zwischen Eltern und Kind

Beispiel 2, Szene 1: Der 8jährige Junge hat gerade seine Hausaufgaben gemacht und kommt mit dem Heft zur Mutter gelaufen.

Junge: Schau her, ich bin fertig.

Mutter (setzt ein strenges Gesicht auf): Zeig her. *(Überblickt die Heftseite – nach kurzer Zeit)*: Unmöglich, das mußt du noch einmal schreiben, du schmierst derart, daß es nicht mehr schön ist. Außerdem ist hier ein Fehler und hier und hier.

Junge (macht ein betrübtes Gesicht, ist sichtlich enttäuscht.)

Mutter: Nun setz dich hin und schreib die Seite noch einmal. Vorher darfst du nicht zum Spielen.

Junge: Aber der Peter wartet doch schon draußen, ich kann es doch nachher noch einmal schreiben.

Mutter: Das hast du schon so oft versprochen und nicht eingehalten, nein, nein, ich kenn dich, du bleibst jetzt hier und schreibst die Seite noch einmal.

Junge (schaut enttäuscht nach unten und bleibt unschlüssig am Tisch stehen.)

Mutter: Du brauchst gar nicht so ein trotziges Gesicht zu machen, fang lieber schon an zu schreiben.

Szene 2: Familie sitzt am Abendbrottisch, 6½jährige Tochter hat offenbar keine Lust zu essen.

Vater: Nun iß mal deinen Teller leer.

Tochter: Ich hab keinen Hunger mehr.

Sohn (sichtlich bestrebt, sich noch einen großen Brocken in den Mund zu schieben.)

Mutter: Schau mal, wie schön dein Bruder seinen Teller leergegessen hat.

Vater: Wenn du deinen Teller auch leermachst, darfst du auch noch fernsehen.

Tochter (schaut nach unten, ist sich noch unschlüssig.)

Vater: Nun mach schon, so lange können wir nicht warten.

Szene 3: Sonntagsausflug, Familienmitglieder sind noch in der Wohnung und ziehen sich an.

Tochter: Darf ich heute meine Jeans anziehen?

Mutter: Ich weiß nicht, da mußt du Pappi fragen.

Vater: Nein, zieh dir dein Kleid an, ich möchte nicht, daß du sonntags in Hosen rumläufst. Die kannst du während der Woche beim Spielen anhaben, aber nicht heute, wo wir uns mit Behringers treffen.

Tochter (enttäuscht und verärgert): Ich möchte aber die Jeans anziehen. Das Kleid ist so blöd.

Vater: Tu, was ich dir sage, und beeile dich, wir wollen bald losfahren.

Tochter (wütend): Ich mag das Kleid nicht anziehen.

Mutter: Komm, enttäusch Pappi nicht, zieh dir dein Kleid an, sei ein nettes Mädchen.

Tochter (mit Tränen in den Augen, zieht sich das Kleid an.)

Familie verläßt die Wohnung. Als sie unten ins Auto einsteigen, sagt der

Vater: Na, nun hab ich aber eine hübsche Tochter. Siehst du, wie gut dir das Kleid steht . . .

Szene 4: Eine bereits länger andauernde Auseinandersetzung zwischen Vater und Mutter über eine schlechte Schulnote des Sohnes.

Vater (zur Mutter gewandt, in lautem Ton): Ich sage dir, der Junge könnte, wenn er nur wollte, aber er strengt sich nicht genügend an.

Mutter: Na ja, aber deswegen brauchst du mich doch nicht anzuschreien. Ich hab ihm doch immer gesagt, daß er sich mehr Mühe geben soll.

Vater: Ach du, du ... du nimmst ihn doch immer in Schutz und sagst, man darf ihn nicht überfordern, von dir hat er es doch.

Mutter: Was hat er von mir?

Vater: Na seine ... seine Passivität.

Mutter: Ja, ja ich weiß schon ... immer ich ...

Sohn (der bislang schweigend zugehört hat): Der Lehrer hat aber gesagt, daß ich im Rechnen schon besser geworden bin, und die anderen haben auch Fehler gemacht.

Vater: Die anderen, die anderen, es kommt drauf an, wieviel Fehler du gemacht hast. Und du könntest viel besser sein, wenn du dir mehr Mühe geben würdest. Aber du bist zu faul, das ist es. Du träumst zu viel. So wird nie was aus dir.

Diese Szenen werden in den Kapiteln 4 bis 7 ausschnittweise zur Veranschaulichung herangezogen und kommentiert werden.

Wir beginnen nun die Explikation des im 2. Kapitel vorgestellten sozialpsychologisch-psychoanalytischen Konfliktmodells mit dem kommunikationstheoretischen Ansatz.

4. Der kommunikationstheoretische Ansatz

Für das Verständnis von konflikteinleitenden und -stabilisierenden Erziehungshandlungen ist zunächst eine genaue Analyse des Kommunikationsvorganges notwendig. Denn die Art und Weise, miteinander zu kommunizieren, entscheidet weitgehend darüber, welche Bedürfnisse und Erwartungen Interaktionspartner in ihre Kommunikation einbringen können. Für die Disposition Konfliktfähigkeit ist deshalb auch eine offene und unbehinderte Kommunikation eine grundlegende Voraussetzung.

Aber was versteht man eigentlich unter Kommunikation? In diesem Kapitel sollen bestimmte grundlegende Sachverhalte kommunikativen Handelns als sog. Axiome menschlicher Kommunikation besprochen und daran anschließend Kommunikationsstörungen aufgezeigt werden.

Zunächst erfolgt eine Definition von Kommunikation und der Aufweis bestimmter Kommunikationsmodalitäten.

4.1 Definition

Wann immer zwei oder mehr Menschen untereinander in Beziehung stehen, spricht man von sozialer Interaktion (vgl. Graumann 1972). Den Austausch von Information, der in der Interaktion stattfindet, bezeichnet man als Kommunikation. Da letztlich in jeder Form der sozialen Wechselwirkung ein Vorgang der Verständigung zwischen zwei oder mehr Personen stattfindet, ist jede Interaktion auch immer eine Kommunikation.

Viele Sozialpsychologen haben im Vorgang der Kommunikation das grundlegende soziale Geschehen erblickt, so z. B. Hartley/Hartley (1955), wenn sie schreiben: »Erst durch die Kommunikation wird der Mensch zum sozialen Wesen und kann sich als solches behaupten.« (S. 11)

Die fünf wichtigsten Elemente des Kommunikationsprozesses können in der sog. Lasswell-Formel zusammengefaßt werden: »Wer sagt was in welchem Kanal zu wem mit welchem Effekt?« (vgl. Siegrist 1970, S. 9) Fünf Elemente lassen sich somit unterscheiden: Kommunikator (Sender), Kommunikationsinhalt, Kommunikationskanal, Kommunikant (Empfänger) und Kommunikationswirkung.

Ferner spricht man von zweiseitigen (bilateralen) oder symmetrischen und einseitigen (unilateralen) oder asymmetrischen Kommunikationen. Eine zweiseitige Kommunikation stellt z. B. ein Gespräch dar, Fernsehen hingegen ist eine einseitige Kommunikation, da der Kommunikationsfluß stets in der gleichen Richtung vom Kommunikator zu Kommunikant erfolgt. Auf diese Weise erfährt der Sender nichts über die Wirkung des Kommunikationsinhalts beim Empfänger und wird in seinen Reaktionen auch nicht von den Reaktionen des Kommunikanten beeinflußt. Gerade in der wechselseitigen Beeinflussung, in der Reziprozität von Frage und

Antwort, Reiz und Reaktion, ist jedoch das wesentliche Merkmal einer symmetrischen Kommunikation zu erblicken. Nicht jede Interaktion, die den Anschein einer symmetrischen Kommunikationssituation erweckt, ist allerdings eine solche. Es ist deshalb nötig, mit Jones/Gerard (1967) zwischen vier Klassen sozialer Interaktion zu unterscheiden: Pseudo-Interaktion, asymmetrische, reaktive und wechselseitige Interaktion (statt »Interaktion« benützen die Autoren den lerntheoretischen Begriff »Kontingenz«). Die Einteilung erfolgt aufgrund des Kriteriums »Handeln nach eigener Intention« und »Handeln unter Berücksichtigung des Verhaltens des Interaktionspartners«.

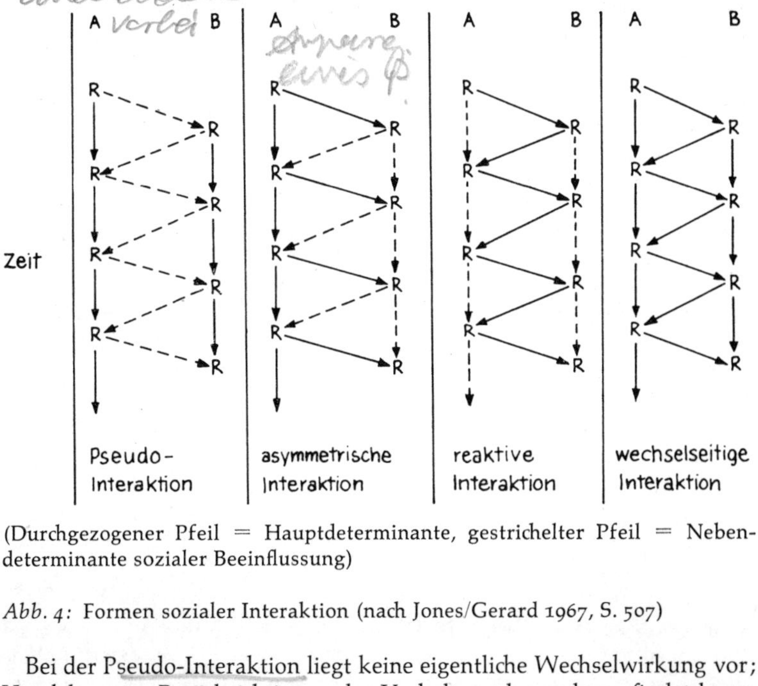

(Durchgezogener Pfeil = Hauptdeterminante, gestrichelter Pfeil = Nebendeterminante sozialer Beeinflussung)

Abb. 4: Formen sozialer Interaktion (nach Jones/Gerard 1967, S. 507)

Bei der Pseudo-Interaktion liegt keine eigentliche Wechselwirkung vor; Handeln unter Berücksichtigung des Verhaltens des anderen findet kaum statt; jeder der beiden Interaktionspartner verfolgt seine eigene Absicht.

Bei der asymmetrischen Interaktion handelt einer der Partner überwiegend nach eigener Absicht, während der andere sein Verhalten primär nach dem Verhalten des ersten Partners ausrichtet.

Die reaktive Interaktion bezeichnet den Grenzfall, in dem das Verhalten beider Partner ohne eigene Intention vonstatten geht, vielmehr nur Reflex auf das Verhalten des anderen ist.

Erst die wechselseitige Interaktion stellt die echte symmetrische Interaktionssituation dar: Jeder der beiden Partner richtet sein Verhalten sowohl nach seiner eigenen Intention als auch nach dem tatsächlichen oder zu erwartenden Verhalten des anderen aus.

Wollte man die Interaktionssequenz beschreiben, die in einer »echten« Interaktion vonstatten geht, so käme man zur folgenden Struktur: A's Verhalten (V_1) ist eine Funktion seiner Absicht und des wahrgenommenen Verhaltens von B; B's Verhalten (V_2) ist eine Funktion seiner Absicht und des wahrgenommenen Verhaltens (V_1) von A; A's Verhalten (V_3) wiederum ist eine Funktion seiner Absicht und des wahrgenommenen Verhaltens (V_2) von B usf. In dieser Interaktionssequenz wird indes nur das Verhalten beobachtet; das Verhalten, das entweder durch den inneren Reiz, die Absicht oder das Motiv, oder durch den äußeren sozialen Reiz, das wahrgenommene Verhalten des anderen, ausgelöst wird.

Verdeutlichen wir dies an dem unter 3.1 aufgeführten

Beispiel 1: Die Frau hat den Wunsch, vom Mann Zuwendungen und Aufmerksamkeit zu erhalten; zum anderen nimmt sie wahr, daß er arbeitet. Der interne Reiz und der soziale Reiz bewirken ihr Verhalten: Sie fängt an, zu gähnen. Er hat den Wunsch, weiter ungestört zu arbeiten; nun nimmt er wahr, daß sie gähnt, und er empfiehlt ihr, ins Bett zu gehen.

Zwar gelingt es, mit Hilfe dieser simplen Verhaltensanalyse die Wechselseitigkeit der Subjekt-Subjekt-Beziehung sichtbar zu machen, aber die für die Interaktionspartner nur zu erschließende Erfahrung von sich selbst und vom anderen bleibt dabei ausgeklammert. Dieser Erfahrungsaspekt wird in den Kapiteln 5 und 6 noch sehr viel genauer beschrieben werden müssen.

Denn das, was mit Absicht als interner Stimulus für interaktives Verhalten beschrieben wurde, ist selbst wiederum eine komplexe Größe; sie setzt sich zusammen aus interpretierten Bedürfnissen, aus dem eigenen Selbstbild, dem Fremdbild, aber auch aus dem vermuteten Bild, das sich die anderen von einem machen (vgl. hierzu vor allem Kap. 5.2.5).

Und auch die Wahrnehmung des Verhaltens oder der vermeintlichen Absichten des anderen ist keineswegs nur eine einfache Größe: Nicht nur die Wahrnehmung arbeitet stets schon aufgrund der bestehenden Erfahrung selektiv, sondern auch die Interpretation des Wahrgenommenen ist stets vermittelt von dem Bild, das ich von mir selbst habe, dem Bild, das ich vom anderen habe, und von dem Bild, von dem ich vermute, daß es der andere von mir hat (vgl. Kap. 5.2.5).

Kommunikatives Handeln läßt sich somit nicht länger als einfache Reaktionssequenz und damit in Begriffen eines mechanischen Stimulus-Response-Modells erfassen (vgl. Argyle 1972). Vielmehr stellt kommunikatives Handeln ein komplexes Geschehen dar, das in den Kapiteln 4 bis 7 schrittweise erklärt werden soll.

4.2 Kommunikationsmodalitäten

Viele unserer Kommunikationen mit anderen Menschen finden z. B. ohne Worte statt. Aus diesem Grund ist es notwendig, die obige Definition um eine materiale Analyse der Kommunikation zu erweitern.

Graumann (1972, S. 1194 ff.) gliedert die Interaktion nach dem Auftreten sprachlicher und nichtsprachlicher Zeichen. Beim Einsatz sprachlicher Kommunikation ist wiederum zu unterscheiden zwischen verbaler oder linguistischer Kommunikation und paralinguistischer Kommunikation (wozu z. B. Sprachtempo, -rhythmus, Intonation usf. gehören). Beim Einsatz nichtsprachlicher Kommunikation unterscheidet Graumann die Medien: Leib, Dinge und Raum, sofern sie in kommunikativer Absicht verwandt werden. Die in kommunikativer Absicht eingesetzten leiblichen Ausdrucksphänomene werden als extralinguistische Kommunikationsmerkmale bezeichnet. Aus der Sicht des Kommunikators ergibt sich somit folgende Aufteilung:

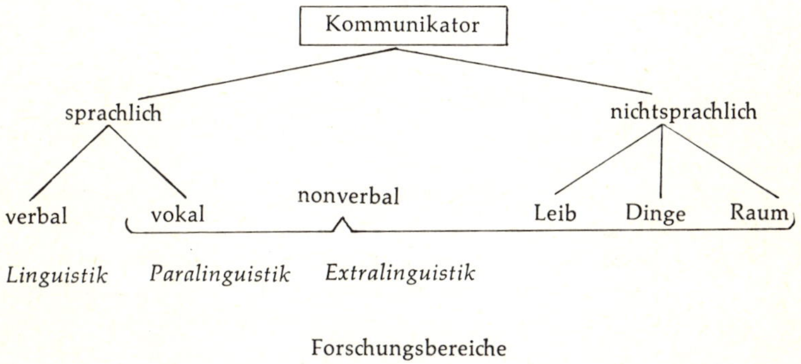

Abb. 5: Kommunikationsmodalitäten (nach Graumann, S. 1195)

Beispiel 1: Die verbalen oder linguistischen Merkmale in 3.1 sind etwa: »Ich weiß, du bist sehr müde« – »Oh nein, ich bin nicht müde.«

Ein paralinguistisches Merkmal bestünde darin, daß sie in Erregung schneller spricht. Auch die Betonungen in dem Satz: »*Den* Minderwertigkeitskomplex hast *du* mir doch erst beigebracht . . .« rechnet dazu.

Extralinguistisches Kommunikationsmerkmal ist ihr Gähnen, sein Schweigen, sein spöttischer Gesichtsausdruck, seine von ihr halbabgewandte Körperhaltung und Blickrichtung sowie weitere gestische, mimische Eigentümlichkeiten.

In der obigen formalen Analyse der Interaktionssequenz kann nun das interaktive Verhalten spezifiziert werden: Es gibt linguistisches, paralinguistisches und extralinguistisches Verhalten sowohl als Voraussetzung als auch als Ergebnis jeglicher Interaktion.

Warum ist es wichtig, auch die nonverbale Kommunikation zu berücksichtigen? Schon im Volksmund ist bekannt, daß Blicke vielsagend sein können und daß der Ton die Musik macht. Para- und extralinguistische Merkmale können die linguistischen Merkmale gleichsinnig unterstützen, abändern oder mit ihnen in Widerspruch geraten.

Beispiel 1 (für gleichsinnige Unterstützung der linguistischen Kommunikation durch ein paralinguistisches Merkmal):

Er: Mach bitte nicht das Fenster auf, du weißt ganz genau ... (in verärgertem Ton)

(für Modifikation der verbalen Kommunikation):

Er: Noch was? (mit spöttischem Gesichtsausdruck)

(für widersprüchliche Kommunikation zwischen der linguistischen und der para-, extra-linguistischen Kommunikationsebene):

Er: ... ich hör dir doch die ganze Zeit zu. (bringt jedoch im Verhalten zum Ausdruck, daß er intensiv mit seiner Arbeit beschäftigt ist und somit nicht gewillt ist, ihr zuzuhören.)

4.3 Axiome menschlicher Kommunikation

In ihrem Buch »Menschliche Kommunikation« haben Watzlawick et al. (1969) fünf Axiome menschlicher Kommunikation entwickelt.

1. »Man kann nicht nicht kommunizieren.« (S. 53)

Aus diesem Axiom folgt, daß jegliches innerhalb einer Kommunikation ablaufende Verhalten – verbaler oder nonverbaler Art – kommunikative Valenz besitzt.

Beispiel 1: Im Fall der Elterninteraktion besitzt auch ihr Schweigen für ihn einen Mitteilungscharakter; da sie auf seine Aufforderung hin, das Fenster nicht zu öffnen, schweigt, nimmt er an, daß er sie genügend eingeschüchtert hat.

2. »Jede Kommunikation hat einen Inhalts- und einen Beziehungsaspekt, derart, daß letzterer den ersten bestimmt und daher eine Metakommunikation ist.« (S. 56)

Der Inhaltsaspekt verweist auf das *Was* der Mitteilung, der Beziehungsaspekt stellt die Definition der Beziehung zwischen Sender und Empfänger her, legt somit fest, *wie* der Sender die Beziehung zwischen sich und dem anderen verstanden wissen will.

Beispiel 1: Wenn er sagt: »Der Verstand hat viele Vorzüge«, so sagt dieses Statement auf der Inhaltsebene allein aus, daß Intelligenz wann immer und für wen auch immer von Vorteil ist. Auf der Beziehungsebene aber will er damit mitteilen, daß er den zuvor von ihr mit negativen Vorzeichen versehenen Verstand bei sich als Überlegenheit begreift. Damit definiert er die Beziehung zu seiner Frau in dem Sinne, als wollte er explizit sagen: »Du bist dumm, weil du den Verstand ablehnst oder vielleicht gar nicht besitzt, und ich bin schlau, weil ich ihn besitze und auch akzeptiere.«

Der Inhaltsaspekt ist somit eigentlich nur der Aufhänger für die nachfolgende beleidigende Herabsetzung, die im Beziehungsaspekt zum Vorschein kommt.

Was heißt nun, daß der Beziehungsaspekt immer schon eine Metakommunikation darstellt? Unter Metakommunikation versteht man die Kommunikation über die Kommunikation. Diese kann in mehr expliziter Art (etwa durch sich vergewissernde Rückfragen: Meinst du das wirklich im Ernst? Bist du sehr traurig darüber?) oder in mehr impliziter Form geschehen, z. B. in der obigen verbalen und nonverbalen Kommunikation.

Beispiel 1: Wenn er sagt: »Der Verstand hat viele Vorzüge«, so hat er bereits über ihre vorangegangene Interaktion nachgedacht und sich überlegt, wie über ihre Kommunikation zu kommunizieren ist. Er ist zu dem Schluß gekommen, sie nicht direkt anzugreifen, sondern ihr auf eher verschleiernde Art durch linguistische und paralinguistische Kommunikation (nämlich durch selbstsichere und leicht ironische Intonation) mitzuteilen, daß ihr vieles entgeht, da sie die Vorzüge des Verstandes nicht zu schätzen weiß. Daß in diesem Fall und anderen Fällen die paralinguistische Kommunikation sehr stark die Art der Beziehung definiert, wird deutlich, wenn man sich vorstellt, wie die Beziehungsdefinition z. B. im Fall einer anderen Intonation oder eines anderen Tempos ausfallen würde. Spräche er den Satz z. B. zögernd und weniger selbstsicher aus, fast eher daran zweifelnd, was er sagt, so hätte er die Beziehung wie folgt definiert: Eigentlich heißt es doch, daß der Verstand viele Vorzüge hat, aber vielleicht ist das nur eine Redensart, und du hast recht, daß man die Dinge eher an sich herankommen lassen sollte, ohne sie vorher schon mit dem Verstand analysiert zu haben.

3. »Die Natur einer Beziehung ist durch die Interpunktion der Kommunikationsabläufe seitens der Partner bedingt.« (S. 61)

Im allgemeinen tendieren Menschen dazu, Verhalten monokausal auf eine Ursache zurückzuführen, weil – das kann man an dieser Stelle bereits vorwegnehmen – eine differenziertere Betrachtungsweise nicht gelernt worden ist. Interaktionen sind per definitionem ein Austausch von Kommunikation in quasi kreisförmiger Art, ein ununterbrochener Austausch von Mitteilungen. Die vorangegangene Mitteilung des Partners als Ursache zu interpretieren und dadurch den Kommunikationsablauf zu interpunktieren, ist falsch, denn diese Sichtweise unterschlägt, daß die Mitteilung bereits Folge eines früheren Kommunikationsabschnittes gewesen ist. Eine adäquate Interpretation wäre es, wenn man eine multikonditionale Sichtweise entwickelt und bei den vielen vorangegangenen Bedingungen, die jetziges Verhalten auslösen, auch das vergangene eigene Verhalten mitberücksichtigt.

Beispiel 1: Wenn er sagt: »Man kann sich mit dir nicht mehr vernünftig unterhalten, weil du gereizt bist«, dann interpunktiert er die Interaktion in dem Sinne, daß sein Verhalten: Ich will mich nicht mehr mit dir unterhalten »nur« die Reaktion auf ihr Verhalten, »die Gereiztheit«, ist.

In Anlehnung an ein Schema von Watzlawick u. a. (S. 59) kann man diese Interpunktion folgendermaßen verdeutlichen:

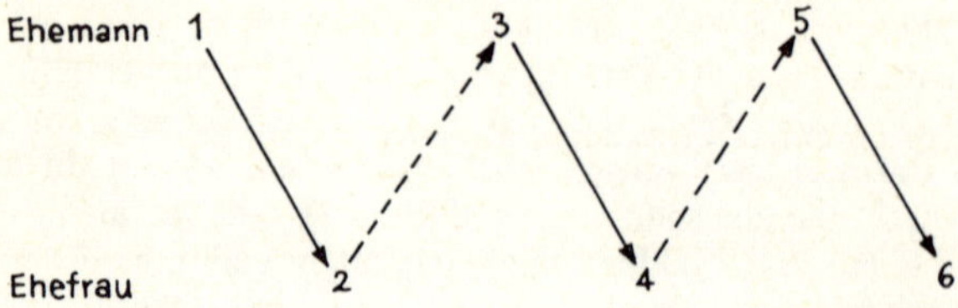

Abb. 6: Interpunktion von Kommunikationsabläufen

Der Ehemann interpunktiert das Verhalten derart, daß er nur die Triaden 2–3–4, 4–5–6 usw. wahrnimmt. Die Ehefrau sieht es umgekehrt; ihre Gereiztheit ist nur die Folge seines Unwillens, sich mit ihr zu unterhalten. Sie interpunktiert den Kommunikationsablauf deshalb auf der Grundlage der Triaden 1–2–3, 3–4–5 usf.

4. »Menschliche Kommunikation bedient sich digitaler und analoger Modalitäten« (S. 68).

In Analogie zu physiologischen und elektronischen Signalübermittlungsarten sprechen Watzlawick u. a. von digitaler und analoger Kommunikationsmodalität. Die digitale Modalität ist identisch mit der oben als verbale oder linguistische Kommunikation bezeichneten; die analoge Kommunikationsweise bedient sich der beschriebenen para- und extralinguistischen Merkmale. Die digitale Kommunikationsweise konstituiert weitgehend den Inhaltsaspekt, während die analoge Modalität vorwiegend den Beziehungsaspekt definiert. Da in jeder Kommunikation Inhalt und Beziehung ausgedrückt werden – im Falle von Beziehungskonflikten tritt dabei der Beziehungsaspekt fast ausschließlich in den Vordergrund –, enthält jede Kommunikation digitale und analoge Modalitäten. Hält man sich in der Kommunikation entweder nur an die eine oder nur an die andere Modalität, so wird sich recht bald Verwirrung einstellen. Denn analoge Kommunikationsmodalitäten sind in sich doppeldeutig: Tränen etwa können Trauer und Schmerz, aber auch Freude signalisieren; Lächeln kann Überheblichkeit, aber auch Freundlichkeit ausdrücken, usf. Der jeweils zu erschließende Stellenwert dieser Ausdrucksphänomene ergibt sich erst im Kontext der digitalen Kommunikationsmodalität. Und umgekehrt kann eine digitale Kommunikation vieles offen lassen, wenn man den in analoger Form vermittelten Beziehungsaspekt nicht hinzuzieht.

5. »Zwischenmenschliche Kommunikationsabläufe sind entweder symmetrisch oder komplementär, je nachdem, ob die Beziehung zwischen den Partnern auf Gleichheit oder Unterschiedlichkeit beruht.« (S. 70)

Wenn das Verhalten der beiden Kommunikationspartner sozusagen spiegelbildlich ist, sie gleiche Möglichkeiten besitzen, etwa einen Streit auszutragen, spricht man von symmetrischer Kommunikation; während im Falle komplementärer Kommunikation das Verhalten des einen das des anderen ergänzt. Diese Ergänzung ergibt sich z. B. aufgrund unterschiedlicher Machtausübung, wenn ein Partner gegenüber dem anderen eine überlegene Stellung einnimmt, aber auch in verschiedenen gesellschaftlichen Kontexten (etwa der Mutter-Kind-Beziehung).

Beispiel 1: Im Fall der Eltern-Kommunikation wird deutlich, daß der Kommunikationsablauf zum überwiegenden Teil komplementär verläuft. »Er« beansprucht von Anfang an, daß seine Sichtweise die richtige ist. »Sie« kontert nicht in symmetrischer Form sein Verhalten, sondern unterdrückt ihren Ärger, überläßt ihm die superiore Position.

4.4 Kommunikationsstörungen

Auf der Grundlage der angeführten Kommunikationsaxiome und weiterer Überlegungen lassen sich nun Formen gestörter Kommunikation genauer beschreiben. Denn die bislang dargestellten Kommunikationsaxiome sagten noch nichts darüber aus, wie der Regelfall von Kommunikationsvorgängen zwischen Eltern und Kind, Lehrer und Schüler usf. beschaffen ist. Wenn von Kommunikationsstörungen die Rede ist, hat man als Bezugspunkt eine ideale, konfliktaufdeckende Kommunikation vor Augen. Diese Kommunikation kann jedoch bislang nur als bloß gedachter Fall einer idealen, herrschaftsfreien Interaktionssituation verstanden werden. In alltäglichen Interaktionen sind Kommunikationskonflikte eher die Regel.

Was soll nun unter Kommunikationsstörungen verstanden werden? Kann ein Verständnis bestimmter Kommunikationsstörungen einen Weg für eine Erziehung zur Konfliktfähigkeit weisen? Gab es denn nicht schon immer Fremdheit und Distanz, wenn Menschen miteinander kommunizieren? So wies etwa schon Humboldt darauf hin, daß keiner beim Sprechen gerade an das denkt, was der andere denkt, und alles Verstehen daher immer zugleich auch ein Nichtverstehen sei.

Aber mit den hier abzuhandelnden Kommunikationsstörungen soll mehr zum Ausdruck kommen als nur der Umstand, daß die Verschiedenheit der lebensgeschichtlich erworbenen konnotativen Begriffsnetze ein totales Verstehen des semantischen Sinns behindert. Denn die von Watzlawick u. a. postulierten Axiome erlauben vor allem eine Definition von Konflikten auf der pragmatischen Ebene.

Der Vollständigkeit halber seien jedoch auch Kommunikationskonflikte erwähnt, die sich aufgrund semantischer Mißverständnisse ergeben.

4.4.1 Mißverständnisse innerhalb der linguistischen Kommunikationsebene

Aufgrund unterschiedlicher Lerngeschichten kann ein Begriff, eine Redensart, im Verständnis und Erleben des einen Partners etwas anderes bedeuten als beim anderen (etwa auch schichtspezifisch abweichender Sprachgebrauch). Hier kann nur eine Diskussion über die Verschiedenheit der Begriffsumfelder etwaige Irrtümer beseitigen.

Wichtiger werden jedoch die folgenden Ansätze für Störungsmöglichkeiten.

4.4.2 Nichtbeachtung nonverbaler Kommunikation

Viele unserer alltäglichen Kommunikationen sind para- und extralinguistischer Art. Ihr Nichtbeachten kann Kommunikationsstörungen hervorrufen.

Beispiel 1: Vielleicht hätte sie sich für ihre Intervention einen günstigeren Zeitpunkt aussuchen können, wenn sie auf seine körperlichen Signale geachtet hätte.

Im allgemeinen haben wir kaum gelernt, auf die Körpersprache zu achten. Denn von klein auf zur Affektunterdrückung erzogen, sind wir ungeübt geblieben, Ausdrucksphänomene bei uns selbst und bei anderen unverstellt wahrzunehmen und richtig zu interpretieren. Statt z. B. ihren reaktiven Ärger im Gesichtsausdruck und durch Gestik mitzuteilen und ihn auf diese Weise sozial kommunikabel zu gestalten, müssen viele Menschen ihren Ärger derart unterdrücken, daß er nur noch auf symbolisch verschlüsselte Weise – und als nicht mehr dechiffrierbarer Ausdruck – wieder auftaucht: etwa in Form von unerträglichen Kopfschmerzen, Verspannungen in Hals- und Schultermuskulatur, Magenschmerzen usf.

Beispiel 2, Szene 3: Als die Tochter wütend sagt: »Ich mag das Kleid nicht anziehen«, erwidert die Mutter: »Komm, enttäusch Pappi nicht, zieh dir dein Kleid an, sei ein nettes Mädchen.«

Mit diesem Appell, den Vater nicht zu enttäuschen und ein nettes Mädchen zu sein, wird die Angst des Kindes vor Liebesverlust angesprochen. Das Kind folgt der mütterlichen Ermahnung. Da dem Kind somit nicht die Chance eingeräumt wird, den entstandenen Ärger rational zu verarbeiten, ist es auch unfähig, ihn mimisch oder gestisch auszudrücken. Vielmehr muß es sich bemühen, den Affekt zu verdrängen.

Aber auch das fassadenhafte Verhalten der Eltern kann die Wahrnehmung und Einfühlung in die Ausdruckshaltigkeit der nonverbalen Kommunikation nicht fördern. Goffman (1968) hat in subtilen Beschreibungen geschildert, welche Techniken der »Eindrucksmanipulation« benützt werden, um das »Gesicht zu wahren«, einen guten Eindruck zu erwecken, mehr zu scheinen als zu sein usf. Diese Imagebildung enthält einerseits Spuren gesellschaftlicher Herrschaft (»Beizeiten lerne das Häkchen sich krümmen«), andererseits spiegelt sie den gesellschaftlich tradierten Konkurrenzmechanismus wider; Gefühle, gar echte Gefühle sind dem Geschäft abträglich; im Tauschakt und auf dem Konkurrenzmarkt kann nur gewinnen, wer Affekte unterdrückt und einen klaren Kopf behält.

Kein Wunder, daß dieses eingeschliffene Verhalten zumeist auch die Interaktion zwischen Eltern bedingt und, gemäß den Prinzipien des Modellernens, einen verhängnisvollen Einfluß auf die Fähigkeit des Kindes ausüben kann, nichtverbale Kommunikationssignale kennenzulernen und angemessen zu interpretieren.

4.4.3 Widersprüche zwischen verbaler und nonverbaler Kommunikation

Bei der Erforschung schizophrener Kommunikationsformen entdeckte man häufig eine paradoxe Kommunikationssituation zwischen Eltern und Kind. Bateson u. a. (1956), die diese Art der Interaktion zum ersten Mal beschrieben, prägten dafür den Ausdruck »double bind« (als Doppelbindung, Zwickmühle, Beziehungsfalle übersetzt). Eine »double bind«-Kommunikation ist dadurch gekennzeichnet, daß die verbale und die nichtverbale Botschaft widersprüchlich sind. Der Kommunikant steht in einer starken Abhängigkeitsbeziehung zum Kommunikator (etwa Kind-Mutter) und kann den Widerspruch nicht auflösen. Ein »double bind« ist z. B. dann gegeben, wenn die verbale Botschaft Zuneigung ausdrückt, dies jedoch zugleich auf der nichtverbalen Ebene negiert wird.

Beispiel 1: Er sagt: »Aber wieso denn Liebes, ich hör dir doch die ganze Zeit zu«, signalisiert aber zur gleichen Zeit, daß er intensiv mit seiner Arbeit beschäftigt ist.

In diesem Beispiel wäre es allerdings für die Frau möglich, den Widerspruch zwischen den beiden Botschaften aufzuheben, indem sie mit ihm darüber spricht und ihn dadurch zwingt, verbales und nichtverbales Verhalten zur Deckung zu bringen. Insofern sind in diesem Beispiel wesentliche Bedingungen nicht erfüllt, die Watzlawick u. a. (1969) zur formalen Charakterisierung der »double bind«-Kommunikation aufgezählt haben:

»1. Zwei oder mehrere Personen stehen zueinander in einer engen Beziehung, die für einen oder auch für alle von ihnen einen hohen Grad von physischer und/oder psychischer Lebenswichtigkeit hat . . .
2. In diesem Kontext wird eine Mitteilung gegeben, die a) etwas aussagt, b) etwas über ihre eigene Aussage aussagt und c) so zusammengesetzt ist, daß diese beiden Aussagen einander negieren bzw. unvereinbar sind . . .
3. Der Empfänger dieser Mitteilung kann der durch sie hergestellten Beziehungsstruktur nicht dadurch entgehen, daß er entweder über sie metakommuniziert (sie kommentiert) oder sich aus der Beziehung zurückzieht . . .« (S. 196).

»4. Wo Doppelbindungen von längerer oder sogar chronischer Dauer sind, werden sie zu gewohnheitsmäßigen und schwer beeinflußbaren Erwartungen hinsichtlich der Natur menschlicher Beziehungen und der Welt im allgemeinen, und diese Erwartungen bedürfen schließlich keiner weiteren Verstärkungen.

5. Das durch Doppelbindungen verursachte paradoxe Verhalten hat selbst doppelbindende Rückwirkungen, und dies führt zu sich selbst verewigenden Kommunikationsstrukturen.« (S. 199)

Die permanente Erfahrung von »double binds« während der Kindheit – also während einer Zeit, in der das Kind sich in einer extrem abhängigen Position befindet – kann zur Folge haben, daß das Kind nur noch auf *einer* Kommunikationsebene, z. B. auf die verbale Botschaft, reagiert oder in seinem Verhalten auf beiden Ebenen hin und her oszilliert. Die moderne Schizophrenieforschung hat versucht, aus diesen Reaktionstypen unterschiedliche Formen der Schizophrenie abzuleiten, was in diesem Zusammenhang nicht weiter dargestellt werden kann (vgl. Bateson u. a. 1969, Berndt 1967, Parow 1972).

Widersprüchliche Botschaften treten jedoch nicht nur in den Familien von Schizophrenen auf, sondern gehören zum Familienalltag. Je nach Intensität und Dauer dieser Erfahrungen wird das Individuum unfähig werden, Inhalts- und Beziehungsaspekte, verbale und nonverbale Botschaften, Kommunikation und Metakommunikation miteinander in Einklang bringen zu können. Da es verschiedene Botschaften nicht genau wahrzunehmen gelernt hat und nicht in der Lage ist, Widersprüche aufzulösen, wird es in späteren Situationen, die Metakommunikation erfordern, verwirrt und mißtrauisch reagieren oder sich ganz auf seine Innenwelt konzentrieren.

Die Erfahrung von double binds bedingt aber nicht nur die Unfähigkeit zur Metakommunikation, sondern läßt auch das Erlernen einer angemessenen Selbstinterpretation und Wahrnehmung der eigenen Gefühle nicht zu. Dies läßt sich an dem Beispiel von Bateson u. a. verdeutlichen: Eine Mutter, die z. B. ihrem Kind gegenüber feindselige Gefühle empfindet und sich von ihm zurückziehen möchte, sagt zu ihm: »Geh zu Bett, du bist ganz müde, und ich möchte, daß du deinen Schlaf kriegst!« (S. 26) Das Kind, das die Botschaften in ihrer Widersprüchlichkeit wahrnehmen würde, müßte Gefahr laufen, die Zwiespältigkeit der mütterlichen Gefühle und die eingesetzten Täuschungsmanöver zu erkennen. Aus Angst vor Liebesverlust wird das Kind daher ungenau wahrnehmen und sich selbst als müde definieren, d. h. es wird nicht nur die Botschaften seiner Mutter falsch charakterisieren, sondern auch seine eigenen inneren Botschaften.

Auch im obigen Beispiel der Elterninteraktion ist eine weitere Passage enthalten, die stark an eine »double bind«-Situation erinnert, so wenn er sie »liebevoll ermahnt«, doch ins Bett zu gehen. In diesem Fall kann sie jedoch seine tatsächlichen Absichten erkennen, ist also der Widersprüchlichkeit nicht total hilflos ausgeliefert. Allerdings schafft sie es nicht, mit ihm in Offenheit über seine Zurückweisung zu kommunizieren, und unterdrückt ihre reaktive Aggression.

4.4.4 Der Versuch, nicht zu kommunizieren

Gemäß dem oben formulierten Axiom, daß man nicht ohne Kommunikation auskommt, muß es als Kommunikationsstörung betrachtet werden, wenn einer der beiden Kommunikationspartner versucht, sich aus der Kommunikation herauszuhalten. Eine sehr wichtige Technik, die von Watzlawick et al. beschrieben wird, besteht z. B. darin, die Kommunikation des Partners zu entwerten, indem man etwa widersprüchliche, ungereimte oder unvollständige Aussagen macht. Auch die Konkretisierung von Metaphern gehört hierzu.

4.4.5 Thema – Diskontinuität

Morris/Wynne (1965) haben in ihren Studien über den Kommunikationsstil der Eltern schizophrener Kinder aufgezeigt, daß die Fähigkeit der Familie, im Gespräch ein Thema auszuarbeiten und weiterzuverfolgen, stark variiert. Wynne/Singer (1965) unterschieden einen »amorphen« von einem »fragmentierten« Kommunikationsstil. Beim amorphen Stil herrscht die Unfähigkeit vor, ein Thema, etwa einen Konflikt, scharf und deutlich herauszuarbeiten; statt dessen wird darum herumgeredet; die gegensätzlichen Meinungen werden nicht thematisiert. Beim fragmentierten Kommunikationsstil setzt hingegen sofort ein stark affektiv geladenes Dichotomisieren der Meinungen ein; aber auch hier reißt das Thema bald ab. Deshalb sind beide Kommunikationsstile nicht geeignet, einen Konflikt wirklich anzugehen.

4.4.6 Störungen auf der Inhalts- und Beziehungsebene

Gemäß dem zweiten Kommunikationsaxiom von Watzlawick u. a., daß jede Kommunikation einen sachlichen Gegenstand hat, über den kommuniziert wird, und daß parallel dazu auch immer eine Definition der Beziehung vorgenommen wird, kann man von Störung sprechen, wenn beide Partner – ohne es zu merken – die Inhaltsebene ausschließlich zur Auseinandersetzung über ihre Beziehung benützen. Die tatsächliche Streitthematik wird auf diese Weise verschoben; zwar streiten sich beide, aber im Grunde über belanglose Dinge. Watzlawick u. a. sprechen hierbei von einem Pseudokonflikt, weil die Unstimmigkeit auf der Beziehungsebene auf der Inhaltsebene gelöst werden soll, wo keine Unstimmigkeit besteht. Die Tendenz, sich über Kleinigkeiten aufzuregen, ständig auf der Inhaltsebene zu widersprechen, kann deshalb oftmals Indiz für eine insgeheim gesuchte, aber nicht offen vollzogene Auseinandersetzung auf der Beziehungsebene sein. Nur dem Außenstehenden wird gelegentlich die monotone Repetition inhaltlicher Pseudounstimmigkeiten auffallen, die sich stets – ohne Wissen der Kommunizierenden – aus einem gleichbleibenden Beziehungskonflikt ableiten ließen.

Neben dieser Konfusion unterscheiden Watzlawick u. a., ausgehend vom Idealfall der Übereinstimmung hinsichtlich des Inhalts und der Beziehung, folgende Varianten (vgl. S. 81 f.):

a) »Die Partner sind sich auf der Inhaltsstufe uneins, doch diese Meinungsverschiedenheit beeinträchtigt ihre Beziehung nicht.«

Diese Form der Auseinandersetzung ist eine gelungene Form der Kommunikation und kann deshalb nicht als Störung bezeichnet werden.

b) »Die Partner sind sich auf der Inhaltsstufe einig, auf der Beziehungsstufe dagegen nicht.«

Bei dieser Konstellation kann der grundsätzliche Beziehungskonflikt nur so lange verschleiert werden, wie beide Partner auf der Inhaltsebene, z. B. über die Aufmerksamkeit stark in Anspruch nehmende gemeinsame Ziele, Zukunftspläne usf. in den ersten Ehejahren übereinstimmen. Fällt diese inhaltliche Interessenkonkordanz weg, so braucht deshalb noch nicht der Beziehungskonflikt in den Vordergrund zu treten. Häufig wird z. B. ein Kind zum Problemkind gemacht, das die Aufmerksamkeit vom ursprünglichen Konflikt abzieht und wiederum Anlaß für einen Konsensus der Eltern auf der Inhaltsebene schafft.

c) »Die Partner sind sich sowohl auf der Inhalts- als auch auf der Beziehungsstufe uneinig.«

Dies stellt sicherlich eine extreme Form gestörter Kommunikation dar, ist aber weniger verschleiernd als der Versuch, einer Meinungsverschiedenheit auf der Beziehungsebene aus dem Weg zu gehen, indem man auf den Inhaltsaspekt ausweicht.

4.4.7 Widersprüchlichkeit von Interpunktionen

Als eine weitere Ursache von Kommunikationsstörungen muß die Widersprüchlichkeit von Interpunktionen bei der Abfolge von Kommuniqués betrachtet werden. Wenn jeder der Kommunikationspartner bei seiner Sichtweise verbleibt, sein Verhalten *nur* als Reaktion auf das ihn störende Verhalten des anderen begreifen kann, wird die Auseinandersetzung undialektisch. Erst Metakommunikation könnte hier konfliktaufdeckend wirken.

4.4.8 Rigidität in symmetrischen und komplementären Interaktionen

Zwischenmenschliche Kommunikationen lassen sich gemäß dem fünften Axiom von Watzlawick u. a. in symmetrische und in komplementäre Formen unterteilen. In ungestörten Beziehungen wechseln beide Formen miteinander ab. Störungen treten in symmetrischen Eskalationen und bei starrer Komplementarität auf.

1. Symmetrische Eskalationen liegen z. B. dann vor, wenn beide Partner das Recht beanspruchen, ihre Ansicht über die Ursachen eines gemeinsamen Konfliktes vorzutragen, dabei aber nicht – nach einer Periode des Schlagabtausches – einlenken, um die jeweilige eigene Meinung zu relativieren (und sich damit auf eine komplementäre Interaktion umzustellen), sondern die Auseinandersetzung auf einen Höhepunkt zutreiben, was meist mit einer offenen Kampferklärung endet.

2. Starre Komplementarität liegt dann vor, wenn einer der Partner von vornherein die superiore Position einnimmt und durch verbale und nichtverbale Kommunikation signalisiert, daß er auf keinen Fall bereit ist, diese Überlegenheit aufzugeben.

Im Beispiel der angeführten Eltern-Kind-Interaktionen hat man es mit einer starren Komplementarität zu tun; wegen des befehlenden und keine Argumentation zulassenden Verhaltens der Eltern ist es den Kindern nicht möglich, symmetrisch zu kommunizieren.

Ein kurzer Überblick über Kommunikationsstörungen und -barrieren hat gezeigt, daß sie einerseits als Lerndefizite, andererseits als Anzeichen eines tieferliegenden Beziehungskonfliktes zu betrachten sind. Nichtverbales Verhalten des Partners nicht zu beachten oder es falsch zu interpretieren (wie etwa ein wohlwollendes als überhebliches und deswegen kränkendes Lächeln aufzufassen), kann auf die Lerngeschichte des betreffenden Individuums zurückgeführt werden (vgl. Mandel/Mandel u. a., 1971). So hat es vielleicht als Kind erfahren müssen, daß der Vater stets dann lächelte, wenn er das Kind ironisch kritisierte und abwertete. An dieser Stelle müßte ein Umlernen von falsch Gelerntem einsetzen. In anderen Fällen ist es notwendig, bislang nicht Gelerntes neu zu lernen, wie z. B. eine explizite verbale Metakommunikation über den Beziehungsaspekt.

Tieferliegende Beziehungskonflikte können sich in gestörter Kommunikation manifestieren, eine Ausweitung und Verfestigung erfahren. Aus diesem Grunde ist es so wichtig, Kommunikationsstörungen von Anfang an zu vermeiden.

4.5 Erziehung zur Konfliktfähigkeit im kommunikationstheoretischen Ansatz

Die Vermeidung von Kommunikationsstörungen erfordert die Einübung in nichtsprachliche Kommunikation und in explizite verbale Metakommunikation.

4.5.1 Einübung in nichtsprachliche Kommunikation

Aus dem vierten Kommunikationsaxiom von Watzlawick geht hervor, daß die digitale (verbale) Kommunikation nur durch eine ergänzende analoge (nonverbale) Kommunikation angemessen aufgefaßt und interpretiert werden kann. Es ist deshalb notwendig, ein umfassendes nichtverbales Kommunikationsrepertoire kennenzulernen und einzuüben. Was Mandel/Mandel (1971) unter der Bezeichnung Kommunikationslernen als therapeutische Technik für die Therapie von Ehepaaren beschrieben haben, kann in seinen Grundzügen auch als Erziehungsziel und späteres schulisches Curriculum zum Aufbau von Konfliktfähigkeit in kommunikativer Hinsicht begriffen werden.

Zum Aufbau eines nichtverbalen Kommunikationsrepertoires könnte man Übungen entwickeln, in denen z. B. die Eltern Stimmungen, Gefühle und Affekte mimisch und gestisch (also lediglich nichtverbal) ausdrücken, und das Kind dazu ermuntern, diese Ausdrucksphänomene zu benennen. In analoger Weise könnte man das Kind dazu auffordern, auf nichtverbale Art Gefühle auszudrücken. Man würde über die Schwierigkeiten sprechen, die sich aus einer alleinigen Verwendung der nichtverbalen Kommunikationsmodalität ergeben, könnte aber auch aufzeigen, wie hilfreich eine ergänzende nichtverbale Darstellung für die Interpretation verbaler Inhalte ist; man könnte deutlich machen und einüben, welchen je unterschiedlichen Sinn eine Aussage erhält, wenn die para- und extralinguistischen Merkmale variieren.

Auch die Struktur von »double binds« könnte man dem Kind auf diese spielerische Weise verdeutlichen. Wenn es bereits nichtverbales Kommunikationsverhalten zu interpretieren gelernt hat, ist es nicht schwierig, verbale Inhalte zu erkennen, die mit dem nichtverbalen Verhalten in Widerspruch stehen.

4.5.2 Einübung von expliziter verbaler Metakommunikation

Wie aufgrund des zweiten Kommunikationsaxioms (siehe 3.2.3) deutlich wurde, stellt der in allen Kommunikationen enthaltene Beziehungsaspekt immer schon eine allerdings implizite Metakommunikation dar. Zur Vermeidung zahlreicher Kommunikationsstörungen ist aber eine explizite verbale Metakommunikation notwendig. Wenn einer der beiden Partner z. B. versucht, sich aus der Kommunikation herauszuhalten, bestünde ausdrückliche Metakommunikation darin, den anderen zu fragen, warum er einer verbalen Kommunikation ausweicht, warum er die Kommunikation entwerten muß, welchen Vorteil er sich dadurch verschafft, welche Ängste ihn davon abhalten usf.

Ebenso verhält es sich mit Störungen auf der Inhalts- und Beziehungsebene. Nur ein Metakommunizieren beider Partner könnte hier Aufklärung verschaffen. Wenn z. B. einer der Partner ständig versucht, auf der Inhaltsebene einen Beziehungskonflikt anzugehen, wäre es hilfreich, wenn beide über diese mißglückte Art der Kommunikation kommunizieren könnten usf.

Explizite Metakommunikation führt nach einer Überwindung der Ängste, die ihr zunächst im Wege stehen, zu dem Gefühl einer Ausweitung der Beziehung und zu einem tieferen Verständnis. Mandel/Mandel (1971) schreiben: »Es scheint kaum eine kommunikative Verhaltensklasse zu geben, die die meisten Menschen so *ungewohnt* finden, so scheuen und doch so *befreiend* erleben können, wie ein *Gespräch über die Beziehung*, wie explizite Metakommunikation.« (S. 127)

Die Fähigkeit, zu metakommunizieren, müßte ebenfalls während der Kindheit eingeübt werden. Als Richtlinie für entsprechende Metakommunikationsspiele könnte die Aufzählung der oben dargestellten Kommunikationsstörungen dienen. Es wäre in Beispielen zu verdeutlichen, wie sich z. B. Widersprüchlichkeiten von Interpunktionen durch Metakommunikation abklären lassen. So können Eltern dem Kind verdeutlichen, zu welchen Irrtümern und Fehleinschätzungen es kommt, wenn sie ihr Verhalten (z. B. eine erzieherische Maßnahme) *nur* als Reaktion auf das vergangene Verhalten des Kindes sehen, und das Kind sein Verhalten in entsprechender Weise begreift. Sie könnten die Kreisstruktur menschlicher Interaktionen aufzeigen und auf diese Weise Vorurteilsdenken, undifferenziertes Dichotomisieren und die Anwendung von Sündenbock-Strategien verhindern.

Im Erziehungsprozeß müßten die Eltern ihre Sanktionen erläutern, etwa im folgenden Sinne: »Fasse mein Verhalten nicht als Strafe auf, ich weiß, daß dein Verhalten zum Teil dadurch bedingt war, daß du in dieser und jener Weise auf mein Verhalten reagiert hast.« Verbale Metakommunikation müßte also etwas Selbstverständliches werden und die nur stumme Gewalt vieler Erziehungsvorgänge allmählich ablösen. Um dies zu erreichen, muß man freilich auch das Kind immer wieder zu Metakommunikation ermuntern, indem man es etwa fragt, wie es eine bestimmte Botschaft der Eltern aufgefaßt hat. Neben dieser Erfragung von Rückmeldungen (vgl. Mandel/Mandel) könnten Eltern mit Hilfe von Umschreibungen nicht ganz klar verständlicher Botschaften des Kindes (ich glaube, du wolltest mir damit mitteilen . . .) das Kind dazu anhalten, metakommunikative Rückfragen und Erläuterungen als geläufige und äußerst hilfreiche Begleiterscheinungen jeglicher Kommunikation anzusehen.

Ist das in Stichworten skizzierte Programm zur Einübung in Konfliktfähigkeit innerhalb der Kommunikationssituation jederzeit zu verwirklichen oder stehen der Durchführung massive Hindernisse im Wege?

Mandel/Mandel betonen z. B., daß es bislang innerhalb unserer Kultur versäumt worden ist, die Wahrnehmung der nichtsprachlichen Kommunikation bewußt zu üben. Statt dessen wird nur das rein semantische Wahrnehmen der Sprache trainiert (S. 180). Sind hier also nur Informations- und Lerndefizite aufzuholen? Erinnern wir uns noch einmal an das

Beispiel 2, Szene 3: Die Tochter zieht sich, um den Pappi nicht zu enttäuschen, endlich das Kleid über. Mit einer fadenscheinigen Argumentation von seiten des Vaters und dem mütterlichen Appell, nicht zu enttäuschen und nett zu sein, wird dem Kind von vornherein die Möglichkeit genommen, in rationaler Weise weiterhin symmetrisch zu kontern. Statt dessen muß es sich der Macht der elterlichen Appelle unterwerfen und Mitteilungen und Gefühle unterdrücken.

Das abschließende »Kompliment« des Vaters, der damit noch einmal seine überlegene Position beweist, verhindert endgültig eine offene Metakommunikation zwischen Vater und Tochter.

Dieses und viele andere Beispiele von Interaktionen verweisen darauf, daß der Aspekt der Macht eine wichtige Rolle spielt. Die Durchführung einer angemessenen und für beide Seiten befriedigenden expliziten Metakommunikation würde voraussetzen, daß man von für selbstverständlich gehaltenen Machtpositionen abgehen kann, daß man dem Kind nicht nur ein »Recht auf Achtung« zugesteht, sondern auch elterliche Privilegien und naiv angemaßte Rechte einzuschränken bereit ist. Hierbei jedoch nur an den guten Willen der Eltern zu appellieren, wäre zu einfach. Denn das Erziehungsverhalten und die Erziehungsstile sind geprägt von strukturell-gesellschaftlichen Machtbeziehungen und Herrschaftsverhältnissen. Der Zusammenhang zwischen Unterdrückung und Fremdbestimmung am Arbeitsplatz und Verschiebung väterlichen Macht- und Aggressionsverhaltens ist hinreichend beschrieben und belegt worden (vgl. Haensch 1969, Caesar 1972, Vinnai 1973).

Herrschaftsfreie Kommunikation zwischen Eltern und Kind und die dadurch mögliche Einübung von Metakommunikation scheinen also vorerst ein nahezu unerreichbares Ziel zu bleiben. Denn wenn man tagein, tagaus erleben muß, daß man gehorchen muß und seine Arbeitskraft weiterhin untertänig zu verkaufen hat, daß monotone und repetitive Fließbandarbeit und nervenverschleißende Automatentätigkeit vielfältige Aggressionen verursachen, wird es einem unmöglich sein, am Abend ein freundlicher Vater zu sein, der Selbstbestimmung des Kindes zuläßt und herrschaftsfreie Kommunikation ermöglicht.

Aber auch die Mittelschichteltern mit ihren verinnerlichten Aufstiegs- und Reputationsnormen müssen das Kind mit sanftem Zwang immer wieder auf seine Pflicht zur Leistung und Durchsetzung gegenüber den anderen Konkurrenten aufmerksam machen. Dies erfordert von klein auf eine sublime Dressur, was von vornherein mit einer herrschaftsfreien Kommunikation mehr oder weniger unvereinbar ist.

Aber nicht nur das intentionale Erziehungsverhalten der Eltern stellt offensichtlich eine Grenze dar; auch ihr eigenes schlechtes Vorbild im kommunikativen Umgang kann dem Kind nur eine unzureichende Vorstellung darüber vermitteln, wie eine befriedigende Kommunikation beschaffen sein und wie man Konflikte mit Hilfe von kommunikativer Kompetenz lösen könnte.

5. Der kognitionstheoretische Ansatz

In die kommunikativen Handlungen gehen immer schon frühere kognitive Prozesse mit ein. Das Verhalten des Interaktionspartners, die Vermutungen über seine momentanen, nicht geäußerten Bedürfnisse und Erwartungen sowie die Antizipationen zukünftigen Verhaltens bestimmen die Kognition der eigenen Absichten, Bedürfnisse und des Selbstbildes. In jeder Kommunikation tauschen Interaktionspartner bestimmte Vermutungen und Wahrnehmungen aus und beeinflussen dadurch ihr Verhalten. Neben der im 4. Kapitel beschriebenen Fähigkeit zum Verstehen und Umgehen mit nichtverbaler Kommunikation und der Fähigkeit zur Metakommunikation ist deshalb auch das Erkennen von kognitiven Zuschreibungen und Sichtweisen, die Interaktionspartner von einem besitzen, von grundlegender Bedeutung für die Fähigkeit, konfliktverursachende Handlungen (in denen Resultate von Wahrnehmungsvorgängen zum Ausdruck kommen) rechtzeitig wahrzunehmen.

In diesem Kapitel werden zunächst Ergebnisse kognitionstheoretischer Forschung (wie implizite Persönlichkeitstheorie, Attribuierung, die sich selbst erfüllende Prophezeiung usf.) dargestellt und anschließend ihr Stellenwert im Rahmen konflikthafter Interaktion aufgezeigt.

5.1 Definition

Während in früheren sozialpsychologischen Veröffentlichungen zumeist von »sozialer Wahrnehmung« gesprochen wurde, wenn die Wahrnehmung von Personen, ihrer Motive und Absichten thematisiert wurde, ist man in letzter Zeit dazu übergegangen, Wahrnehmung und Denken, Reizaufnahme und Reizverarbeitung nicht mehr analytisch voneinander zu trennen. Denn in jedem Wahrnehmungsakt findet immer schon eine kognitive Verarbeitung des Wahrgenommenen statt (vgl. Holzkamp 1972b, S. 1264). So spricht man in jüngster Zeit von Kognition und bringt damit zum Ausdruck, daß die immer schon kategorial selektierende Wahrnehmung und die gedanklich strukturierende Verarbeitung einen Erkenntnisakt bilden. Kognizieren heißt also wahrnehmen und erkennen, erkennen und wahrnehmen.

Trotzdem soll im folgenden der Einfachheit halber der Terminus »Wahrnehmung« alternativ verwendet werden.

Mit *sozialer* Kognition soll ausgedrückt werden, daß die Kognition sozial bedingt ist und unter sozialem Einfluß stattfindet.

Zwischen der Kognition von Gegenständen und Personen bestehen erhebliche Unterschiede, die Lukasczyk (1969) prägnant beschrieben hat: »Gegenüber der reinen Dingwahrnehmung weist die kognitive Erfassung von Personen zwei prinzipielle Unterschiede auf: a) Personen werden nicht als manipulierbare Objekte, sondern als Handlungszentren, als agierende und reagierende Wesen gesehen und erlebt, ausgestattet mit den gleichen, zumindest aber ähnlichen Eigenschaften wie der Wahrnehmende. Sie sind für ihn faktischer oder potentieller Gegenstand eines interaktiven und kommunikativen Bezugs.

b) Die Intention des Erkennens und Beurteilens geht dabei nicht so sehr auf die äußere Reizkonstellation, die Erscheinung, sie richtet sich primär auf ›Inneres‹, auf die Motive, Einstellungen, Absichten, Gefühle und Fähigkeiten des anderen, kurz auf seine psychischen Eigenschaften, die auf dem Wege über ›Äußeres‹ – Erscheinung, Ausdruck, Sprache und Handlung – erschlossen werden. Soziale Wahrnehmung dieser Art ist sowohl Voraussetzung als auch Mittel der zwischenmenschlichen Interaktion und Kommunikation und damit nicht nur Grundlage der ›naiven Psychologie‹ (Heider), sondern auch Ausgangspunkt der psychodiagnostischen Prozesse.« (S. 746)

Diese interaktionistische Betrachtungsweise der sozialen Kognition eröffnet eine fruchtbare und weiterführende Perspektive. Denn nun wird es möglich, die gegenseitigen Abhängigkeiten bei der Fremd- aber auch Selbsteinschätzung der Absichten und Motive genauer analysieren zu können. Woher wissen wir eigentlich, welche Motive und Bedürfnisse wir selbst verspüren, und warum meinen wir, die Absichten des anderen so genau zu erkennen? Wie konstituiert sich unser Selbstbild und welche Rolle spielt dabei die vermutliche Einschätzung unseres Selbstbildes durch den Kommunikationspartner? Die Verflochtenheit dieser Kognitionsvorgänge soll am Beispiel aufgezeigt werden:

Beispiel 1: Er möchte arbeiten und hat an diesem Abend Angst, gestört zu werden. Diese Angst könnte bereits seine Wahrnehmung geprägt haben. Vielleicht ist ihre Intervention gar nicht störend gemeint, aber ihre von ihm vermutete und antizipierte Absicht prägt seine Reaktion: Er reagiert stark zurückweisend. Sie erkennt nicht die dahinterstehende Angst, sondern interpretiert sein Verhalten als Kälte und mangelnde Fähigkeit zur Einfühlung in ihre Bedürfnisse; diese Interpretation bestimmt wiederum ihre Reaktion usf.

Dieses Beispiel zeigt, daß beim Vorgang der Kognition der stets zu erschließenden und zu interpretierenden Motive und Absichten (die sich ja anders als bei den oben beschriebenen kommunikativen Botschaften nicht unmittelbar in verbalen oder nichtverbalen Signalen manifestieren) mannigfache Fehlwahrnehmungen und -einschätzungen auftreten, die Konflikte konstituieren oder wiederum weiter verfestigen können.

Bevor die Disposition Konfliktfähigkeit aus dem kognitionstheoretischen Ansatz abgeleitet wird, müssen deshalb die in diesem Zusammenhang wichtigsten Erkenntnisse aus dem Gebiet der sozialen Kognition dargestellt werden.

5.2 Ergebnisse kognitionstheoretischer Forschung

Wie kommt man zu Urteilen über die Fähigkeiten und Motive des anderen? Woher weiß man, daß diese Urteile zutreffend sind? Auf welche Weise konstituiert sich das eigene Selbstbild und inwiefern ist es mit der Meinung, die andere über uns haben, verschränkt? Die sozialpsychologische Forschung hat versucht, diese Fragen zu klären. Im folgenden sollen die für unser Thema wichtigsten Ergebnisse dargestellt werden.

5.2.1 Implizite Persönlichkeitstheorie

In der amerikanischen »social-perception«-Forschung der fünfziger Jahre stieß man auf den Sachverhalt, daß die Wahrnehmung und Interpretation von Eigenschaften unserer Mitmenschen immer schon von einer kognitiven Theorie gesteuert und bestimmt werden, von der sog. impliziten Persönlichkeitstheorie. Darunter versteht man eine Annahme, gleichsam eine Persönlichkeitstheorie, die sich der einzelne über das Zusammenvorkommen bestimmter Eigenschaften und Motive gebildet hat. Diese Persönlichkeitstheorie wird deshalb implizit genannt, weil

a) dem Betreffenden zumeist nicht bewußt ist, daß seine Urteilsprozesse durch bestimmte Zusammenhangsvermutungen bedingt sind;

b) weil diese Zusammenhangsvermutungen weitgehend idiosynkratischen Charakter aufweisen, somit also nicht Bestandteil einer öffentlich akzeptierten, wissenschaftlich validierten oder expliziten Persönlichkeitstheorie sind.

Implizite Persönlichkeitstheorien werden im Laufe des Lebens erworben, beruhen zumeist auf vorschnellen Generalisierungen (weil man einmal einen ehrgeizigen Menschen kennenlernte, der sich wenig kameradschaftlich verhielt, glaubt man, daß Ehrgeiz und Kameradschaftlichkeit diffuge Eigenschaften sind), können gruppenspezifisch sein (vgl. z. B. Hofer 1969) und sind zum Teil auch von einer rollenbedingten Interaktion abhängig (vgl. Ulich/Mertens 1973).

Die implizite Persönlichkeitstheorie eines jungen Mannes über eine promovierte Frau kann z. B. folgendermaßen beschaffen sein: Diese Frau hat sicherlich Minderwertigkeitsgefühle kompensiert, sie ist wenig fraulich, an Sex wenig interessiert, hat starke Emanzipationswünsche, kann sich in einen Mann schlecht einfühlen und ist sicherlich auch nicht häuslich.

Es wird deutlich, daß diese Theorie ein Gemisch aus Vorurteilen, öffentlicher Meinung, Trivialliteratur u. dgl. darstellt. Einmal gelernt und verinnerlicht, steuert sie jedoch die Wahrnehmung und die Interpretation des Geschehens: Schon beim ersten Eindruck stellen sich im Bewußtsein des Betreffenden die oben genannten Eigenschaftszusammenhänge ein, ohne daß er Anhaltspunkte für diese Eigenschaften im Verhalten des anderen wahrzunehmen braucht. Implizite Persönlichkeitstheorien können somit – vor allem wenn sie auf irrigen Prämissen beruhen – zu erheblichen Fehleinschätzungen führen.

5.2.2 Die Zuschreibung von Verhaltensursachen

Die auf Heider (1958) zurückgehende und von Kelley (1967) und Jones u. a. (1971) entwickelte Attribuierungstheorie (attribution theory) beschäftigt sich mit der Zuschreibung bestimmter Ursachen zu bestimmten Handlungseffekten. Bei der Interpretation von Ursachen bestimmter Handlungsweisen der Kommunikationspartner ist ja keineswegs a priori im phänomenalen Erleben eine exakte Bedingungsanalyse gewährleistet. Vielmehr erlebt man z. B. die Handlung eines anderen in unterschiedlichem Ausmaß als von ihm selbst bzw. durch äußere Umstände verursacht. Woher aber wissen wir, welcher Anteil an internalen bzw. externalen Faktoren der jeweiligen Handlung zuzuschreiben ist?

Beispiel 2, Szene 4: Der Vater interpretiert die schlechte Schulleistung des Sohnes als mangelndes Interesse, fehlende Anstrengungsbereitschaft, als Faulheit, Träumerei usf. Er schreibt somit die Ursachen der Handlung (schlechte Schulnote) den mangelnden Fähigkeiten des Sohnes zu und z. B. nicht äußeren Faktoren (etwa schlechtem Klassendurchschnitt, ungerecht benotendem Lehrer, Aufgabenschwierigkeit).

Aber nicht nur die Handlungen anderer werden mit Hilfe der Attribuierung unterschiedlicher Verhaltensursachen interpretiert, auch den eigenen Handlungsausgang muß man ja stets bestimmten Faktoren zuschreiben. So stellt es einen großen Unterschied dar, ob man seinen Mißerfolg auf externale Faktoren (etwa unglückliche Umstände) oder stets auf internale Faktoren (z. B. Mangel an Intelligenz oder Begabung) zurückführt (vgl. Weiner/Kukla 1970, Weiner u. a. 1971).

Attribuierungsstrategien werden im Verlauf der Sozialisation gelernt. So wird der oben zitierte Attribuierungskommentar des Vaters – sofern er häufig genug erfolgt – zu einem entsprechenden Attribuierungsverhalten beim Sohn führen: Er wird lernen, sein Handlungsversagen auf interne Faktoren zurückzuführen, während er mögliche äußere Umstände gar nicht mehr in den Blick bekommt. Das bekannte Syndrom, sich für alle Mißerfolge und Fehlschläge ausschließlich selbst verantwortlich zu fühlen, was im Extrem zu dauernden Selbstanklagen führen kann, braucht nicht länger als Nachinnenwendung von Aggression interpretiert zu werden; es ist vielmehr oftmals nur die von den Eltern übernommene und generalisierte Sichtweise, die zu dieser Attribuierung von Verhaltensursachen geführt hat.

5.2.3 Die sich selbst erfüllende Prophezeiung

In den Wirtschaftswissenschaften und in der wissenschaftstheoretischen Diskussion (vgl. Merton 1957) hat man die Eigendynamik sozialwissenschaftlicher Prognosen unter dem Stichwort der »selffulfilling prophecies« zu beschreiben versucht. Bei einer sich selbst erfüllenden Prophezeiung liegt ursprünglich eine falsche Prognose vor (wobei entweder die angenommene Gesetzesaussage, die zusätzlichen Randbedingungen oder die

Schlußfolgerung selbst inkorrekt sind), die jedoch eine verhaltensdeterminierende Funktion annimmt und somit Verhalten hervorruft, welches dann die falsche Vorhersage richtig werden läßt. Diese »selffulfilling prophecies« sind jedoch nicht nur Thema wissenschaftstheoretischer Erörterungen, sondern können in ihrer Struktur und ihren Konsequenzen auch für die Betrachtung der pädagogischen Interaktion fruchtbar gemacht werden (vgl. Kap. 3.1). Franz Kafka hat in seinem »Brief an den Vater« den hier angesprochenen Sachverhalt treffend zum Ausdruck gebracht: »Wenn ich etwas zu tun anfing, was Dir nicht gefiel, und Du drohtest mir mit dem Mißerfolg, so war die Ehrfurcht vor Deiner Meinung so groß, daß damit der Mißerfolg, wenn auch vielleicht erst für eine spätere Zeit, unaufhaltsam war. Ich verlor das Vertrauen zu eigenem Tun. Ich war unbeständig, zweifelhaft. Je älter ich wurde, desto größer war das Material, das Du mir zum Beweis meiner Wertlosigkeit entgegenhalten konntest: allmählich bekamst Du in gewisser Hinsicht wirklich recht.« (S. 40)

Sich selbst erfüllende Prophezeiungen rufen somit jene vorschnell generalisierten Mängel, die Eltern an ihren Kindern feststellen oder vorhersagen, oftmals erst geradezu hervor. Zwar wird nicht jedes Kind asozial werden, dem die Eltern bei vielen Gelegenheiten gesagt haben, daß aus ihm doch nichts Gescheites werden wird, aber es ist deutlich, daß diese elterlichen Voraussagen auf jeden Fall ihre unheilvollen Spuren im Selbsterleben des Kindes hinterlassen und sein Selbstgefühl immens beeinflussen können.

5.2.4 Etikettierung

Im Verlauf der genaueren Erforschung der Soziogenese psychischer Störungen hat vor allem der sog. »labeling approach« einen wichtigen Stellenwert erhalten (vgl. Keupp 1972). Theoretiker des »labeling approach« (wie etwa Scheff 1966, 1973, Becker 1963) haben der herkömmlichen Interpretation psychischer Störungen (die gemäß dem konventionellen medizinischen Krankheitsmodell durch intrapsychische Prozesse verursacht und aufrechterhalten werden) einen dezidiert sozialpsychologischen Ansatz gegenübergestellt, in dem die Entstehung und Aufrechterhaltung abweichenden Verhaltens durch die Etikettierung (labeling) eines Individuums als »Störer«, »Verwahrloster«, »Neurotiker«, »Geisteskranker« usf. weitgehend erklärt werden können.

Gegenüber der unter 5.2.2 erwähnten Attribuierungstheorie hat der »labeling«-Ansatz den Vorteil, die Interpretation des abweichenden Verhaltens als »krank«, »verwahrlost« auf dem Hintergrund einer auch die objektiven sozialstrukturellen Prozesse berücksichtigenden Theorie erfassen zu können. Denn die Stereotypen, mit deren Hilfe psychische Abweichungen benannt werden, sind sozusagen Kontrastkonzeptionen zu gesellschaftlich legitimierten, systemstabilisierenden Rollen, Verhaltensweisen, Eigenschaften. Beispielsweise mag jugendliches Streben nach Aufrichtigkeit von Erwachsenen so lange toleriert und als idealistische

Schwärmerei eingestuft werden, wie diese Haltung praktisch folgenlos bleibt. Wenn es später jedoch nicht rechtzeitig zu Einstellungen, wie »Kompromisse zu schließen und sich mit der harten Wirklichkeit zu versöhnen«, kommt, reagieren die Vertreter sozialer Kontrolle (Eltern, Lehrherren, Vorgesetzte, Psychiater) im Interesse der Aufrechterhaltung des Gesellschaftssystems nicht mehr so milde; nun kann aus der Haltung der Aufrichtigkeit plötzlich ein Aneckenwollen, Widerborstigkeit, Aufmucken gemacht werden; der Betreffende erscheint in den Augen seiner Mitmenschen als Außenseiter, Kontaktgehemmter oder Schizoider. Was einst am Kind als Hellsichtigkeit und Ehrlichkeit gerühmt wurde, ist nun dysfunktionale Widerspenstigkeit, die als krank, neurotisch, schizophren etikettiert werden muß. Scheff (1966, 1973) hat in detaillierten Analysen beschrieben, wie die »Karriere« eines derart etikettierten Individuums verlaufen kann: über verschiedene Stufen der vorübergehenden und noch reversiblen Konstatierung von Abweichung hin zum »labeling«, was schließlich die endgültige Einleitung der abweichenden Karriere zur Folge hat. Der Etikettierte muß sein Selbstbild neu interpretieren, wenn es ihm nicht gelingt, die mit dem »labeling« einhergehende Stigmatisierung zu verarbeiten. Er muß sich nun selbst als abweichend definieren, um mit der Übernahme einer gesellschaftlich legitimierten Rolle als »psychisch krank« seine soziale Identität zurückzugewinnen (vgl. Thiersch 1969, Keupp 1972).

Aus diesen kurzen Ausführungen wird deutlich, daß mit der labeling-Theorie nicht nur die »Karriere« von Geisteskranken oder Delinquenten (vgl. z. B. Quensel 1971) teilweise erklärt werden kann, sondern auch viele der als neurotisch etikettierten Verhaltensweisen oder der bislang weitgehend binnenpsychologisch abgeleiteten Konflikte. Auf dieses Thema ist in dem Abschnitt über den psychoanalytischen Konfliktansatz noch zurückzukommen.

5.2.5 Reziproke interpersonelle Wahrnehmung

Konnte man bei den unter 5.2.1 bis 4 aufgeführten Perspektiven noch den Eindruck gewinnen, die interaktionistische Betrachtungsweise, in deren Verlauf implizite Persönlichkeitstheorien und Etikettierungen entstehen und wiederum auf die Interaktion zurückwirken, spiele nur eine untergeordnete Rolle, so ist dies bei der Darstellung reziproker interpersoneller Wahrnehmung nicht mehr der Fall. Denn deutlicher als bei den bislang dargestellten Sichtweisen wird im folgenden der prozessuale Charakter der erfahrungsstiftenden Wahrnehmungs- und Interpretationsvorgänge im Verlauf der Interaktion herausgestellt.

Ausgehend und anknüpfend an Gedanken Cooleys über das »looking-glass self«, an Meads Konzept des »generalized other« und an Sartres philosophische Ausführungen über den »Blick des anderen«, haben Laing u. a. (1971) eine subtile Ausarbeitung interpersoneller Wahrnehmung und Interpretation vorgenommen.

Woher weiß man eigentlich, ob man selbst bestimmte, das Selbstbild konstituierende Eigenschaften oder Fähigkeiten wirklich hat? Wie nimmt man sein eigenes Selbstbild wahr? Die »common sense«-Antwort hierauf wäre, daß man sich bestimmte Fähigkeiten (z. B. Klavierspielen) nach dem Vergleich mit objektiven Kriterien beimißt, sich damit für die Konstituierung und Validierung des Selbstbildes keine Probleme aufzeigen lassen. Aber kann man z. B. die Verhaltensweise Hilfsbereitschaft in ähnlicher Weise ableiten? Es wird deutlich, daß sich das Selbstbild nicht nur aus dem – auf welche Weise auch immer vermittelten – Bild von einem selbst zusammensetzt, sondern daß es auch die gelernten Kategorisierungen und Einstufungen durch andere enthält.

Aber nicht nur das Bild von mir selbst (ego) und das des anderen (alter) strukturieren das in spezifischen Interaktionen jeweils thematisierte Selbstbild und Erfahrungsfeld; auch das Bild von dem Bild, das sich der betreffende Interaktionspartner vermeintlich von mir macht, geht in die Erfahrung ein. Laing u. a. (1971) bezeichnen dieses Bild vom Bild der anderen von einem selbst als Meta-Perspektive (vgl. S. 15). Wenn diese Meta-Perspektive akzeptiert wird, führt sie zur Meta-Identität. Da die Meta-Perspektive von Interaktionspartner zu Interaktionspartner variiert, unterliegt die Meta-Identität vielfältigen Metamorphosen. Selbstidentität und vielfach facettierte Meta-Identität können freilich nur analytisch getrennt werden: ». . . Also ist die Meta-Identität in den Stoff der Selbstidentität eingewoben, so wie meine Selbstidentität in den Stoff der Meta-Identität verwoben ist.« (S. 16)

Um die Erfahrung von Selbst- und Meta-Identität in Interaktionen zu beschreiben (und zu erklären), stellen Laing u. a. folgende axiomatische Behauptungen auf:

»1. Verhalten ist eine Funktion von Erfahrung;
2. Sowohl Erfahrung als auch Verhalten stehen stets in Beziehung zu irgend jemand anderem oder zu irgend etwas anderem als einem selbst.« (S. 20)

Am Beispiel kann deutlich werden, wie das Verhalten des einen gegenüber dem anderen durch die Erfahrung eines jeden vom anderen vermittelt ist.

Beispiel 1: Die Ehefrau verhält sich zögernd, ihre Kommunikation ist wenig offen; sie teilt ihm nur auf nichtverbale Weise ihre Wünsche durch Gähnen mit. Dies mag zum Teil dadurch bedingt sein, daß sie von dem Selbstbild einer vornehmen Zurückhaltung ausgeht; zum anderen nimmt sie an, daß sein Bild von ihr (bezüglich dieser Eigenschaft) das einer einfühlenden, verständnisvollen Frau ist. Zugleich nimmt sie sein Verhalten wahr; einfühlend, wie sie sich selbst definiert und wie sie meint, von ihm gesehen zu werden, interpretiert sie sein Verhalten als konzentriert.

Er verhält sich seit geraumer Zeit schon wenig gesprächig und gesellig; er definiert sich selbst als fleißig und arbeitsam, glaubt, daß seine Frau diese Eigenschaften nicht so recht an ihm zu schätzen vermag, sondern ihn wahrscheinlich für krankhaft ehrgeizig hält (Meta-Identität); er interpretiert deshalb das Gähnen der Frau als hinterhältige Aufforderung, ihn ablenken zu wollen. Sein Verhalten wird daher abweisend.

Laing u. a. haben mit ihrer »Interpersonal Perception Method« (IPM) eine empirische Identifikationsmöglichkeit erfahrungsvermittelter Beziehungsstrukturen entwickelt (vgl. S. 51 ff.). Eines der 60 Items ihres Fragebogens, mit dessen Hilfe Aufschluß über sechs Dimensionen der Beziehung gewonnen werden soll (»A Interdependanz und Autonomie; B Herzliche Anteilnahme und Unterstützung; C Geringschätzung und Enttäuschung; D Kontroversen: Kampf und Flucht; E Widersprechen und in Verwirrung bringen; F Extreme Verweigerung der Autonomie«) (S. 68/69), lautet beispielsweise:

»34. A Wie richtig, glauben Sie, sind die folgenden Feststellungen?
1. Sie ist gut zu mir.
2. Ich bin gut zu ihr.
3. Sie ist gut zu sich.
4. Ich bin gut zu mir.

B Wie, glauben Sie, würde sie die folgende Feststellung beantworten?
1. ›Ich bin gut zu ihm.‹
2. ›Er ist gut zu mir.‹
3. ›Er ist gut zu sich.‹

C Wie würde sie Ihrer Meinung nach glauben, daß Sie die folgenden Feststellungen beantwortet haben?
1. Sie ist gut zu mir.
2. Ich bin gut zu ihr.
3. Sie ist gut zu sich.
4. Ich bin gut zu mir.« (S. 194)

Das »gut sein zu« als Indikator der Beziehungsdimension: Herzliche Anteilnahme und Unterstützung wird zunächst in drei Ebenen unterteilt: Ebene A verlangt die Einschätzung der Richtigkeit der direkten Perspektive; auf Ebene B ist die Meta-Perspektive (meinen Sie, daß sie meint, daß sie gut zu Ihnen ist?) thematisiert, und auf Ebene C wird die von den Autoren genannte Meta-Meta-Perspektive ausgeführt: (Meinen Sie, daß sie meint, daß Sie meinen, daß sie gut zu Ihnen ist?). Zusätzlich wird auf jeder der Ebenen die Beziehung einer Person zur anderen (2), zu sich selbst (4), die Beziehung des anderen zum anderen (1) und die Beziehung des anderen zu sich selbst (3) ermittelt.

Da beide Interaktionspartner die Fragen ausfüllen, kann nun die Diskordanz der sozialphänomenologisch vermittelten und viele Irrtümer und Fehleinschätzungen beinhaltenden Beziehungsstruktur exakt expliziert werden und die herkömmliche unilaterale Sichtweise (wie sie bei der Erfassung von Stereotypen oder impliziten Persönlichkeitstheorien noch vorherrschte) durch die »Methode reziprok messenden Vergleichens« (S. 81) abgelöst werden.

Folgende Konkordanz- oder Diskordanz-Sachverhalte lassen sich aus dem IPM ableiten:

1. Übereinstimmung oder Nichtübereinstimmung (vgl. S. 83)

Dies ergibt sich aus einem Vergleich der direkten Perspektive beider Interaktionspartner zum selben Sachverhalt, etwa Vergleich A 1 – A 2;

2. Verstehen oder Mißverstehen

Dies läßt sich ermitteln aus dem Vergleich zwischen der Meta-Perspektive der einen Person und der direkten Perspektive der anderen zum selben Sachverhalt, etwa Vergleich B 2 – A 1;

3. Verstanden- oder Mißverstandenwerden

Dies ergibt sich aus dem Vergleich zwischen der Meta-Meta-Perspektive und der direkten Perspektive, etwa Vergleich C 2 – A 1;

4. Realisation oder Ausbleiben der Realisation

Hierunter verstehen die Autoren folgenden Sachverhalt: Das sich aus dem Vergleich der Meta-Meta-Perspektive und der direkten Perspektive einstellende Gefühl des Verstanden- oder Mißverstandenwerdens kann richtig oder unrichtig sein. Erst der Vergleich der eigenen Meta-Meta-Perspektive mit der Meta-Perspektive der anderen Person (C 1 – B 2) gibt Aufschluß darüber, ob ich mit meinem Gefühl recht (Realisation) oder unrecht (Ausbleiben der Realisation) habe.

Der Vergleich der Perspektiven ermöglicht äußerst genaue Angaben über den Umfang von Übereinstimmung, Verstehen, Verstandenwerden, Realisation des Verstandenwerdens und Kombinationen dieser Vorgänge, etwa Übereinstimmung, beidseitiges Verstehen und Realisation des Verstandenwerdens; Übereinstimmung bei beidseitigem Ausbleiben der Realisation, daß man verstanden wird usf.

Die Explikation der reziproken Beziehungsstruktur (die in der formalen Darstellung des IPM sehr kompliziert anmutet und vielleicht in alltäglichen Interaktionen noch sehr viel verflochtener ist und Meta-Meta-Metaebenen beinhalten mag) hat den Vorteil, Beziehungsstörungen in ihrem Intererfahrungsbereich aufzudecken. M. Buber (1957) sagt: »Die Grundlage menschlichen Zusammenlebens ist eine zweifache und doch eine einzige – der Wunsch jedes Menschen, von den anderen als das bestätigt zu werden, was er ist, oder sogar als das, was er werden kann; und die angeborene Fähigkeit des Menschen, seine Mitmenschen in dieser Weise zu bestätigen.« Daraus geht hervor, daß ein fehlender Konsensus bezüglich Verstehen und Verstandenwerden oftmals schwerwiegender sein kann als eine offen ausgetragene Auseinandersetzung im Bereich Übereinstimmung/Nichtübereinstimmung.

Auch der in Bubers Ausspruch erwähnte Wunsch, in seinem Realbild oder gar in seinem Idealbild bestätigt zu werden, birgt mannigfache Komplikationen. Denn den anderen in seinem Realbild zu bestätigen, kann realistische Einschätzung der Fähigkeiten des anderen sein und von diesem beruhigend erlebt werden. Zum anderen kann die Weise, den anderen so zu sehen, wie er sein könnte (die kleinen Schwächen großzügig übersehend), Anstoß zur Weiterentwicklung für diesen werden. Daß die Mitteilung eines unterstellten Idealbildes sowohl maligne Waffe (etwa überfordernde Eltern, anstachelnde Ehefrau) sein als auch prospektive und entwicklungsfördernde Funktion annehmen kann, ist evident.

Allerdings kann die Explikation der Intererfahrung ebensowenig wie die Darstellung von Kommunikationsaxiomen im vorangegangenen Abschnitt als letzte, nicht mehr hinterfragbare Erklärungsebene angenommen werden. Wollte man z. B. Erscheinungen von Nichtverstehen oder Ausbleiben der Realisation dem Individuum nur als Versagen, mangelnde Fähigkeit u. dgl. mehr anlasten, so hätte man übersehen, daß die Art und Weise der Selbsterfahrung, der Selbst- und Fremdwahrnehmung entscheidend von der konkreten gesellschaftlich-historischen Situation vermittelt ist.

Wie schon bei der Darstellung der Kommunikationsstörungen muß deshalb im folgenden auch beim Aufweis von Störungen bei der Kognition des anderen, der interpersonellen Wahrnehmung, zumindest ansatzweise versucht werden, die gesellschaftlich-historische Bestimmtheit der durchschnittlichen Erfahrungsbildung aufzuzeigen.

5.3 Störungen bei der Kognition des anderen

Implizite Persönlichkeitstheorien, Zuschreibungen und »labelings«, die erst im Rahmen interpersoneller Wahrnehmung und Erfahrungsbildung eine zureichende Interpretation erfahren, haben auf die Erfahrung des einzelnen, sein Selbstbild, auf seine Interpretation bestimmter Bedürfnisse und Intentionen einen enormen Einfluß. Sie sind deshalb auch Ansatzpunkt für die Entstehung zahlreicher Konflikte bzw. für die Aufrechterhaltung bereits bestehender Konflikte. Zur Verdeutlichung kann auf die Beispiele zurückgegriffen werden:

Beispiel 1: Die (an dieser Stelle hypothetisch rekonstruierte) implizite Persönlichkeitstheorie der Frau mag zum Zeitpunkt des Kennenlernens und der Heirat ihres Mannes etwa folgendermaßen ausgesehen haben: Ausgehend von den wahrnehmbaren bzw. relativ leicht erschließbaren Rollenattributen und -eigenschaften »Arzt«: »fürsorglich«, »heilend«, »intelligent«, strukturiert sie die weitere Erfahrung nach folgenden impliziten Zusammenhangsvermutungen: »versorgend«, »aufmerksam«, »einfühlend«, »väterlich«.

Diese wahrnehmungs- und erfahrungsleitende Persönlichkeitstheorie wird im weiteren Verlauf zu einer wesentlichen Bedingung von Konflikten auf der – allerdings von Kommunikationsaspekten nur analytisch zu trennenden – kognitiven Ebene: Ihr vom Ehemann vielleicht nur aufgrund vager Andeutungen erahntes und antizipiertes Bild von ihm bestimmt teilweise seine Selbstwahrnehmung und -definition, gerät dabei aber in Kollision mit seinem aus früheren Interaktionen gewonnenen Wissen über sich selbst, verlangt zugleich ein Verhalten, zu dem er nicht fähig ist, usf.

Beispiel 2, Szene 4: Die teils zornig, teils triumphierend vorgebrachte Äußerung des Vaters, daß der Junge zu verträumt sei und deshalb niemals etwas aus ihm werden könne, kann sich im Sinne der oben dargestellten »selffulfilling prophecy« wie ein roter Faden durch die zukünftige Selbstinterpretation des Jungen ziehen und den tatsächlichen Mißerfolg als Konsequenz heraufbeschwören.

Massiver noch als die gelegentlich vorgebrachten Prophezeiungen wirken allerdings Attribuierungen, die die Wirksamkeit externaler Faktoren unterschlagen und dem Kind oder dem Partner als Verantwortung zuschreiben, was Resultat vorwiegend äußerer Faktoren gewesen ist.

Das Gefühl lastender Verantwortungsschwere und Niedergedrücktheit, Schwermut und Verzagtheit – herkömmlich als Symptome zwangsneurotisch depressiv strukturierter Individuen interpretiert – sind so gesehen Ergebnis einer Erziehung, die dem Kind von klein auf ein Übermaß an Verantwortung für seine Handlungskonsequenzen auferlegt.

In ähnlicher Weise bewirken »labels«, deren weiterreichender Erklärungsanspruch oben aufgezeigt wurde, daß das Individuum lernt, die Ursachen vorübergehender Verhaltensauffälligkeiten oder Regelabweichungen sich selbst als dem Verursacher dieser Handlungen zuzuschreiben und – im weiteren Verlauf – sein Erleben und Verhalten nach dieser Interpretation auszurichten. Etikettierungen kommen im Erziehungsalltag ständig vor, so kann das im Beispiel 2 genannte Verhalten der Mutter einen »labeling«-Ablauf verdeutlichen:

Beispiel 2, Szene 1: Sein sich im Gesicht ausdrückendes Gefühl der Enttäuschung über die unnachgiebige und seine Argumentation zurückweisende Haltung der Mutter wird von ihr als »trotzig« wahrgenommen und etikettiert; indem sie sein mimisches Verhalten als trotzig-aggressiv interpretiert, lernt er nicht nur, seine Gefühle falsch zu benennen, sondern sich auch selbst die Schuld für dieses Verhalten aufzulasten, denn aggressiv sein – das hat er vielleicht schon früher von der Mutter gelernt – heißt böse und schuldig sein. Die Liebe und Zuwendung der Mutter kann er nur dann wieder erhalten, wenn er diese Interpretation übernimmt, in der Auseinandersetzung mit der Mutter also für sein Verhalten die Verantwortung übernimmt, indem er das »label« »trotzig« akzeptiert.

Nicht anders als der hier auf der Mikroebene stattgefundene Prozeß der Reorganisation des Selbstbildes als Folge von Interpretationen wichtiger Interaktionspartner erfolgt auch die endgültige »Zuflucht« zu einer von signifikanten anderen oktroyierten Selbstdefinition des Verhaltens: Indem man sich als aggressiven Störer, krank oder neurotisch definiert, entgeht man dem Konflikt, seine Erfahrung permanent gegen die »labels« der anderen durchsetzen und behaupten zu müssen.

Wie kann man nun konfliktauslösende Vorgänge bei der Kognition des Interaktionspartners erklären?

Die Ableitung der impliziten Persönlichkeitstheorie aus den kulturspezifisch jeweils verschiedenen berufs- und rollenspezifischen Stereotypen (etwa Stereotypen über Ärzte, Lehrer, Richter, Handwerker), die Interpretation von sich selbst erfüllenden Prophezeiungen als individuelles erzieherisches Mißgeschick und die Erklärung von Attribuierungen unter Zuhilfenahme lerntheoretischer Axiome (etwa »schlechte Verstärkerpersönlichkeit«, falsche positive Verstärkungsstrategien usf.) würden den Problemzusammenhang erheblich verkürzen. Vielmehr gilt es aufzuzeigen, daß diese auf den ersten Blick so heterogenen kognitionstheoretischen Sachverhalte, deren sozialpsychologische Implikationen mit dem Begriff interpersonelle Wahrnehmung umschrieben wurden, erst auf dem Boden einer historisch-materialistischen Interpretation zureichend verstanden werden können.

Holzkamp (1973) hat in seiner Arbeit »Sinnliche Erkenntnis – Historischer Ursprung und gesellschaftliche Funktion der Wahrnehmung« einen Versuch unternommen, die Vermitteltheit gegenständlicher und interpersoneller Wahrnehmung aufzuzeigen. Ausgehend von der Situation des Lohnarbeiters als der menschlichen Grundsituation materieller Produktion, beschreibt Holzkamp die Interaktions- und Kommunikationsform des Lohnarbeiters als »Grundkonstellation zwischenmenschlicher Beziehungsstrukturen, von der, wie immer vermittelt, die Möglichkeiten, Grenzen und Eigenarten der aktuellen Interaktions- und Kommunikationsweisen des Menschen in der bürgerlichen Gesellschaft auch in Bereichen, die von unmittelbarer Produktion mehr oder weniger weit entfernt sind, abhängen. Demgemäß können die Besonderheiten der Dimensionalität interpersonaler Wahrnehmung in der bürgerlichen Gesellschaft nur dann in wesentlichen Zügen angemessen herausgearbeitet werden, wenn man dabei an den Formen interpersonaler Wahrnehmung als Moment der Interaktion und Kommunikation des Lohnarbeiters unter dem Kapitalverhältnis ansetzt«. (S. 239/40).

Holzkamp zeigt auf, daß eine zentrale Wahrnehmungsdimension bei der Einschätzung von Fähigkeiten und Fertigkeiten des anderen die »Leistungsfähigkeit« darstellt, die sich nicht nach dem Umfang konkret-nützlicher Arbeit (etwa Schaffen von Gebrauchswerten), sondern nach Maßgabe ihrer Wert und Mehrwert schaffenden Funktion bemißt. Dieser vom Kapital geschaffene Maßstab dient nicht nur zur Einschätzung der Ware Arbeitskraft etwa bei Einstellung oder Entlassung, sondern bestimmt auch die Sichtweise der Arbeiter untereinander: »Sie finden sich in der Lage als mögliche Konkurrenten bei der Bemühung um Gewinnung und Erhaltung des Arbeitsplatzes. ... Jeder einzelne Arbeiter übernimmt hier implizit den Verwertungsstandpunkt des Kapitals: Er sieht hinsichtlich der ›Leistungsfähigkeit‹ sich selbst in seiner Beziehung zu anderen Arbeitern quasi mit den prüfenden, vergleichenden und potentiell verwerfenden Augen des Kapitalisten. Die höhere ›Leistungsfähigkeit‹ des anderen im Vergleich zur eigenen ›Leistungsfähigkeit‹ bedeutet stets eine mögliche Bedrohung der eigenen Existenzgrundlage.« (S. 242/43)

Im weiteren Verlauf zeigt Holzkamp auf, wie sich aus den objektiven Strukturen bestehender Produktionsverhältnisse eine starke Unsicherheit hinsichtlich der Angemessenheit des Lohnes ergibt (der zwar scheinbar unmittelbar aus der Leistungshöhe entspringt, tatsächlich aber nicht objektiv nach bestimmten Leistungskriterien skalierbar ist). Dies führt zu folgenden Fragen: »Kommt der andere bei gleicher Leistung vielleicht besser weg als ich? Oder muß ich für das gleiche Geld mehr arbeiten? Zum Umfeld der reziproken Wahrnehmung der ›Leistungsfähigkeit‹ bzw. ›Leistung‹ des anderen gehören also Regungen des Lohnneides bzw. der erlebten Bedrohtheit durch den Lohnneid des anderen ... Durch die Qualitäten der Unsicherheit, des Lohnneides, des befürchteten Lohnneides des anderen, des Mißtrauens, der Geheimhaltungstendenz als Umfeldtatbestände der Wahrnehmungs-Dimension der ›Leistungsfähigkeit‹ wird das ... – potentielle oder aktuelle – Konkurrenz-Verhältnis zwischen den Arbeitern noch verschärft. Die Arbeiter werden noch stärker voneinander isoliert, jeder auf sein individuelles Schicksal zurückgeworfen: Wesentliches Kennzeichen der Lebensthematik des Arbeiters ist so die jeweils individuelle Sorge um die eigene Zukunft (und die Zukunft seiner Familie); die Unsicherheit über die Beziehung zwischen Lohn und Leistung bedeutet auch Unsicherheit hinsichtlich des zukünftigen Schicksals auf dem ›Arbeitsmarkt‹; es ist nicht vorhersehbar, wo bei künftigen Krisen, Rezessionen etc. der ›cut off‹ liegen wird, von dem ab die Arbeiter ihren Arbeitsplatz verlieren werden ...« (S. 247)

Wurde bislang die Dimensionsstruktur interpersoneller Wahrnehmung nur innerhalb des beruflichen Lebens betrachtet, so muß nun ergänzend auch der außerberufliche Bereich in seinen Implikationen für interpersonelle Wahrnehmung betrachtet werden. Nimmt man in naiver oder ideologischer Weise an, das außerberufliche Dasein diene der Muße, der Selbstverwirklichung, der sinnvollen menschlichen Betätigung, deren zentraler Sinn nicht das Verdienen darstellt, so unterschlägt man, daß auch der außerberufliche Bereich durch das Kapitalverhältnis bestimmt ist: »Der ›Privatbereich‹ des Arbeiters, da er die abstrakte Negation der subjektiv sinnentleerten Arbeit im beruflichen Bereich darstellt, ist in der Perspektivelosigkeit bloß individueller Konsumtion befangen und deswegen genauso sinnentleert wie dieser.« (S. 249)

Die Interaktion und Kommunikation innerhalb des außerberuflichen Bereiches lassen sich in ihrer Gestaltung durch die abstrakte Negation der beruflichen Leistungsanforderungen kennzeichnen; Gemeinsamkeit, und zwar »Gemeinsamkeit des Konsumierens, des Lebensgenusses, der Daseinsentfaltung« (S. 250) ist im privaten Dasein der zentrale Nenner und die von der Leistungsfähigkeit abzuhebende interaktionsbestimmende Wahrnehmungsdimensionalität. Die Möglichkeit einer gemeinsamen Lebensgestaltung bemißt sich in diesem Bereich unabhängig von Leistung und Verdienst nach den Wahrnehmungsdimensionen von Zuneigungen und Abneigungen, die Holzkamp in diesem Zusammenhang als Dimension der »Sympathie« bezeichnet.

Aber auch die gemeinsame Verbundenheit aufgrund von rein zufälligen Sympathieeinschätzungen, die sich an äußerlichen, der Mode unterworfenen Attributen wie Aussehen, Kleidung, Haartracht usf. fixieren, ist keine Verbundenheit »der Menschen über eine ›gemeinsame Sache‹, über eine gesellschaftlich sinnvolle Aufgabe. Die private Gemeinsamkeit enthält zwar in der Tendenz nach Aufhebung der Isolation zwischen Menschen gewisse Elemente der gesellschaftlichen Kooperation, kann diese Kooperation aber durch die Trennung des außerberuflichen Bereichs von der gesellschaftlichen Produktion nicht verwirklichen. Demgemäß ist auch die Isolation hier nicht tatsächlich überwindbar. Die ›privaten‹Beziehungen sind gekennzeichnet durch ein kurzschlüssiges In-sich-Zurücklaufen, durch den vergeblichen Anspruch, im unvermittelten Aufeinander-Bezogensein von vereinzelten Subjekten Daseinserfüllung zu finden. Kurzschlüssigkeit und Perspektivelosigkeit der ›privaten‹ Gemeinsamkeit sind die Voraussetzungen für die Gebrechlichkeit der ›rein menschlichen‹ Beziehungen, Abkapselungen von einzelnen oder Gruppen und für jene ›privaten‹Konflikte, die aus dem immer erneuten Versuch und dem immer erneuten Scheitern des Versuchs der Gestaltung eines sinnvollen gemeinsamen Lebens auf ›privater Basis‹ entstehen.« (S. 250)

Da die Sympathierelation nicht an Kriterien einer kooperativen Beziehung zur Vollbringung einer »gemeinsamen Sache« gemessen werden kann, impliziert sie Momente der Unsicherheit und Unzuverlässigkeit. Denn sobald der eine Partner aufgrund veränderter Lebensumstände keinen Wert mehr auf die Sympathie des anderen legt, hat dieser keine Möglichkeit, sich dagegen zu wehren. »Es gibt eben keine Gründe, mit denen man die ›Sympathie‹ eines anderen Menschen beanspruchen kann. Es bleibt einem einerseits keine Wahl, als sein Ausgeschlossensein wie ein Schicksal hinzunehmen, während man sich auf der anderen Seite gegen die ›menschliche‹Unzuverlässigkeit, Treulosigkeit, Verräterei des anderen ohnmächtig zur Wehr setzt. – Die Scheinhaftigkeit des Anspruchs auf Lebenserfüllung in ›privater‹ Gemeinsamkeit, die Perspektivelosigkeit und sterile Konflikthaftigkeit ›rein privater‹ menschlicher Interaktion und Kommunikation spiegeln sich in der Inhaltsleere und Unfaßbarkeit der Wahrnehmungsdimension wechselseitiger ›Sympathie‹ wider.« (S. 252/53)

Die am Beispiel der Interaktion und Kommunikation des Lohnarbeiters aufgezeigten Wahrnehmungsdimensionen »Leistungsfähigkeit des anderen« und »Sich-sympathisch-Sein« finden sich nun, verschiedengradig vermittelt, in unterschiedlicher Akzentuierung und phänomenaler Erscheinungsweise auch bei den Angehörigen höherer sozialer Schichten.

Am deutlichsten läßt sich dieser Vermittlungszusammenhang am Beispiel der oben genannten »selffulfilling prophecy« darstellen; in der Warnung des Vaters, aus dem Sohn werde nichts werden, wenn er so weitermache, schwingt die kaum mehr bewußte eigene Angst vor dem Nachlassen der »Tüchtigkeit«, der »Spannkraft«, der »Energie« mit. Denn auch bei Mittelschichtangehörigen findet in mehr oder weniger starkem Umfang eine stete Einschätzung und ein Vergleich der eigenen Leistungsfähigkeit mit denen anderer statt, wenngleich auch eine Stagnation hinsichtlich Beförderung oder beruflichen Fortkommens wegen der größeren finanziellen Sicherheit nicht in dem Maße bedrohlich erlebt wird wie beim Lohnarbeiter. Die dumpf gespürte eigene Angst wird auf den Sohn übertragen: In der Erziehung zur »Tüchtigkeit« soll mit Hilfe der unheilvollen Prophezeiung eines zukünftigen Versagens erreicht werden, daß das Kind sich fortan mehr Mühe gibt.

Eine Interpretation dieser im Beispiel angeführten Prophezeiung als Sündenbock-Projektion innerhalb der von Richter (1963) beschriebenen Rollenkategorie: »Das Kind als Substitut der negativen Identität« (vgl. S. 197 ff.) und der ausschließliche Rückgriff auf psychoanalytische Konstrukte wie etwa »unbewußte Strafbedürfnisse«, »elterlicher Schuldkonflikt« usf. verkürzen deshalb auch den aufgezeigten Problemzusammenhang um eine entscheidende Dimension.

Diese Verkürzung läßt sich auch am Beispiel der Attribuierungstheorie erläutern. Selbstbekräftigungsstrategien aufgrund gelernter Interpretationen sozialer Verursachung lassen sich zwar mit Art und Umfang der mütterlichen Selbstverantwortung korrelieren (vgl. Meyer u. a. 1972), können aber nur hinreichend verstanden werden, wenn man sie wiederum in ihrer Vermitteltheit begreift. Je abhängiger Eltern in der Einschätzung ihrer Leistungsfähigkeit von anderen sind, je mehr sie selbst gelernt haben, ihre eigene Unterprivilegierung als je individuelles Versagen, Mangel an Tüchtigkeit oder Verstand zu interpretieren, desto häufiger werden sie dazu neigen, Versagen des Kindes dadurch zu erklären, daß sie es auf hypostasierte, gleichsam in das Wesen des Kindes hineinverlegte Eigenschaften zurückführen. Der naive Appell an die Eltern, kindliches Versagen differenzierter zu interpretieren, ist deshalb auch kurzschlüssig; denn die tagtäglich erfahrene Bedrohung im Falle eines Nachlassens der Leistungsfähigkeit (etwa Nichterreichen des vorgeschriebenen Akkords) zwingt den Lohnarbeiter dazu, auch sein Verhalten nahezu ausschließlich unter dem Aspekt eigener Verantwortung zu interpretieren und das Nachlassen seiner Leistungsfähigkeit resignativ stets sich selbst als individuelle Schuld anzulasten.

Die Ableitbarkeit von Etikettierungen aus gesellschaftlich strukturellen Verhältnissen wurde oben bereits erwähnt. Die Sichtweise von »labels« als Kontrastkonzeption zu herkömmlich sanktionierten und gesellschaftlich zugelassenen Rollen, Einstellungen und Verhaltensweisen ermöglicht es, abweichendes Verhalten in seiner »Systemdysfunktionalität« zu verstehen: Wer die Unverschämtheit besitzt, sich beispielsweise der Einschätzung seiner Leistungsfähigkeit durch andere in Elternhaus, Schule und Arbeitsstätte zu entziehen, kann nur als Störer, Asozialer, bestenfalls noch als Neurotiker bezeichnet werden. Geschähe diese Etikettierung nicht, so bliebe das Verhalten des Individuums, das mit seinen Problemen »aneckt«, total unverständlich und würde an die stets vorhandene untergründige Angst erinnern, die Lebenszeit im ewigen Kreislauf von konkurrenzorientierter Produktion und sinnloser Konsumption vertan zu haben.

5.4 Erziehung zur Konfliktfähigkeit im kognitionstheoretischen Ansatz

In den vorangegangenen Abschnitten wurde aufgezeigt, wie bestimmte elterliche Sichtweisen und Interpretationen von kindlichen Handlungen dazu führen können, daß das Kind schließlich – in mehr oder weniger großem Widerspruch zu seiner eigenen Selbstdefinition – die Zuschreibungen und Etiketten der Eltern übernimmt und sein Verhalten danach ausrichtet.

Die Aufgabe für Eltern bestünde darin, dem aus dem »Abhängigkeitssyndrom« und dem »Warencharaktersyndrom« sich ergebenden Druck, Handlungen des Kindes immer schon unter den oben beschriebenen Prämissen kognizieren und interpretieren zu müssen, zunächst einmal zu widerstehen. Ein erster notwendiger Schritt läge darin, die eigenen impliziten Persönlichkeitstheorien in ihrer gesellschaftlichen und rollenspezifischen Vermitteltheit zu erkennen. Eltern könnten beispielsweise die Adjektive, die sie zur Bezeichnung kindlichen Verhaltens in verschiedenen Interaktionen mit dem Kind verwenden (z. B.: verträumt, langweilig, faul, trotzig, bösartig, oder: nett, bescheiden, brav, gehorsam, fleißig, verständig usf.), zusammenstellen. Schon aufgrund des Umfanges der notierten Adjektive läßt sich in vielen Fällen erkennen, daß sie der Vielfalt kindlichen Erlebens und Verhaltens nicht gerecht zu werden vermögen. Das Kind, das seine Handlungen nur in bestimmten und der Anzahl nach begrenzten Adjektiven zu kognizieren und zu interpretieren gelernt hat, wird entsprechend selektiv auf seine eigenen Bedürfnisse, Affekte und Erlebnisse reagieren. Des weiteren kann man erkennen, daß Adjektive in einem bestimmten Zusammenhang stehen; wenn Eltern ihr Kind »faul« nennen, stellt sich z. B. auch bald die Interpretation »verträumt«, »abgelenkt« ein, ein Zusammenhang, der keine realistische Abbildung des zu beurteilenden Verhaltens ist, sondern dessen Herkunft in den meisten Fällen eher der naiven Theorie des Beurteilers entstammt.

Aufschlußreich ist auch eine inhaltliche Analyse der zusammengestellten Adjektive. Zumeist wird man erkennen können, daß die verwendeten Bezeichnungen einen Bezug zu den eigenen Bedürfnissen haben: Eine Ehefrau, die man als »verständnislos« und »nur an sich denkend« kennzeichnet, wünscht man sich wahrscheinlich als »verständnisvoll« und »stets an den Mann denkend«; und das Kind, das als »verträumt« und »faul« bezeichnet wird, sollte wegen seiner zumeist instrumentalen Funktion als Prestigeobjekt (ableitbar aus dem Warencharakter zwischenmenschlicher Beziehungen) stets »wach« und »fleißig« sein.

In der rollenbedingten Interaktion: Eltern-Kind, in der die Eltern die stets Mächtigeren sind, haben sie von vornherein das Recht, ihre Sichtweise über kindliches Handeln und Erleben dem Kind aufzudrängen; es wäre deshalb notwendig, das Kind des öfteren aufzufordern, auch seine

Interpretation des elterlichen Verhaltens in expliziter Metakommunikation zu äußern, ohne dabei Angst vor Sanktionen haben zu müssen.

Bei der Zuschreibung von Verhaltensursachen wäre es erforderlich, eine sehr viel genauere Bedingungsanalyse von internalen und externalen Faktoren vorzunehmen und dem Kind eine Diskussion über Meinungsdiskrepanzen zwischen ihm und den Eltern zu ermöglichen. Man müßte sich auch überlegen, bei welchen Verhaltensweisen des Kindes man vor allem dazu neigt, Versagen ausschließlich auf internale Faktoren zurückzuführen, um auf diese Weise die eigenen Konflikte, die zu dieser Interpretation geführt haben, besser zu erkennen.

Aussprüche, welche die Form einer Voraussage haben und zu einer sich selbst erfüllenden Prophezeiung werden können, sollten ebenso analysiert und überprüft werden: Wann neigen Eltern beispielsweise dazu, kindliches Verhalten vorauszusagen, und in welchen Fällen beziehen sich diese Voraussagen auf zukünftiges Mißgeschick, Versagen, Krankheit usf.?

Die im Rahmen des »labeling approach« beschriebenen Etikettierungen von Verhaltensauffälligkeiten, die aus konflikthaft erfahrenen Interaktionen resultieren, müßten in ihren unheilvollen Auswirkungen erkannt werden. Einem Kind ist nicht damit geholfen, wenn man sein aufgrund eines Beziehungskonflikts mit den Eltern entstandenes Verhalten mit Begriffen negativer Valenz etikettiert, anstatt die zugrunde liegende Kommunikationsstörung aufzugreifen und metakommunikativ zu verarbeiten.

Bevor sich zahllose Etikettierungen zu Klassifikationen kindlichen Verhaltens als »bequem«, »dumm«, »ängstlich«, »verträumt«, »durchtrieben«, »verlogen« verdichten und zu Stigmatisierungen des Kindes oder Jugendlichen führen (die dann wiederum eine Steigerung der ursprünglich harmlosen Auffälligkeiten ergeben und sich auf der Ebene sekundärer Sozialisation, z. B. durch Intervention von Lehrern, zu massiven Identitätskonflikten ausweiten können), müßten Eltern über ihre Kognition kindlichen Handelns reflektieren und sich bewußtmachen, in welchem Umfang ihre eigene Sichtweise (vgl. die Ausführungen über interpersonelle Wahrnehmung) die Art und Weise kindlichen Handelns bestimmt.

Freilich bedarf es dazu einer kommunikativen Geschicklichkeit, die kaum jemals gelernt worden ist. Zudem lassen die im vorangegangenen Abschnitt ausgeführten gesellschaftlichen Bedingungen von Wahrnehmungs- und Interpretationsvorgängen es als fraglich erscheinen, ob die hier in Stichworten skizzierten Vorschläge für eine Erziehung zur Konfliktfähigkeit überhaupt realisierbar sind.

6. Der symbolisch-interaktionistische Ansatz

Im vorangegangenen Kapitel wurde beschrieben, wie die im Verlauf des kommunikativen Handelns erfolgenden (unter dem Stichwort: kognitionstheoretische Sachverhalte beschriebenen) Zuschreibungs- und Etikettierungsprozesse dem Interaktionspartner eine bestimmte Sichtweise oktroyieren können.

Diese Perspektive ist nun um einen wichtigen Ansatz zu ergänzen. Die in den Zuschreibungen enthaltenen normierten Verhaltenserwartungen stehen mehr oder weniger im Gegensatz zu Affekten und Triebimpulsen, die (obgleich immer aufgrund vorangegangener Interaktionen interpretiert) Ausdruck des Menschen als Naturwesen sind und nicht bruchlos in gesellschaftlichen Erwartungen aufgehen.

In die bislang auf der Handlungsebene vorgenommenen, durch den kognitiven Ansatz spezifizierte Analyse der Interaktion muß deshalb der Bereich der triebmäßigen Bedürfnisse, die mehr oder weniger handlungsbestimmend werden können, aufgenommen werden. Die Betrachtung der Triebimpulse geschieht in diesem Kapitel auf der Ebene eines interaktionistischen Ansatzes. Triebimpulse werden gemäß diesem Konzept nicht als Verhaltensursachen verstanden, sondern als Bestimmungsmomente eines komplexen Handelns, in dem neben antezedierenden Momenten, z. B. bestimmten Einstellungen und Haltungen, das planende, antizipierende, sinnvolle und orientierende Handeln im Verlauf von aufeinanderbezogenen Handlungen interagierender Individuen steht.

Beispiel 1: Das (am Beginn der Szene) zurückweisende Verhalten des Ehemannes würde nach psychologischen Verhaltenstheorien als durch einen Aggressionstrieb oder durch bestimmte diskriminative Stimuli verursacht betrachtet werden. In der hier zu skizzierenden interaktionistischen Handlungstheorie können Triebbedürfnisse als Momente des Handlungsvorgangs erst dann zureichend interpretiert werden, wenn zugleich berücksichtigt wird, daß z. B. der Ehemann vorwegnimmt und abschätzt, ob diese Auseinandersetzung sinnvoll ist, ob er dieses Verhalten seiner Frau zumuten kann, ob das Verhalten dem Bild, das sie von ihm hat, nicht allzusehr widerspricht (dazu muß er abschätzen, ob aggressives Verhalten auch bislang von ihr akzeptiert wurde, als Teilmoment seiner Identität) usf.; ferner muß berücksichtigt werden, daß die Handlungen des Ehemannes Reaktionen auf die vorangegangenen Verhaltenserwartungen der Ehefrau gewesen sind, die wiederum als Reaktion und Antizipation seiner Handlungen aufzufassen sind, usf.

Die sich im Verlauf interaktiven Handelns einstellenden Prozesse widerstreitender oder miteinander in Einklang stehender Verhaltenserwartungen und Triebbedürfnisse lassen sich u. E. im Bezugsrahmen des symbolischen Interaktionismus und hier vor allem innerhalb der Kritik an der herkömmlichen Rollentheorie darstellen (vgl. Habermas 1968, Krappmann 1971 a, b, Dreitzel 1972).

Während die kognitionstheoretisch erfaßten Vorgänge der Zuschreibung und des Etikettierens im Verlauf interpersoneller Wahrnehmung und kommunikativen Handelns noch zu keiner Verfestigung des Selbstbildes zu führen brauchen, sondern nur von situativer, vorübergehender Bedeutung sein *können*, wird im folgenden zu analysieren sein, welche Probleme sich für das Identitätserleben ergeben, wenn in regelmäßigen Beziehungsdefinitionen z. B. elterliche Verhaltenserwartungen den Spielraum des Ausdrucks kindlicher Triebimpulse reduzieren oder gar dem Kind eine von den Eltern diktierte Identität auferlegen.

6.1 Definition

Was soll nun unter symbolischem Interaktionismus verstanden werden? Der Ansatz des symbolischen Interaktionismus wurde von Mead, Dewey, Cooley grundgelegt und von Goffman (z. B. 1961), Turner (1962), Strauss (1968), Ford u. a. (1967) deutlicher herausgearbeitet (vgl. Blumer 1973).

Die 1937 von Blumer eingeführte Bezeichnung »symbolischer Interaktionismus« besagt zunächst, daß Interaktionen symbolisch vermittelt sind.

Nach Wilson (1973) kann man zwei Auffassungen vom Interaktionsprozeß unterscheiden: das *normative* und das *interpretative* Paradigma. Beim *normativen* Paradigma wird davon ausgegangen, »daß sich Interaktion in einem von den beteiligten Handelnden geteilten System von Symbolen und Bedeutungen vollzieht ... Dies wird daran deutlich, daß den Begriffen ›Erwartung‹ und ›Disposition‹ gleichermaßen die Vorstellung zugrunde liegt, daß eine feste Verbindung besteht zwischen der Situation eines Handelnden und seinem Handeln in dieser Situation.« (S. 56) Sieht man Interaktion hingegen als einen *interpretativen Prozeß* an, so ist soziale Interaktion nicht mehr als Vorgang der Ausführung einer bestimmten Rolle zu verstehen, sondern als ein ständiger Prozeß der Antizipation und der Interpretation der Bedeutung und des Sinnes von wahrgenommenen Handlungen und der anschließenden Definition von Bedürfnissen und Erwartungen.

Das in diesem Kapitel zu besprechende interaktionistische Modell steht in der Tradition des interpretativen Paradigmas und unterscheidet sich in grundlegenden Punkten von der herkömmlichen Rollentheorie Parsonsscher Herkunft, die als normatives Paradigma aufzufassen ist.

6.2 Konzepte des interaktionistischen Rollenmodells

Im folgenden werden die – für die spätere Erörterung von Konflikten beim interpretierenden Umgang mit Rollenerwartungen und Bedürfnissen bedeutsamen – Konzepte des interaktionistischen Rollenmodells in Abhebung von der Rollentheorie Parsons' kurz erörtert werden (für eine ausführlichere Darstellung vgl. Habermas 1968, Krappmann 1971 a).

6.2.1 Realisierung von Empathie

Im Verlauf des als Rollenspiel spezifizierten Interaktionsvorganges ist es notwendig, daß die Rollenpartner sich in die gegenseitigen Erwartungen einfühlen. Diesen Vorgang hatte Mead schon als »taking-the-role-of-the-other« (1934) und Coutu (1951) als »role-taking« bezeichnet. Für die Aufrechterhaltung kompetenten, kommunikativen Handelns ist es notwendig, daß die Partner über ausreichende Sensitivität verfügen, um die kommunikativ und metakommunikativ mitgeteilten Verhaltenserwartungen und an bestimmten Positionen festgemachten Rollen kognizieren zu können. In der herkömmlichen Sozialpsychologie wurde »taking-the-role-of-the-other« zumeist als kognitive Fähigkeit zur diskriminatorischen Einstufung von »Eigenschaften« des anderen bezeichnet und als »accuracy-problem« (vgl. z. B. Cline 1964, McHenry 1971) innerhalb der »social-perception«-Forschung abgehandelt.

Während »role-taking« den *kognitiven* Vorgang der einstufenden Wahrnehmung von Rollenattributen kennzeichnet, beinhaltet das vor allem von psychoanalytischer Seite ausgearbeitete Konzept von Empathie mehr eine *affektiv-motivationale* Komponente (vgl. Schafer 1959, Greenson 1961/62, Loch 1965, Kohut 1971). Empathie wird von Loch als passagerer Identifikationsvorgang beschrieben, in dessen Verlauf vor allem extra- und paralinguistische Mitteilungen verstanden werden können. In der ständigen Oszillation zwischen Nähe und Distanz, Intuition und problemlösendem Denken, kurzfristiger partieller Aufgabe der eigenen Identität und Wiedergewinnung (vgl. Greenson 1966) findet Empathie innerhalb der psychoanalytischen Kommunikationssituation statt. Das von Kris (1953) bei der Beschreibung kreativer Prozesse herausgestellte Konzept der »Regression im Dienste des Ichs« ist für den Analytiker eine grundlegende Voraussetzung bei der temporären und teilweisen Aufgabe der eigenen Identität. Denn nur wenn er vorübergehend von dem durch logische Gesetze determinierten Niveau (des von Freud als Sekundärvorgang beschriebenen Funktionsniveaus des Denkens, Fühlens und Handelns) auf primärprozeßhafte Weisen psychischen Erlebens regredieren kann (Spitz 1967 spricht in diesem Zusammenhang von einer diakritischen versus einer koenästhetischen Wahrnehmung, die beim Kleinkind vorherrscht), ist das die eigene Identität transzendierende empathische Verhalten, dem nicht mehr logisch geordnete Kognitionen über die eigene Identität vorgegeben sind, möglich.

Bislang ist »role-taking« (dessen psychodynamische Implikate mit Hilfe des auch die Tiefenstrukturen erfassenden psychoanalytischen Bezugsrahmens herausgestellt wurden) als »Fähigkeit« dargestellt worden und somit begrifflich aus dem interaktiven Kontext herausgelöst worden.

Deswegen muß nun »role-taking« als Prozeß beschrieben werden, in dem B ständig antizipierte Erwartungen mit dem tatsächlichen Verhalten von A vergleicht, wobei er zugleich berücksichtigen muß, daß das Verhalten von A nicht nur eine Funktion der Erwartungen des Positionsinhabers A darstellt, sondern auch eine Reaktion auf die antizipierten Erwartungen B's und dessen Verhalten ist.

Dieser dargestellte Prozeß des »role-takings« ist als grundlegende Voraussetzung für die weiteren unter 6.2 bis 6.5 zu besprechenden Merkmale des interaktionistischen Rollenmodells zu betrachten.

6.2.2 Interpretationen von Verhaltenserwartungen

In dem von Parsons als Idealfall ungestört ablaufender Interaktion bezeichneten Rollenmodell lautet eine Annahme, daß eine Interaktion um so erfolgreicher abläuft, je genauer Verhaltenserwartungen (Rollen) und die Interpretation dieser Verhaltenserwartungen übereinstimmen. Idealiter wird eine Identität von Rollendefinition und Rolleninterpretation angenommen. Habermas (1968) bezeichnete diese Annahme als das Identitätstheorem des konventionellen Rollenkonzepts. Dieses Theorem schließt aus, daß Interpretationen stattfinden, in denen Individualität zum Ausdruck gebracht werden kann.

Demgegenüber postuliert das interaktionistische Rollenmodell, daß »Rollennormen nicht rigide definiert sind, sondern einen gewissen Spielraum für subjektive Interpretation durch die Rollenpartner lassen« (Krappmann 1971 b, S. 169).

Während diese Interpretationsspielräume im Rollenkonzept von Parsons als das Individuum belastende Unklarheiten ausgegeben werden, zeigt Krappmann auf, daß Interpretationen als notwendige strukturelle Bedingungen des Rollenhandelns aufzufassen sind. Turner (1962) verwies mit dem (»role-taking« an die Seite gestellten) »role-making« darauf, daß unklare Erwartungen stets durch interpretierende Ausgestaltung der Rolle zu ergänzen sind.

Wenn man den soziologischen Rollenbegriff auch als ein innerhalb der Familie mit einer bestimmten Position (z. B. Mutter) gegebenes Erwartungsmuster begreift, läßt sich das rollenanalytische Konzept der Interpretationsbedürftigkeit von Verhaltenserwartungen im Beispiel darstellen.

Beispiel 2, Szene 1: Mit der Position der Mutter und des Kindes sind bestimmte Rechte und Pflichten verbunden, deren erlebnismäßig gegebenen Korrelate als Erwartungen oder (wenn das Gesamt der Erwartungen gemeint ist) als Rollen bezeichnet werden. Während der Interaktion mit ihrem Sohn verdeutlicht die Mutter diesem eine bestimmte Erwartung: Mit deiner Position als Kind ist die Erwartung (Rollennorm) verknüpft, daß du der Mutter gehorchst. Während im herkömmlichen Rollenmodell eine Kongruenz zwischen dieser mütterlichen Erwartung und der kindlichen Interpretation dieser Erwartung als selbstverständlich angenommen wird, geht die interaktionistische Betrachtungsweise davon aus, daß dies eher ein Anzeichen einer gestörten Interaktion ist.

6.2.3 Möglichkeit von Differenzen zwischen Erwartungen und Bedürfnissen

Auch anhand des nun folgenden Theorems läßt sich verdeutlichen, daß es Parsons mit seinem Rollenkonzept vor allem auf die normenkonforme Integration des Kindes in die Gesellschaft ankommt. Denn in dem von Habermas als Integrationstheorem bezeichneten Ansatz wird davon ausgegangen, daß die Bedürfnisse der Rollenpartner den Wertvorstellungen der sozialen Gruppe (bzw. der Gesellschaft) entsprechen. Die sich daraus ergebende Bedürfnisbefriedigung sei ein Garant für konformes Verhalten. Der archaische Triebüberschuß, den die Psychoanalyse mit dem Begriff des Es konzeptualisierte, wird im Parsonsschen Ansatz zugunsten einer in interaktiv organisierten Rollenerwartungen eingegliederten Bedürfnisstruktur eskamotiert; es gibt keine Bedürfnisse mehr, die sich nicht in vorgegebene Wertmuster integrieren lassen.

Demgegenüber weist das interaktionistische Rollenmodell darauf hin, »daß die individuellen Bedürfnisdispositionen den institutionalisierten Wertvorstellungen nicht voll entsprechen« (Krappmann 1971 b, S. 169).

Beispiel 1: Es wird deutlich, daß in der stabil eingespielten Interaktion zwischen den Eltern in wichtigen Bereichen keineswegs eine Kongruenz zwischen Bedürfnissen und Erwartungen besteht und dennoch die Interaktion – allerdings bei gleichzeitiger Mystifikation des eigentlichen Konflikts – aufrechterhalten werden kann.

Andererseits wird z. B. vom Ehemann angenommen, daß seine Erwartungen (etwa daß seine Ehefrau bei ihm zu Hause sein solle und dies auch ihren Bedürfnissen entspricht) sich mit den Bedürfnissen seiner Frau decken, da sie seinen Erwartungen bislang nachgekommen ist. Gerade hieraus geht jedoch hervor, daß das erwartungskonforme Verhalten der Frau nur um den Preis der Unterdrückung eigener Bedürfnisse möglich ist.

6.2.4 Möglichkeit flexibler Normenanwendung

Das Rollenkonzept von Parsons geht davon aus, daß Rollensysteme um so stabiler sind, je mehr die Rollenpartner die Wertorientierungen und Rollennormen verinnerlicht haben. Vorangegangene Internalisierungsprozesse stellen sicher, daß das Individuum die Normen gleichsam automatisch erfüllt: »Wenn eine Person voll im Interaktionssystem sozialisiert ist, ist es nicht richtig zu sagen, daß eine Rolle etwas ist, was ein Handelnder ›hat‹ oder ›spielt‹, sondern etwas, das er ist.« (Parsons 1955, S. 107)

Krappmann stellt diesem Theorem gegenüber: »Nicht Institutionen, deren Mitglieder Normen ›automatisch‹ erfüllen, werden als stabil betrachtet, sondern diejenigen, die ihren Mitgliedern ermöglichen, im Rahmen des Interpretationsspielraums, den die vorgegebenen Normen lassen, eigene Bedürfnisse in der Interaktion zu befriedigen.« (1971 b, S. 169)

Goffman (1961 a) hat mit seiner Darstellung totaler Institutionen (z. B. von psychiatrischen Anstalten, Strafanstalten, Erziehungsheimen, aber auch Schulen und Betrieben) aufgezeigt, mit welchen Methoden die vollständige Integration der Bedürfnisse in die Normen der jeweiligen Institution erreicht werden kann. Krappmann äußert den Verdacht, daß die Familie von den Vertretern des konventionellen Rollenmodells in konsequenter Weiterführung ihrer Gedankengänge sogar als eine extreme Form der totalen Institution zu begreifen ist. Das Sozialisationsmodell von Parsons als Paradigma einer totalen Institution anzunehmen, »ist unausweichlich, wenn Sozialisation nur als Prozeß der Übernahme vorgegebener Werte, Einstellungen, Bedürfnisse, Verhaltensweisen und Sanktionsmuster durch ein machtloses Kind begriffen wird, nicht aber als ein Prozeß, dessen Struktur auch dem Kleinkind schon bald – und sei es in fiktiver Zuerkennung von Gleichberechtigung – auferlegt, Normen zu interpretieren und Ambiguitäten zu ertragen und somit Grundqualifikationen der Konfliktbewältigung auszubilden.« (Krappmann 1971 a, S. 113)

6.2.5 Soziale und personale Identität

In den vorausgegangenen vier Abschnitten wurde dargestellt, wie sich die herkömmlichen und die interaktionistischen Rollentheoretiker die Vergesellschaftung und die Integration der Bedürfnisse in den gesellschaftlich vermittelten und von der Familie als Sozialisationsinstanz repräsentierten Erwartungshorizont vorstellen. Im Verlauf dieses Vergesellschaftungsprozesses kommt es zur Ausbildung einer Ich-Identität. Deren bekannteste Konzeptualisierung stammt von E. H. Erikson.

Das von Erikson im Rahmen seines psychosozialen Entwicklungsmodells ausgearbeitete Konzept der Ich-Identität geht davon aus, daß die Ich-Identität in der Adoleszenz die Integration aller früheren Identifikationen gegen eine Identitätsdiffusion absichern hilft und die Kontinuität zwischen den vorausgegangenen Phasen gewährleistet. »Die Integration, die nun in Form der Ich-Identität stattfindet, ist mehr als nur die Summe der Kindheitsidentifikationen. Es ist die gesammelte Erfahrung über die Fähigkeit des Ich, diese Identifikationen mit den Libidoverschiebungen zu integrieren, ebenso wie mit den aus einer Grundbegabung entwickelten Fähigkeiten und den Möglichkeiten sozialer Rollen. Das Gefühl der Ich-Identität ist also die angesammelte Zuversicht des Individuums, daß der inneren Gleichheit und Kontinuität auch die Gleichheit und Kontinuität seines Wesens in den Augen anderer entspricht, wie es sich nun in der greifbaren Aussicht auf eine ›Laufbahn‹ bezeugt.« (Erikson 1968, S. 256)

Krappmann weist in seiner Arbeit »Soziologische Dimensionen der Identität« (1971 a) kritisch darauf hin, daß Identität von analytischer Seite (auch bei Erikson) allzuoft »an festen Identifikationen ... festgemacht wird und nicht an Fähigkeiten kreativer, der Situation angemessener Selbstrepräsentation, die Diskrepanzen und Konflikte nicht verleugnen. Diese, die Identität des Individuums scheinbar stabilisierenden Ansätze erlauben fast nur noch, Anpassungsvorgänge zu untersuchen« (S. 19).

Nicht die starre Identifikation mit bestimmten Rollen und die Entscheidung für eine bestimmte »Laufbahn« sichern vorwiegend Identität, sondern für die Aufrechterhaltung von Identität ist es notwendig, daß die Identifikationen immer wieder im Hinblick auf eine mögliche unangemessene Starre in Frage gestellt werden können. Dadurch wird es dem Individuum möglich, Verhältnisse mitzugestalten, anstatt sich ihnen identifikatorisch zu unterwerfen. Krappmann kommt zu dem Schluß, daß Erikson letztlich jenen Identitätstheoretikern zuzurechnen ist, »die dem Individuum durch eine fest strukturierte Orientierung Unsicherheit und Zweifel ersparen wollen ... Erikson unterschätzt das Problem, in Interaktionen auf andere einzugehen und sich immer wieder neu artikulieren zu müssen. Er bietet nichts an, was den Individuen helfen könnte, in einer sich ständig wandelnden Welt mit stets divergierenden Normen Identität zu wahren, weil er nicht die Notwendigkeit sieht, Identität je neu zu entwerfen.« (1971 a, S. 94)

Auf dem Boden des symbolischen Interaktionismus, der sich insbesondere zur Herausarbeitung der sozialen Beziehungen, in denen das Individuum Identität zu errichten versucht, anbietet, entwickelt Krappmann vor allem in Anschluß an Goffman (1967) sein Konzept der »balancierenden Identität«. Bevor darauf eingegangen werden kann (vgl. 6.6), ist es notwendig, die Begriffe »soziale« und »personale Identität« zu erläutern.

Der Begriff »soziale Identität« bezieht sich auf die Erwartungen der anderen, die diese an ein Individuum richten und die sich zumeist an bestimmte strukturelle Merkmale (etwa der Berufsposition) anknüpfen. So werden sich z. B. in der Eltern-Kind-Interaktion die Eltern und das Kind die soziale Identität »Eltern« und »Kind« zuschreiben und gemäß dieser Zuschreibung ihr Handeln interpretieren und ausrichten.

Unter personaler Identität versteht Goffman die Erwartung einer nur einem bestimmten Individuum zukommenden einzigartigen Kombination von Eigenschaften, die im Verlauf der Interaktion diesem Individuum zugeschrieben werden und zumeist von einem »Identitätsaufhänger« (z. B. Name, körperliche Merkmale) ausgehen.

Während sich die horizontale Dimension zur Verdeutlichung der sozialen Identität bei der Selbstdarstellung benützen läßt (das Individuum muß die zu einem gegebenen Zeitpunkt an ihn gerichteten Erwartungen miteinander zu verknüpfen suchen und verdeutlichen, daß es den Erwartungen nachkommen wird, um so zu sein wie alle anderen), ist die (biographisch-) vertikale Zeitdimension geeignet, die personale Identität einzuordnen: In dieser biographischen Dimension wird an das Individuum die Erwartung gerichtet, zu sein wie kein anderer.

Aus den vorangegangenen Darstellungen ist zu entnehmen, daß Zuschreibungen verhaltensmotivierende Funktionen annehmen. Auch die Zuschreibungen von personaler und sozialer Identität können somit dazu führen, daß die Identitäten motivierende Kraft annehmen (vgl. Stryker 1970).

Daraus folgt, daß die aus der Zuschreibung sozialer und personaler Identität sich ergebenden kontroversen Anforderungen, nämlich zu sein wie alle anderen und zu sein wie kein anderer, in einem als »Handel um Identität« bezeichneten Vorgang (vgl. McCall/Simmons, 1966, Weinstein 1969) ausbalanciert werden müssen. Das Individuum muß erkennen lassen, daß es den Erwartungen, so zu sein wie die anderen, nachkommen wird, was für den Fortgang der Interaktion notwendig ist; und es muß andererseits seine Besonderheit im Verlauf der Interaktion zur Darstellung bringen. Wenn es dem Individuum gelingt, diesen beiden Anforderungen gerecht zu werden, kann man von Ich-Identität sprechen.

Beispiel 1: Die einer Arztfrau im Verlauf interaktiven Handelns angetragene und zugeschriebene soziale Identität mag u. a. durch folgende Attribute charakterisiert sein: Einfühlend in die Bedürfnisse und besonderen Probleme des Arztes in seiner Tätigkeit als Arzt (z. B. Verständnis für dringende ärztliche Tätigkeiten während der Nacht), gelegentlich z. T. die Funktionen einer Sprechstundenhilfe übernehmend, daher zuvorkommend und intelligent, z. T. die Rolle einer Krankenschwester übernehmend, daher mütterlich und pflegend, z. T. die Rolle einer Sekretärin übernehmend, daher mitdenkend und disponierend usf. Zugleich wurde der Frau aber auch in früheren Interaktionsprozessen eine personale Identität – zu verstehen als biographische Organisation von Zuschreibungen – angetragen; diese mögen beispielsweise folgendermaßen lauten: »attraktiv, nicht überdurchschnittlich intelligent, eher passiv, aber doch verständnisvoll.«

Wenn es ihr gelänge, in der Interaktion mit ihrem Mann zunächst zu negieren, was ihre personale Identität darstellt, um so besser die Erwartungen, die mit der sozialen Identität verknüpft sind, erfüllen zu können, um in einem weiteren Schritt dann aber wiederum zu verdeutlichen, daß sie ein unauswechselbares und einzigartiges Individuum darstellt, würde sie eine gelungene Identitätsbalance aufweisen.

6.2.6 Ich-Identität als Balance

Zwischen sozialer und persönlicher Identität zu balancieren, heißt, »daß das Individuum einerseits trotz der ihm angesonnenen Einzigartigkeit sich nicht durch Isolierung aus der Kommunikation und Interaktion mit anderen ausschließen läßt und andererseits sich nicht unter die für es bereitgehaltenen sozialen Erwartungen in einer Weise subsumieren läßt, die es ihm unmöglich macht, seine eigenen Bedürfnisdispositionen in die Interaktion einzubringen. Das Individuum verhält sich daher einerseits, ›als ob‹ es einzigartig, und andererseits, ›als ob‹ es wie alle anderen wäre« (Krappmann 1971 b, S. 171). Wellendorf (1973) weist darauf hin, daß sich der Prozeß der Identitätsbalance immer auch auf Triebimpulse bezieht. »Ich-Identität als Balance spiegelt den Kompromiß, den der einzelne im Versuch, seine Triebimpulse und die gesellschaftlichen Erwartungen miteinander in Einklang zu bringen, erreicht hat.« (S. 33) Diese – auch die Triebimpulse und Affekte einbeziehende – Argumentation wird es für die Analyse eines umfassenden Konfliktmodells notwendig machen, im 7. Kapitel ausführlicher auf die psychodynamischen Aspekte einzugehen.

Während bislang dargestellt wurde, was unter einer balancierenden Ich-Identität verstanden werden soll, muß nun erläutert werden, wie dieses Balancieren zwischen den jeweils zugeschriebenen sozialen Identitätsmustern und der – ebenfalls interaktiv erwarteten – persönlichen »Einzigartigkeit« vonstatten geht (vgl. Krappmann 1971 a, S. 32 ff.).

A muß zu Beginn einer Interaktion zunächst auf die Erwartungen von B hinhören und zugleich seine eigene Identität verdeutlichen. Dieses Hinhören auf die Erwartungen von B ist im Sinne psychodynamisch organisierter Selektivität (z. B. Wirksamwerden bestimmter Abwehrmechanismen) und kognitiv strukturierter Selektivität (z. B. Wirksamwerden impliziter Persönlichkeitstheorien) immer nur ein teilweises »Hinhören; Kategorisierungsprozesse, Verleugnungen und allzu schnell generalisierte erste Eindrücke lassen A unter Umständen subjektive Interpretationen von B überhören. Da A auf die Erwartungen von B hinhören muß, muß A, um für B's angetragene Erwartungen offen zu sein, die Darstellung seiner eigenen (persönlichen) Identität zunächst zurückstellen.

In einem zweiten Schritt muß A nun aber zu erkennen geben, daß er mit den von B angetragenen Erwartungen nicht gänzlich übereinstimmt. Auf der Folie seiner (personalen) Identität muß A seine Intentionen verdeutlichen und sie interpretierend in die Interaktion einbringen. Gelingt ihm diese Darstellung seiner eigenen Erwartungen nicht, geht er in den an ihn herangetragenen Erwartungen (soziale Identität) auf. Deswegen gefährdet nicht nur A's ungenügendes Eingehen auf die ihm von B angetragenen Erwartungen die Interaktion, sondern auch eine fehlende oder mangelhafte Einbringung seiner eigenen Erwartungen.

Selbstverständlich steht B vor demselben Problem, zunächst auf A's Erwartungen hinzuhören (dabei seine eigenen Erwartungen negierend), um dann seine eigene Identität zu verdeutlichen (und dabei die Erwartungen von A negierend). Erst in dieser reziproken Form von wechselseitiger Einfühlung (role-taking), Distanzierung von den angetragenen Erwartungen (Rollendistanz) und Darstellung der eigenen Erwartungen (role-making) kann Ich-Identität als Balance ausreichend realisiert werden.

Krappmann hat in seiner interaktionistischen Analyse des Konzeptes der Identitätsbalance aufgezeigt, »daß die Behauptung von Ich-Identität ein strukturelles Erfordernis des Interaktionsprozesses ist und nicht metaphysische Spekulation« (1971 b, S. 171). Würde das Individuum die sich scheinbar anbietenden Alternativen, bei der Aufgabe zwischen personaler und sozialer Identität zu balancieren, wahrnehmen, wäre die Teilnahme an der Interaktion gefährdet, denn: »Ist es durch seine Einzigartigkeit ›stigmatisiert‹, wie E. Goffmann sagt, scheidet es als Partner in Interaktionsprozessen aus, weil es den sozialen Erwartungen in keiner Weise entspricht. Übernimmt es aber voll die sozialen Erwartungen, ›verdinglicht‹ es.« (1971 b, S. 171 f.)

6.3 Identitätsstörungen

Auch in dem hier dargestellten Bezugsrahmen können Störungsmöglichkeiten und Konflikte, die sich im Verlauf von Erziehung und Sozialisation ergeben, aufgezeigt werden. Der Ansatz des hier in Ausschnitten thematisierten symbolischen Interaktionismus kann also in einem weiterführenden Schritt das zu explizierende Konfliktmodell verdeutlichen. Für die begriffliche Integration des in den Kapiteln 4 bis 7 aus didaktischen Gründen perspektivisch dargestellten Konfliktmodells sei nochmals auf das 3. Kapitel zurückverwiesen, in dem in komprimierter Form die einzelnen Ansätze enthalten sind.

6.3.1 Verhinderung von Empathie und „role-taking"

Wie dargestellt wurde, ist »role-taking« eine Voraussetzung für Ich-Identität. Indem das Individuum die angetragenen Erwartungen des anderen Interaktionspartners übernimmt (wobei zunächst eine Distanzierung von der eigenen – in früheren Interaktionen zugeschriebenen – Identität erfolgen muß), zeigt es, daß es sich einfühlen und an die Erwartungen des anderen zunächst anpassen kann.

Bei der Darstellung des Vorgangs von Distanz, »role-taking«, Distanz und Einbringung der eigenen Identität im Bezugsrahmen des symbolischen Interaktionismus wurden die Einseitigkeiten des herkömmlichen funktionalistischen Harmoniemodells Parsonsscher Herkunft zwar vermieden, aber es wurde auch deutlich, daß der z. B. als »Handel um Identität« bezeichnete Vorgang das Bild eines liberalistisch interaktiven Paradigmas suggeriert. Daß autonome Individuen ihre Individualität aushandeln können, wie es ihren jeweiligen individuellen Bedürfnissen entspricht, kann jedoch keineswegs als gesichert angenommen werden. Vielmehr muß davon ausgegangen werden, daß Macht- und Abhängigkeitsverhältnisse mehr oder weniger offen bürgerliche Interaktion und Kommunikation bestimmen (vgl. Kap. 4). Die Machtverteilung nimmt dabei nicht mehr eine klar dichotomische Form an (wie etwa in dem Herr-Knecht-Verhältnis antiker oder feudaler Gesellschaften), sondern eine neben Besitzprivilegien vor allem durch Konkurrenz- und Leistungserfolge abgestufte Skala, mit deren Hilfe Interaktionspartner um so subtilere Vergleiche zwischen ihren gesellschaftlichen Machtdispositionen anstellen können (vgl. Parow 1973).

Wurde bislang davon ausgegangen, daß zwei Subjekte gleichberechtigt interagieren, so muß dies nun wiederum als Utopie begriffen werden; denn faktisch durchzieht die Dimension der Herrschaft nahezu alle bürgerlichen Interaktionen.

So muß auch die Tatsache, daß Eltern zumeist nicht dazu in der Lage sind, in ihren Kindern die Fähigkeit zu einem angemessenen »role-taking« zu initiieren, als Regelfall betrachtet werden.

Denn der oben als »Hinhören« thematisierte Prozeß, in dem beispielsweise das Kind die ihm von den Eltern angesonnenen Erwartungen übernimmt, wird um so selektiver vonstatten gehen, je weniger dem Kind die vorübergehende Distanzierung von dem Darstellenmüssen seiner (ihm in früheren Interaktionen angetragenen) Identität möglich ist. Weiß es aufgrund früherer Lernerfahrungen, daß die Eltern nur einen geringen Spielraum zuließen, die persönliche Identität darzustellen (was im interaktionistisch-dynamischen Modell vor allem die Bedürfnisse sind), so empfindet es die von den Eltern für erforderlich gehaltene Neuanforderung von vornherein als gefährliche Einschränkung seiner Darstellungsmöglichkeiten. So ist es nicht verwunderlich, daß elterliche Erwartungen und kindliches »role-taking« schließlich auf den formelhaften und verbal vorgetragenen elterlichen Appell reduziert werden: »Entweder du tust, was ich dir sage, oder ich werde dich bestrafen.«

Daß auch in den Interaktionen erwachsener Partner die Angst vor der potentiell immer im Hintergrund lauernden Einschränkung der persönlichen Identitätsdarstellung die einfühlende Teilnahme an anderen zumeist verhindert, ist ebenfalls verständlich; denn Einfühlung in die angesonnenen Erwartungen des anderen würde wieder jene in unzähligen früheren Szenen als Kind erlebte Gefahr heraufbeschwören, daß man selbst in seiner Identitätsdarstellung zu kurz kommt, daß es einem dann nicht mehr möglich sein wird, seine eigenen Bedürfnisse in die Interaktion einzubringen. Wegen dieser Erfahrung erscheint es ratsam, die Erwartungen des anderen nur so weit zu verstehen und zuzulassen, als sie nicht die eigene Identitätsdarstellung gefährden.

In psychodynamisch-psychoanalytischer Hinsicht kann der Mangel an Empathie auch noch durch den Rekurs auf allerfrüheste Erfahrungen des Kindes mit einer keine Individualisierung zulassenden Mutter aufgehellt werden. Das Erziehungsverhalten einer Mutter, die distanzlos ihre eigenen Bedürfnisse an die Stelle des Kindes setzt und so in minimalem Umfang den Aufbau kindlicher Identität ermöglicht, kann u. a. zur Folge haben, daß der spätere Erwachsene ständig Angst haben muß, daß ein anderer seine mühsam erreichte Individualität zerstören wird. Um dennoch an Interaktion mit anderen teilnehmen zu können, wird er eine Übersensitivität entwickeln. Diese Übersensitivität, die Stierlin (1969) im Anschluß an Arbeiten von Riemann »schizoide Einfühlung« genannt hat, ermöglicht es dem Betreffenden, den Erwartungen des Interaktionspartners zuvorzukommen und so eine angemessene Rückzugs- oder Angriffsstrategie auszuarbeiten, die letztlich immer dazu dienen soll, die Bedrohtheit der eigenen Identität abzuwenden. Wenn Stierlin schreibt, daß sich diese Art der Einfühlung als eine Fähigkeit definieren läßt, »das Unbewußte eines anderen oft mit einem Blick entziffern zu können« (S. 125), so ist dies keineswegs als eine »magische« Eigenschaft aufzufassen; vielmehr ist es dem Betreffenden möglich, vom Partner anhand dessen früheren Äußerungen, Selbstdarstellungen und jetzigen Mitteilungen ein differenziertes kognitives Bild zu entwerfen, in dem die geringsten Diskrepanzen etwa zwischen verbalem und averbalem Ausdruck sofort als Gefahr geortet werden können. Indem er beispielsweise den Partner auf dessen ambivalente Regungen ihm gegenüber hinweist und damit Erstaunen oder Verwirrung hervorruft, hat er ausreichend Zeit gewonnen, um die abgeblockten Erwartungen des anderen zu verarbeiten.

Es ist klar, daß diese Übersensitivität keine die Individualität des anderen zulassende Empathie, die den anderen auf seine »Liebes- und Bereicherungsmöglichkeiten« hin »durchschaut« (vgl. Stierlin), darstellt.

Diese hier geschilderte Übersensitivität kann je nach erhaltener Ichstruktur und dem Funktionieren der Realitätskontrolle alle Schweregrade annehmen: angefangen von der beschriebenen zwischenmenschlichen Sensitivität, die einen Identitätsverlust abwehren soll, bis hin zu psychotischen Formen der Wahrnehmung, bei der innere und äußere Wahrnehmung oftmals ein Kontinuum bilden (vgl. z. B. Freeman/Cameron/McGhie 1969, Holfeld 1971).

Konzepte, wie die hier vorgetragenen, unterliegen der Gefahr, daß man eine schizophrenogene Mutter-Kind-Beziehung als letzte Erklärungsgrundlage für z. B. fehlende Empathie ansieht. Zwar ist es wichtig, die Charakteristika der Einstellung von Müttern schizophrener Patienten zur Kenntnis zu nehmen, man muß sich zugleich aber auch bewußt sein, daß z. B. das von Lidz (1959/60) u. a. beschriebene Versagen bei der Schaffung einer Ich-Abgrenzung zwischen der Mutter und dem Kind nur hinreichend aus der gesellschaftlich definierten Unterlegenheit der Mutter (vor allem der Unterschicht) verstanden werden kann; in der besitzergreifenden, aufdringlichen und von dem Verlangen bestimmten Haltung der Mutter, wenigstens vom Kind als bedeutsame und unentbehrliche Bezugsperson bestätigt zu werden, fixiert sie ihr Kind an sich und rächt sich unbewußt für die Aggression, die ihr zugefügt wird.

6.3.2 Verhinderung von Rollendistanz

Bei der Darstellung des Konzepts der Empathie wurde deutlich, daß Individuen in der Interaktion mit anderen über soziale Sensitivität verfügen müssen, um die angesonnenen Erwartungen adäquat erfassen zu können. Erst in einem zweiten Schritt erfolgt dann die Interpretation der Erwartungen und die von Fall zu Fall unterschiedlich ausfallende Distanzierung von den zugeschriebenen Erwartungen. Diese Distanzierung ist, wie im Anschluß an Krappmann aufgezeigt wurde, eine strukturelle Notwendigkeit einer fortzuführenden Interaktion.

Der Begriff der Rollendistanz wurde von Goffman (1961 b) geprägt und von Coser (1966) präzisiert. Das Verhältnis des Menschen zu einer bestimmten Rolle (z. B. Berufsrolle) kann auf einem Kontinuum dargestellt werden. Im einen Fall geht der Mensch in der Rolle auf; am anderen Ende des Kontinuums hat er sich von der Rolle total entfremdet. Zwischen diesen Polen ist ein Bereich anzunehmen, in dem der Betreffende sich zu seiner Rolle in wechselndem Ausmaß mit Distanz verhält.

Im Anschluß an Goffman und Coser hat Dreitzel (1972) sechs Verhaltenstypen unterschieden, unter die sich rollendistanzierendes Verhalten subsumieren läßt (S. 192/93).

1. Ausweichen auf eine andere Realitätsebene, z. B. in die Phantasie, 2. Zurücknahme des Engagements und Abschalten (1 und 2 sind Formen äußerlich nicht sichtbaren Verhaltens), 3. Distanzierung durch Humor oder Ironie, 4. Distanzierung durch Ansprechen zweier verschiedener Bezugspersonen, 5. Distanzierung durch Überwechseln in eine andere Rolle, 6. Distanzierung durch Überbetonung der Rollenhaftigkeit des Verhaltens (3 bis 6 sind Formen äußerlich sichtbaren Verhaltens).

Wenn von Distanz gesprochen wird, muß man nicht nur angeben können, wovon man sich distanziert, sondern auch Aussagen über den Bezugspunkt machen, von dem distanzierendes Verhalten ausgeht. »Mensch und Rolle«, das Meadsche »I« und »Me«, »persönliches und soziales Ich«; diese Unterscheidungen können allein schon von ihrer Terminologie her das Mißverständnis nahelegen, daß das Individuum sich auf einen von Interaktionen und Erwartungen unbeeinflußten, gleichsam »inneren Kern« zurückziehen kann.

Demgegenüber ist in Erinnerung zu bringen, daß sich auch die personale Identität aus den im Verlauf der Lebensgeschichte angesonnenen Erwartungen, Zuschreibungen und Rollenoktroys konstituiert. Es geht also bei Rollendistanz im Bezugsrahmen des symbolischen Interaktionismus um die Notwendigkeit, sich von den zunächst im Akt des »roletaking« übernommenen Erwartungen(soziale Identität) zu distanzieren, um die für den Fortgang der Interaktion notwendige Darstellung der personalen Identität vornehmen zu können.

Auf einer psychologischen Interpretationsebene läßt sich die Fähigkeit zur Rollendistanz als Umgang mit verinnerlichten Normen beschreiben. Hoffman (1963) hat im Anschluß an Piaget und Freud drei Arten des moralischen Urteils unterschieden: den konventionellen Gewissenstyp, der die Normen rigide verinnerlicht hat; den externalisierten Typ, der Normen nur nach Maßgabe zu erwartender Strafen rein reaktiv befolgt, und den humanistischen Typ, der verinnerlichte Normen flexibel anwendet und sich zu ihnen reflexiv und mit Distanz verhalten kann.

Wann kommt es nun zur Verhinderung von Rollendistanz? Inwieweit stellt fehlende Rollendistanz einen Ansatz für Konflikte dar?

Wenn dem Kind keine Interpretationsmöglichkeit der angesonnenen Erwartungen und Normen gegeben wird, etwa durch Eltern, die auf strikte Befolgung ihrer Anordnungen drängen, ohne diese aber zu begründen, wird es dem Kind schwerfallen, sich von den übernommenen Erwartungen und Normen distanzieren zu können. Auch Eltern, die dem Kind die Meinung suggerieren, daß sie selbst, ihre Meinungen und Vorstellungen unfehlbar seien, können die kindlichen Ängste verstärken, wenn das Kind vor die Aufgabe gestellt wird, Erwartungen der Eltern zu interpretieren. Kafka hat die Rechthaberei seines Vaters scharfsinnig geschildert:

»Dem entsprach weiter Deine geistige Oberherrschaft ... Du hattest unbeschränktes Vertrauen zu Deiner Meinung ... In Deinem Lehnstuhl regiertest Du die Welt. Deine Meinung war richtig, jede andere war verrückt, überspannt, meschugge, nicht normal. Dabei war Dein Selbstvertrauen so groß, daß Du gar nicht konsequent sein mußtest und doch nicht aufhörtest, recht zu haben. Es konnte auch vorkommen, daß Du in einer Sache gar keine Meinung hattest und infolgedessen alle Meinungen, die hinsichtlich der Sache überhaupt möglich waren, ohne Ausnahme falsch sein mußten.«

Wenn es einem Kind nur mangelhaft gelungen ist, die Fähigkeit zur Rollendistanz auszubilden, wird es später als Erwachsener nur unzureichend Ich-Identität in Interaktionen verwirklichen können. Entweder wird man zwanghaft die Erwartungen des anderen ablehnen, weil man – sofern man sie zunächst einmal akzeptieren würde – von der zugeschriebenen Identität eingeengt und erdrückt werden würde; oder man läßt sich eine Identität verpassen und wehrt sich später in ohnmächtigen und irrealen Verhaltensweisen gegen diese aufgezwungenen Erwartungen des anderen. Beide Formen stellen – wenngleich auch nicht in dieser extremen Ausprägung – den Regelfall konventioneller Interaktion dar.

6.3.3 Verhinderung von Ambiguitätstoleranz

Oben wurde aufgezeigt, daß in der Kritik am Integrationstheorem der herkömmlichen Rollentheorie davon ausgegangen wurde, daß die individuellen Bedürfnisdispositionen den Erwartungen des Partners nicht voll entsprechen. Um die Interaktion aber aufrecht zu erhalten, müssen die Partner in der Lage sein, auch ohne volle Bedürfnisbefriedigung – und das heißt auch ohne sofortige Darstellung ihrer persönlichen Identität – weiterhin zu interagieren. Die Aufrechterhaltung des Interaktionsvorganges verlangt von den Individuen das Ertragen von Ambiguität, d. h. das Ertragen von mehrdeutigen bzw. widersprüchlichen Erwartungen und Bedürfnissen.

Frenkel-Brunswik (1949/50), auf die der Begriff der »intolerance of ambiguity« zurückgeht, bezeichnete damit die Unfähigkeit, Urteile kognitiv zu differenzieren und pauschale Vorurteile zu vermeiden.

In dem hier referierten Kontext wird unter mangelhafter Ambiguitätstoleranz folgendes verstanden (vgl. Krappmann 1971 a, S. 155 f.): Zum einen vermeidet das Individuum Ambiguität, indem es die Diskrepanz zwischen der ihm angesonnenen Identität und seinen eigenen anderslautenden Bedürfnissen nicht zur Kenntnis nimmt. Dies kann z. B. mit Hilfe der von Freud als Abwehrmechanismus beschriebenen Verdrängung geschehen. Das Individuum verdrängt seine Bedürfnisse und verzichtet damit auf die Darstellung seiner persönlichen Identität. Auch im zweiten Fall meidet das Individuum Ambiguität. Diesmal deutet es jedoch die widersprüchlichen Normen in Erwartungen um, die mit seinen Bedürfnissen in Einklang stehen; oder es entzieht sich Interaktionen und bricht soziale Beziehungen ab. Dieses Verhalten kann alle Abstufungen annehmen: von der noch als neurotisch zu bezeichnenden Verleugnung bis hin zum Rückzug des Psychotikers von der Realität.

»Diese beiden Auswege aus Konflikt und Ambiguität entsprechen wieder den beiden sich scheinbar anbietenden Möglichkeiten, das labile Gleichgewicht der Identitätsbalance durch ein sicheres Fundament zu ersetzen: entweder durch Anlehnung an die Erwartungen der anderen auf Kosten der individuellen Bedürfnisstrukturen oder durch Rückzug auf die eigenen Bedürfnisdispositionen unter Mißachtung der Erwartungen der anderen.« (Krappmann 1971 a, S. 157)

In Anlehnung an Miller/Swanson (1960) und Swanson (1961) führt Krappmann die Auswirkungen der verschiedenen Abwehrmechanismen auf die Wahrung einer flexiblen Identitätsbalance aus. Bei der Verdrängung verzichtet das Individuum darauf, »seine Bedürfnisse durch Artikulation seiner Identität in die Interaktion einzubringen. Es paßt sich stattdessen den Erwartungen voll an. Dies kann auf verschiedene Weise erstrebt werden: Das Individuum hat die Möglichkeit, zu versuchen, seine Bedürfnisstruktur entsprechend den Normen zu verändern (Wendung gegen das Selbst), auf abweichende Bedürfnisse, die es bei sich wahrnimmt, nicht einzugehen (Isolation) oder abweichende Bedürfnisse dadurch als nicht vorhanden zu erklären, daß es in besonderer Weise zur Erfüllung der Normen beiträgt (Reaktionsbildung).« (S. 160)

Falls das Individuum Ambiguitäten durch Leugnung abwehrt, indem es die Erwartungen der anderen übergeht und auf seinen Bedürfnissen beharrt, bieten sich wiederum verschiedene Wege an, »auf denen das Individuum versuchen kann, die Erwartungen der anderen zu umgehen. Es kann denjenigen, die Erwartungen äußern, Eigenschaften zuschreiben, die das eigene Verhalten ihnen gegenüber rechtfertigen (Projektion). Es kann seine Beteiligung an Interaktionen oder an bestimmten Bereichen von Interaktionen einstellen, womit auch die für diese Interaktionen geltenden Normen gegenstandslos werden (Ich-Einschränkung). Es kann ferner in die Phantasie ausweichen, wo es sich vorstellt, daß seine Bedürfnisse erfüllt werden, obwohl es in der Wirklichkeit nicht umhin kann, den Erwartungen zu folgen (Verleugnung in der Phantasie, ›Phantasie vom Gegenteil‹).« (Krappmann 1971 a, S. 161)

Nach dieser ausführlichen Darstellung der Ambiguitäts-Abwehr durch Verdrängungs- und Verleugnungsmechanismen muß nun die Frage beantwortet werden, durch welche familiären Interaktionsmuster und elterlichen Verhaltensweisen dem Kind das Erlernen von Ambiguitätstoleranz unmöglich gemacht wird und dadurch Konfliktlösungsstrategien nicht zustande kommen können.

Zu beachten ist dabei, daß in diesem interaktionistischen Ansatz das Entstehen von Ambiguitätsintoleranz nicht mehr nur durch den Rekurs auf Ichfunktionen des Individuums erklärt wird (wie in der psychoanalytischen Theorie), sondern daß *Merkmale des Interaktionsprozesses* zwischen Eltern und Kind zur Erklärung herangezogen werden.

Krappmann hat im Anschluß an Coser (1964) die Hypothese aufgestellt, daß bei einer nicht vorhandenen oder zu engen Ehepartnerkoalition kein Raum mehr für das Kind bleibt, um die teilweise ambivalenten Erwartungen von Vater und Mutter zu interpretieren. Eine Auseinandersetzung mit konkurrierenden Erwartungen läßt Ambiguitätstoleranz entstehen; wo diese Auseinandersetzung nicht stattfinden darf, sei es wegen des Ausfalls eines Elternteils oder wegen der Zudeckung elterlicher Divergenzen, wird das Kind nur wenig Chancen haben, Ambiguitätstoleranz zu entwickeln.

Wynne u. a. (1969) haben die fehlende bzw. eingeschränkte Möglichkeit zur Konfrontation von Familienangehörigen als »Pseudo-Gegenseitigkeit« (pseudo-mutuality) beschrieben. In Beziehungen, in denen eine Pseudo-Gegenseitigkeit vorherrscht, werden keine divergierenden Ansprüche und Erwartungen ausgedrückt und wahrgenommen. Stets werden die Harmonie, der Konsensus und die Nettigkeit des anderen betont. Die Pseudo-Gemeinschaft oder Pseudo-Gegenseitigkeit weist nach Wynne u. a. die folgenden Merkmale auf: »1. Eine ständige Unveränderbarkeit der Rollenstruktur der Familie, trotz physischer und situationsbedingter Veränderungen in den Lebensumständen der Familienmitglieder ... 2. Ein Festhalten an der Erwünschtheit und Zweckmäßigkeit dieser Rollenstruktur. 3. Anzeichen für eine starke Beunruhigung wegen einer möglichen Abweichung von dieser Rollenstruktur oder gar der Unabhängigkeit von ihr. 4. Ein Fehlen von Spontaneität, Originalität, Humor und Würze in der gegenseitigen Zuwendung.« (S. 53)

In einer solchen Beziehung müssen viele alltägliche, aufgrund von Kränkungen erfahrene, aggressive und ärgerliche Gefühle, aber auch aus der Verschiedenheit der Partner resultierende divergierende Erwartungen unterdrückt werden. »Damit entfällt in einer extremen Weise die Möglichkeit zu einer Konfrontation ... Und es fehlt damit der Beziehung an Möglichkeiten zur Abgrenzung, Klärung und Überwindung zentraler Probleme, zum Sich-selbst-Finden im anderen und zur Bewegung.« (Stierlin 1971, S. 85) Es fehlt damit aber auch, so kann man hinzufügen, für das Kind die Chance, Widersprüche als existent zu sehen, Nicht-Komplementarität zu erfahren und damit die Differenzierung in Richtung auf eine eigene Identität voranzutreiben.

Das Gegenteil dieser Pseudo-Gemeinschaft stellt eine Beziehungssituation dar, die Wynne (1961) als »Pseudofeindschaft« bezeichnet hat. Werden bei der pseudogemeinschaftlichen Beziehung feindliche Gefühle maskiert und verschleiert und dürfen Divergenzen nicht wahrgenommen werden, so ist bei der Pseudofeindschaft der ständige Streit das kennzeichnende Merkmal dieser Beziehung. Gefühle der Abhängigkeit, zärtliche, sexuelle, lustbetonte Gefühle werden abgewehrt und unterdrückt; es kommt zu monotonen Anklagen und Gegenanklagen, aber zu keiner wirklichen Konfrontation. Auch in diesen Beziehungen bleibt die Möglichkeit für das Kind, ein Ambiguitätspotential aufzubauen, äußerst gering.

Schon bei der Darstellung der »double bind«-Situation als einer Kommunikationsstörung wurde ersichtlich, daß es für die Wahrnehmung und Selbstdefinition des Kindes von großem Nachteil ist, wenn elterliche Ambivalenzen und Widersprüche nicht ausgedrückt werden können. Das Kind kann sich weder für einen Abbruch der Kommunikation noch für die Befolgung von *einer* der widersprüchlichen Handlungsanweisungen entscheiden.

Weniger drastisch als die permanente Erfahrung von »double binds« scheint für das Kind die Mystifizierung zu sein, deren Funktionen von Laing (1969) beschrieben worden sind. Laing übernimmt den Begriff der Mystifizierung von Marx, der darunter verstanden hatte, daß die kapitalistischen Ausbeuter die Ausbeutung des Arbeiters verschleiern wollen, indem sie dem Arbeiter einzureden versuchen, wie gut es ihm im Grunde doch gehe oder daß alle in einem gemeinsamen Boot sitzen. Dadurch verwirren oder mystifizieren sie den Arbeiter in seiner faktischen materiellen Situation so sehr, daß dieser sich für seine – nicht erkannte – Ausbeutung sogar noch dankbar fühlt. Laing versteht unter Mystifizierung einen Vorgang, der Dinge verschleiert, vertuscht oder maskiert, die sonst zum Streitfall werden würden. Der Zustand der Mystifikation braucht aber nicht notwendig als solcher erlebt zu werden. Eine Hauptfunktion der Mystifizierung besteht nach Laing darin, den Status quo zu erhalten, »stereotype Rollen zu verteidigen . . . und andere Menschen in eine Schablone, ein Prokrustes-Bett zu pressen . . . Die Eltern kämpfen um die Erhaltung ihrer eigenen Integration, indem sie ihre starre vorgefaßte Meinung über sich und das, was sie sein sollten, über ihre Kinder und das, was diese sein sollten, und die Art der Situation, die das Familienleben kennzeichnet, ständig beibehalten. Sie sind unzugänglich . . . für jene emotionalen Bedürfnisse ihrer Kinder, die ihre vorfabrizierten Schemata zu sprengen drohen, und sie maskieren oder verschleiern Störungssituationen in der Familie so, als würden sie gar nicht existieren.« (1969, S. 285/86)

Es wird aus diesen Ausführungen deutlich, daß mystifizierende Erziehungshandlungen keine Ambiguitätstoleranz beim Kind entstehen lassen. Denn dem mystifizierten Kind, dem man zu verstehen gibt, daß es dankbar zu sein habe, obwohl es nicht dankbar sein will, dem man zu verstehen gibt, daß es sich glücklich oder traurig zu fühlen habe, ohne Rücksicht darauf, wie es sich gerade fühlt, bleibt nicht die Möglichkeit, gegen die elterlichen Erwartungen und Zuschreibungen aufzubegehren, Ambiguitäten zwischen elterlichen Erwartungen und den eigenen Bedürfnissen sehen zu lernen und interpretatorisch damit umzugehen. Eine Mystifizierung kommt im

Beispiel 2, Szene 3 zum Ausdruck: Der enttäuschten und verärgerten Tochter wird nur wenig Möglichkeit gegeben, ihre anfänglich noch aufrechterhaltene Sichtweise über die konfligierenden Erwartungen und Bedürfnisse interpretierend zu verarbeiten, denn in dem die Szene beendenden »Kompliment« des

Vaters ist sinngemäß die Mystifizierung enthalten: »Du hast gar nicht verärgert oder traurig zu sein, denn dein Ärger ist grundlos, das Kleid steht dir nämlich viel besser als Hosen, und du erfreust damit deinen Vater.«

6.3.4 Verhinderung einer balancierenden Ich-Identität

»Role-taking«, Rollendistanz, Ambiguitätstoleranz, diese in den vorangegangenen Abschnitten beschriebenen identitätsfördernden Fähigkeiten, ermöglichen bei optimaler Ausprägung eine Entwicklung und Darstellung der balancierenden Ich-Identität. Denn jede menschliche Beziehung – so wurde ausgeführt – verlangt von den Interaktionspartnern, daß sie sich gegenüber den Erwartungen des anderen öffnen (role-taking), daß sie sich von den angesonnenen Erwartungen und Zuschreibungen distanzieren können (Rollendistanz) und daß sie die Ambiguität, die in der Divergenz von Erwartungen und Bedürfnis zum Ausdruck kommen kann, ertragen können. Nur wenn diese Voraussetzungen erfüllt sind, kann man auch anderen gegenüber Individualität und Autonomie bewahren und seine eigenen Bedürfnisse und seine eigene Identität zum Ausdruck bringen. Jede gelungene Beziehung verlangt eine »psychische Abgrenzungs- und Versöhnungsarbeit« (Stierlin 1971), und diese Dialektik von Widerstreit und Versöhnung des Widerstreits ermöglicht zugleich auch wieder die oben beschriebenen identitätsfördernden Fähigkeiten.

Diese Identitätsbalance, die den freien Diskurs der an der Interaktion beteiligten Partner zur Voraussetzung hat, stellt allerdings keineswegs die Regel dar. Denn von vornherein sind die Chancen zur Darstellung der eigenen Identität ungleich verteilt, nicht nur in der Beziehung zwischen Eltern und Kind, wo Herrschaft und das drohende Gefühl gewahrwerdender Abhängigkeit eine Chancengleichheit unmöglich machten, sondern auch in den Interaktionen zwischen Erwachsenen, in denen das in der frühen Kindheit erworbene interaktive Grundmuster: Unterlegenheit-Überlegenheit latent noch immer nahezu alle Interaktionen steuert. Konnte man als Kind schon nicht in seiner Individualität akzeptiert werden, so hat die spätestens in der Grundschule einsetzende Erziehung zu Leistung und Konkurrenz vollends die Chance ausgelöscht, seine eigene Identität flexibel darzustellen und somit auch den anderen in seinen Identitätsansprüchen gelten zu lassen. »Sofern sich Identität durch die Art der Konfliktlösung charakterisieren läßt, die sie durchschnittlich zuläßt, kann von der Norm bürgerlicher Identität behauptet werden, daß sie beide Forderungen zugleich – also sich selbst identisch zu bleiben und dennoch dabei die Erwartungen der wechselnden Interaktionspartner, so gut es geht, zu erfüllen – im Grunde niemals einlöst. Die gesellschaftlich akzeptierten Identitätsmodelle sind durchweg antithetischer Natur und damit so beschaffen, daß immer eine der beiden Forderungen auf Kosten der anderen zu kurz kommt: In den meisten Fällen bleibt man zu starr ›man selbst‹ (wie es das Leistungs- und das Konkurrenzprinzip vorschreiben); seltener läßt man sich von den Bedürfnissen anderer absorbieren;

häufig finden wir – je nach Rollendisposition – eine Mischung aus beiden Antithesen, die jedoch nie in einer einheitlichen Verhaltensqualität aufgehen.« (Parow 1973, S. 116)

Der Zwang, sich zu sehr als »man selbst« darstellen zu müssen, und die zugrunde liegende Angst, sein eigenes Gleichgewicht nicht aufrechterhalten zu können, führen dazu, andere aus dem Gleichgewicht bringen zu wollen (vgl. Saß 1972). Neben vielfachen Strategien, wozu beispielsweise das »liebevolle« Bevormunden oder den anderen herabsetzende Kommentare gehören, gibt es spezifischere Techniken, die Searles (1969) unter dem Stichwort, »das Bestreben, den anderen verrückt zu machen . . .« beschrieben hat. Eine solche Methode besteht z. B. darin, daß der eine Interaktionspartner (A) den anderen (B) auf Eigenschaften aufmerksam macht, die B nur schwach bewußt sind und die zu seiner bewußten Selbstdefinition gänzlich im Widerspruch stehen.

6.4 Erziehung zur Konfliktfähigkeit im symbolisch-interaktionistischen Ansatz

Deutlicher als bei den beiden vorangegangenen Ansätzen soll dieses Kapitel veranschaulichen, daß die Fähigkeit zur Identitätsbalance wesentlich von den interaktiven Vorgängen innerhalb des Subsystems der Familie abhängig ist. Diese familiären Interaktionen – so wurde angedeutet – bewegen sich, so vielfältig ihre Manifestationen auf den ersten Blick auch sein mögen, auf gesellschaftlich vorgegebenen Bahnen, und hinter ihrer scheinbaren Vielfalt lassen sich immer bestimmte gesellschaftliche Antagonismen erblicken. Denn Unterdrücken und Unterdrücktwerden, Abhängigmachen und Abhängigsein überschatten alle Bereiche konventioneller Interaktion. Wo man alles daransetzen muß, die erfahrene Abhängigkeit zu kompensieren, indem man sich selbst als Herr aufspielt, kann man sich in die Identitätsansprüche seines Partners nur unzureichend einfühlen und wird nicht in der Lage sein, sie zuzulassen.

Wenn man sich selbst nicht eingestehen kann, wie sehr man die Identität des anderen einschränkt, dann muß man diese Unterdrückung vor sich selbst mystifizieren, indem man sich einredet, daß alles nur zum Wohle des anderen geschehe. Auch die Eltern geben vor, es mit den Kindern »ja nur gut zu meinen«, wenn sie deren Bedürfnisse unterdrücken.

Bei einer Erziehung zur Konfliktfähigkeit bestünde ein anzustrebendes Ziel zunächst einmal darin, die gesellschaftlich vermittelte Überlegenheits- und Unterlegenheitsstruktur bei sich selbst zu erkennen und sie zu verändern, so daß man nicht blindlings jenes bourgeoise Streben reproduzieren muß, nämlich andere so zu unterdrücken, wie man selbst unterdrückt worden ist (vgl. Saß 1972). Um Kindern die Möglichkeit zu einer Autonomie gewährenden Ich-Identitätsdarstellung (im Sinne der dargestellten flexiblen Identitätsbalance) zu geben, reicht es allerdings nicht aus, wenn man sich etwa nur verbal von der gängigen Pathologie des gesellschaftlichen Wertsystems distanziert. Der Erzieher darf seine eigene, in früheren Interaktionen schmerzlich unterdrückte Identität nun nicht einfach zwanghaft hervorkehren und die des Kindes damit unterdrücken; er müßte sehen lernen, daß er kindliche Rollendistanz und Ambiguitätstoleranz nur dann fördern kann, wenn er dem Kind die Chance gibt, die elterlichen Erwartungen in Frage zu stellen. Er müßte sein Handeln so einrichten, daß konfrontierende Divergenzen vom Kind erfahren werden können, und daß diese Divergenz nicht immer um den Preis der Unterdrückung kindlicher Bedürfnisse zu lösen ist. Er müßte synthetische Konfliktlösungen anstreben, in denen die Angst des Kindes vor Liebesverlust nicht länger die handlungsleitende Prämisse bleibt. Könnten diese und andere Forderungen verwirklicht werden, so würde das Kind Konfliktfähigkeit erwerben, und mit Hilfe dieser Konfliktfähigkeit wäre es in der Lage, sich nunmehr in die Erwartungen des anderen einzufühlen, auch wenn sie potentiell einen Konflikt hervorrufen können; sich von den Erwartungen zu distanzieren und den zunächst konflikthaft erfahrenen Widerstreit der Bedürfnisse und der Identitäten wahrzunehmen, um schließlich seine eigene Identität und die des anderen zu akzeptieren und so die Versöhnung des Widerstreits zu erreichen.

7. Der psychoanalytische Ansatz

Neben der sozialpsychologischen Betrachtungsweise, bei der vor allem der interaktionistische Aspekt des zu Konflikten führenden Handelns betont wurde, ist nun auch die Tiefenstruktur menschlichen Erlebens zu berücksichtigen. Dazu eignet sich vor allem der psychoanalytische Ansatz. Im folgenden wird zunächst das in diesem Zusammenhang relevante Konfliktkonzept der klassischen Psychoanalyse dargestellt und einer Kritik unterzogen. In einem weiteren Abschnitt betrachten wir dann die von Lorenzer in jüngster Zeit vorgetragene Interpretation der Psychoanalyse als einer im Rahmen von Interaktion und Kommunikation konzipierten Sozialisationstheorie, da dieser Versuch besonders geeignet erscheint, die Integration von sozialpsychologischer und psychoanalytischer Sichtweise zu verdeutlichen.

7.1 Das Konfliktkonzept der klassischen Psychoanalyse

Die psychoanalytische Theorie erweitert herkömmliches Denken um eine zentrale Dimension: um unbewußte seelische Vorgänge. Diese unbewußten Vorgänge, die per definitionem dem Bewußtsein nicht zugänglich sind, entfalten ihre eigene Dynamik, die dem Individuum verborgen bleibt. Psychoanalyse untersucht, wie von den unzähligen Erfahrungen der Kindheit und Jugendzeit mit dranghafter Energie besetzte Erlebniszusammenhänge abgespalten und der bewußten Verfügbarkeit entzogen werden. Auch der neurotische Konflikt entsteht auf diese Weise. Untergründig, sprach- und reflexionslos geworden, schränken die lebensgeschichtlich verdrängten Triebimpulse die Erlebnis- und Handlungsfähigkeit des neurotischen Individuums ein. Im scheinbar »objektiven« Krankheitsgeschehen, etwa im asthmatischen Anfall, kann der Betreffende nicht mehr die Manifestation des unbewußten Konfliktes entdecken. Auch das Gefühl vernichtender Sinnlosigkeit, selbstzerstörerische Impulse, das Erleben, nichts zu spüren und zu empfinden, Kontaktschwierigkeiten usf. sind Ausdruck eines Konflikts, dessen Eigendynamik unreflektiert und undurchschaut vielfältiges Leiden schafft.

Aber was ist eigentlich ein neurotischer Konflikt? Wie entsteht er? Wodurch kommt seine Dynamik zustande? Und warum vermag er sich im Verhalten Ausdruck zu verschaffen?

7.1.1 Äußerer und innerer Konflikt

Für das Verständnis des psychoanalytischen Konfliktmodells ist zunächst die Unterscheidung von äußerem und innerem, dem eigentlich neurotischen Konflikt bedeutsam (vgl. zum folgenden auch Roskamp 1967). Der äußere Konflikt besteht nach Freud in einer anhaltenden äußeren Versagung. Diese Frustration kann zum Anlaß eines inneren Konfliktes werden: Freud: »Wenn in der Realität das Objekt weggefallen ist, an dem die Libido ihre Befriedigung finden kann, so ist dies eine äußerliche Versagung. Sie ist an sich wirkungslos, noch nicht pathogen, solange sich nicht eine innere Versagung zu ihr gesellt. Diese muß vom Ich ausgehen und der Libido andere Objekte streitig machen, deren sie sich nun bemächtigen will. Erst dann entsteht ein Konflikt und die Möglichkeit einer neurotischen Erkrankung, d. h. einer Ersatzbefriedigung auf dem Umwege über das verdrängte Unbewußte. Die innere Versagung kommt also in allen Fällen in Betracht, nur tritt sie nicht eher in Wirkung, als bis die äußerliche reale Versagung die Situation für sie vorbereitet hat.« (Bd. X, S. 372)

Nicht jeder äußere Konflikt macht also schon neurotisch. (Allein aufgrund dieser simplen Gedankengänge ist zu ersehen, daß eine »non-frustration«-Erziehung nicht zum Gedankengut der Psychoanalyse gehört.) Erst wenn Techniken der Erlebnisverarbeitung fehlen, erst wenn auf infantil-regressive Bewältigungsversuche von Angst zurückgegriffen werden muß, kann man vom neurotischen Konflikt, der zu neurotischen Symptombildern, Charakterstrukturen und psychosomatischen Erkrankungen führt, sprechen. Bräutigam (1968) unterscheidet deshalb auch folgerichtig zwischen Konfliktreaktionen und neurotischen Entwicklungen. Charakteristika für die einfache situative Konfliktreaktion sind danach:

»1. Die Belastung tritt *von außen* an den Menschen heran;
2. die Situation stellt für *jeden normalen Menschen* ebenfalls eine Belastung dar;
3. es besteht ein *enger zeitlicher Zusammenhang* zwischen dem Auftreten der Beschwerden und einem biographisch greifbaren Ereignis;
4. *fällt die Belastung weg, verschwindet* im allgemeinen auch die *Symptomatik;* daß die Störungen noch eine Zeit fortbestehen, ist jedenfalls eher die Ausnahme.« (S. 29)

Erfolgt eine Klärung dieser Konfliktsituation, so braucht sich daraus kein neurotischer Konflikt zu ergeben. Sein Auftreten ist vielmehr an eine Reihe von Zusatzbedingungen gebunden, von denen die Lerngeschichte in der Kindheit, aber auch die akuten Belastungen der gegenwärtigen Situation die wichtigsten sind (siehe 7.1.3 und 7.1.4).

7.1.2 Entwicklung und Wandel des Konfliktmodells

Bereits in den »Studien über Hysterie« (1895) beschreibt Freud den Konflikt als den zentralen Faktor in der Ätiologie der Neurose. »Bei den von mir analysierten Patienten hatte nämlich Gesundheit bis zu dem Moment bestanden, in dem ein Fall von Unverträglichkeit in ihrem Vorstellungsleben vorfiel, d. h., bis ein Erlebnis, eine Vorstellung, Empfindung an ihr Ich herantrat, welches einen so peinlichen Affekt erweckte, daß die Person beschloß, einfach zu vergessen, weil sie sich nicht die Kraft zutraute, den Widerspruch dieser unverträglichen Vorstellung mit ihrem Ich durch Denkarbeit zu lösen.« (Bd. I, S. 61 f.)

In dieser frühen Darstellung besteht der Konflikt, die Unverträglichkeit, in dem Auftreten einer peinlichen und mit den übrigen Gedanken nicht zu vereinbarenden Vorstellung. Eine spätere Spezifikation erbringt die These, daß die abgewehrten peinlichen Vorstellungen meistens dem Sexualleben entstammen. Freud hatte somit schon 1895 erkannt, daß anstößige, mit Kindheitserinnerungen in Verbindung stehende sexuelle Vorstellungen, als Triebrepräsentanzen und Abkömmlinge des Es, mit dem moralischen, ethischen und ästhetischen Empfinden einer Person, dem späteren Über-Ich, in Kollision geraten können. Das neurotische Symptom entsteht nach dieser Auffassung als Kompromißbildung zwischen der abgewehrten Vorstellung und der verdrängenden Instanz.

Auf einer späteren Stufe der Theoriebildung wird eine weitere Konfliktmöglichkeit ins Auge gefaßt: diejenige zwischen Sexual- und Ichtrieben, zwischen Liebe und Hunger, Arterhaltung und Selbsterhaltung. »Die Hysterie, die sich aus der Verdrängung eines sexuellen Wunsches entwickelt, verdrängt diesen, weil bei seiner Erfüllung die Person in Gefahr geraten könnte; d. h. die Selbsterhaltung ist stärker als das Sexualstreben. Der Ödipuskomplex verdeutlicht diesen Vorgang: Gäbe der kleine Junge seinem Drang, mit der Mutter den Verkehr auszuüben, nach, so würde er in irgendeiner Weise bestraft werden (z. B. durch die Kastrationsdrohung) und damit seine Selbsterhaltung gefährden. Der Selbsterhaltungstrieb unterdrückt den sexuellen, die Neurose entsteht aus einem Triebkonflikt zwischen sexuellem Trieb und Selbsterhaltungstrieb.« (Wyss 1961, S. 58)

Diese Trieb-gegen-Trieb-Theorie brachte Freud jedoch in begriffliche Schwierigkeiten; denn er konnte nicht begründen, wie der Trieb, als etwas biologisch Variables, mit dem Drang nach Sofortbefriedigung und ohne strukturbildende Kraft eine oftmals jahrzehntedauernde Verdrängung aufrechterhalten kann.

Diese Schwierigkeiten konnten erst gelöst werden, als Freud in seiner Arbeit »Zur Einführung des Narzißmus« die Instanz des Ideal-Ichs einführt und damit die Betrachtungsweise vom Triebkonflikt zum Instanzenkonflikt verschoben wird: »Wir haben gelernt, daß libidinöse Triebregungen dem Schicksal der pathogenen Verdrängung unterliegen, wenn sie in Konflikt mit den kulturellen und ethischen Vorstellungen des Individuums geraten. Unter dieser Bedingung wird niemals verstanden, daß die Person von der Existenz dieser Vorstellungen eine bloß intellektuelle Kenntnis habe, sondern stets, daß sie dieselben als maßgebend für sich anerkenne, sich den aus ihnen hervorgehenden Anforderungen unterwerfe. Die Verdrängung, haben wir gesagt, geht vom Ich aus; wir könnten präzisieren: von der Selbstachtung des Ichs. Dieselben Eindrücke, Erlebnisse, Impulse, Wunschregungen, welche der eine Mensch in sich gewähren läßt oder wenigstens bewußt verarbeitet, werden vom anderen in voller Empörung zurückgewiesen oder bereits vor ihrem Bewußtwerden erstickt. Der Unterschied der beiden aber, welcher die Bedingung der Verdrängung enthält, läßt sich leicht in Ausdrücke fassen, welche eine Bewältigung durch die Libidotheorie ermöglichen. Wir können sagen, der eine habe ein *Ideal* in sich aufgerichtet, an welchem er sein aktuelles Ich mißt, während dem anderen eine solche Idealbildung abgehe. Die Idealbildung wäre von seiten des Ichs die Bedingung der Verdrängung.« (Bd. X, S. 160 f.)

Schließlich wird nach Aufgabe des topischen Modells dem Instanzenmodell der Vorrang bei der Betrachtung des Konfliktgeschehens eingeräumt: Das Über-Ich, dessen Substruktur Ideal-Ich schon im Narzißmuskonzept eingeführt wurde, ist nun die gewährende und verbietende Instanz, die sich durch die Verinnerlichung der von den Eltern vermittelten soziokulturellen Normen gebildet hat.

Der Konflikt ergibt sich in dieser Sichtweise aus dem Zusammenstoß von Triebrepräsentanzen des ins Es hineinverlegten Triebgeschehens und dem Ich als der Vermittlungsinstanz zwischen Triebimpulsen, Über-Ich-Geboten und der Realität.

Was aber soll unter dem Ich als einer Vermittlungsinstanz verstanden werden?

7.1.3 Das »Ich« als Agent der Vermittlung

In Freuds strukturellem Modell nimmt die Instanz des Ichs eine vermittelnde Position zwischen dem triebhaften Anteil der Persönlichkeit, dem Es, dem normativen Anteil, dem Über-Ich, und der Realität ein. Das Realitätsprinzip, bestehend aus den Sitten, Gebräuchen, Normen und den vorgeschriebenen Wegen der Triebbefriedigung, verlangt vom Individuum eine Anpassung an diese Bedingungen. Das Ich hat die Aufgabe, die nach Sofortbefriedigung drängenden Impulse, die dem Lustprinzip unterstehen, mit dem Realitätsprinzip in Einklang zu bringen; die verinnerlichten Normen können hierbei eine Hilfe sein. Freud hat die Rolle des Ichs anschaulich beschrieben: »Das Ich repräsentiert, was man Vernunft und Besonnenheit nennen kann, im Gegensatz zum Es, welches die Leidenschaften enthält ... Die funktionelle Wichtigkeit des Ichs kommt darin zum Ausdruck, daß ihm normalerweise die Herrschaft über die Zugänge zur Motilität eingeräumt ist. Es gleicht so im Verhältnis zum Es dem Reiter, der die überlegene Kraft des Pferdes zügeln soll, mit dem Unterschied, daß der Reiter dies mit eigenen Kräften versucht, das Ich mit geborgten.« (Bd. XIII, S. 253)

Nunberg (1959) hat die synthetische Funktion des Ichs, deren optimales Gelingen als ein Index für Ichstärke angesehen werden kann, mit den folgenden Worten skizziert: »Solange es noch kein Über-Ich gibt, ist die Beziehung zwischen Ich und Es ziemlich einfach. Mit der Entwicklung des Über-Ichs aber wird die Beziehung komplizierter, denn das Ich muß nun seine Tätigkeit an mehreren Fronten entfalten. Erstens gleicht es die

Gegensätze zwischen den sich im Es autonom verhaltenden Trieben aus und verbindet sie zu einem einheitlichen Gefühle, zu einer einheitlichen Aktion oder zu einem einheitlichen Wollen ... Zweitens bringt es die Strebungen des Es mit den Anforderungen der Realität in Einklang. Drittens führt es einen Ausgleich zwischen den Über-Ich-Forderungen und dem Es einerseits, zwischen den Über-Ich-Forderungen und der Realität andererseits herbei. So übt das Ich, sowohl innerhalb der Persönlichkeit als auch zwischen der Persönlichkeit und der Außenwelt, die Funktion eines Vermittlers aus.« (S. 177/78)

Daraus geht hervor, daß die Vermittlung von Wahrnehmungen, Erinnerungen und Triebimpulsen in jedem Augenblick unseres bewußten Erlebens vonstatten gehen muß; Sozialisation kann deshalb auch als permanentes Einüben dieser ausgleichenden und organisierenden Funktion verstanden werden. Wird die Aufgabe zur Synthese unzureichend gelöst, so spricht Freud von einem schwachen Ich: »Worin fanden wir das Wesen einer Neurose? Darin, daß das Ich ... nicht imstande ist, seine Funktion der Vermittlung zwischen Es und Realität zu erfüllen, daß es sich in seiner Schwäche von Triebanteilen des Es zurückzieht und sich dafür die Folgen dieses Verzichts in Form von Einschränkungen, Symptomen und erfolglosen Reaktionsbildungen gefallen lassen muß.« (Bd. XIV, S. 275)

Neben dieser strukturellen Betrachtungsweise müssen nun auch noch genetische Bedingungen für das Auftreten eines neurotischen Konfliktes erläutert werden.

7.1.4 Bedingungen für das Auftreten eines neurotischen Konfliktes

Freud hat in seinen »Vorlesungen zur Einführung in die Psychoanalyse« die Wege der Symptombildung und die Bedingungen der neurotischen Konfliktentstehung beschrieben und in einem Schaubild verdeutlicht (vgl. Freud Bd. XI, S. 376):

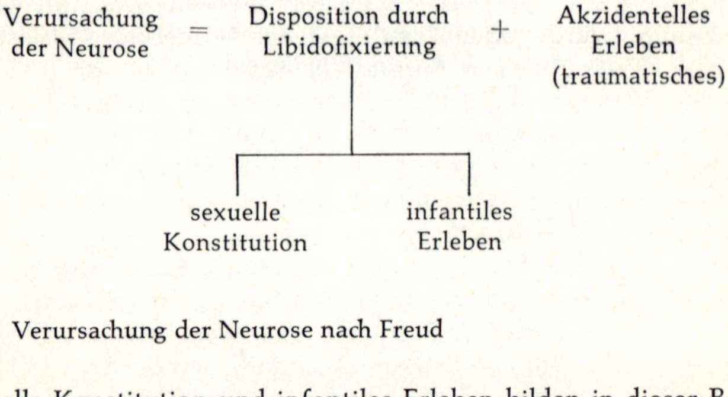

Abb. 7: Verursachung der Neurose nach Freud

Sexuelle Konstitution und infantiles Erleben bilden in dieser Betrachtung eine Ergänzungsreihe von Bedingungen für die Entstehung einer

Disposition durch Libidofixierung; diese Disposition bildet eine notwendige, das akzidentelle Erleben in Gestalt einer äußeren Versagung eine hinreichende Bedingung für die Entstehung eines Konfliktes.

Unter sexueller Konstitution verstand Freud die unterschiedliche Stärke verschiedener Partialtriebe; von Schultz-Hencke wurden später die Konstrukte Hypersexualität, Hypermotilität und Hypersensibilität als konstitutionelle Faktoren hypothetisch eingeführt.

Als infantiles Erleben hat Freud die Sexualerlebnisse im Rahmen der oralen, analen und phallischen Partialtriebe thematisiert.

Diese Betrachtungsweise verdeutlicht jedoch nur, daß die Verursachung des neurotischen Konflikts durch ein traumatisches akzidentelles Erleben (was in 7.1.1 als äußere Versagung gekennzeichnet wurde) und durch die Disposition, die durch die in früher Kindheit stattgefundene Libidofixierung grundgelegt wurde, erfolgt. Wodurch gewinnt nun die Disposition ihre Aktualität und Virulenz?

Um dies zu erklären, führt Freud den Begriff der Regression ein. Bei anhaltender äußerer Versagung, die mit einer zunehmenden Triebstauung einhergeht, kann das Ich in seiner synthetischen Funktion geschwächt werden und auf längst verlassene Fixierungsstellen regredieren.

Wie schon in Kap. 7.1.3 ausgeführt wurde, braucht allerdings nicht jede länger anhaltende äußere Versagung zu einer Regression zu führen. Ein »starkes« Ich besitzt genügend Frustrationstoleranz; ferner besteht die Möglichkeit zur Neutralisierung, und schließlich hat das Ich auch die Möglichkeit, die Umwelt so zu verändern, daß triebhafte Bedürfnisse abgeführt werden können. Nach einem Vorschlag von Ferenczi hat man dies als »alloplastisches« im Gegensatz zum »autoplastischen Handeln« bezeichnet, bei dem das Ich sich den Triebimpulsen oder Über-Ich-Forderungen anpaßt.

Im Falle der stattgefundenen Regression zu infantilen Fixierungsstellen treten nun Phantasien und Erlebniszusammenhänge auf, die zumeist gar nicht vom Bewußtsein zugelassen werden, da ihnen schon im Vorbewußtsein die Besetzungsenergie vom Ich entzogen wird. Ihre volle Bewußtwerdung würde Scham und Selbstunwertgefühle auslösen. Die Angst, die Freud in seinem Aufsatz »Hemmung, Symptom und Angst« (1926) als Signalangst konzipierte, verhindert ein Bewußtwerden der anstößigen Triebregungen. Diese innere Versagung leitet den inneren, den neurotischen Konflikt ein. Von nun an entfaltet die verdrängte Triebregung ein nach Gesetzen des Primärprozesses ablaufendes Eigenleben, dessen Dynamik verstehbar wird, wenn man sich die Eigentümlichkeiten des Primärprozesses in Erinnerung ruft. Freud hat sie bereits 1900 im 7. Kapitel seiner Traumdeutung zum ersten Mal beschrieben. Als die wichtigsten Bestimmungsstücke des Primärprozesses sind anzusehen: Verdichtung, Verschiebung und Neigung zu Sofortbefriedigung. Die verdrängte Triebregung wurde durch den Entzug der Besetzungsenergie (gemeint ist die Besetzungsenergie des Ichs, welche die Verknüpfung von

Sach- und Wortvorstellung vornimmt) keineswegs in ihrer Tendenz zur Spannungsreduktion gebremst; auf assoziativen Bahnen »heftet« sie sich gleichsam an andere Erinnerungsspuren und versucht, in weniger anstößiger Weise Zugang zum Bewußtsein, zur Motilität und damit zur Triebabfuhr zu erreichen. Die Vorstellung, die wegen der stattgefundenen Abwehr nicht bewußt werden konnte, wird nun als Ersatzbildung, als Symptom, manifest.

Die Zusammenhänge zwischen äußerem und innerem Konflikt können in einem Schaubild verdeutlicht werden:

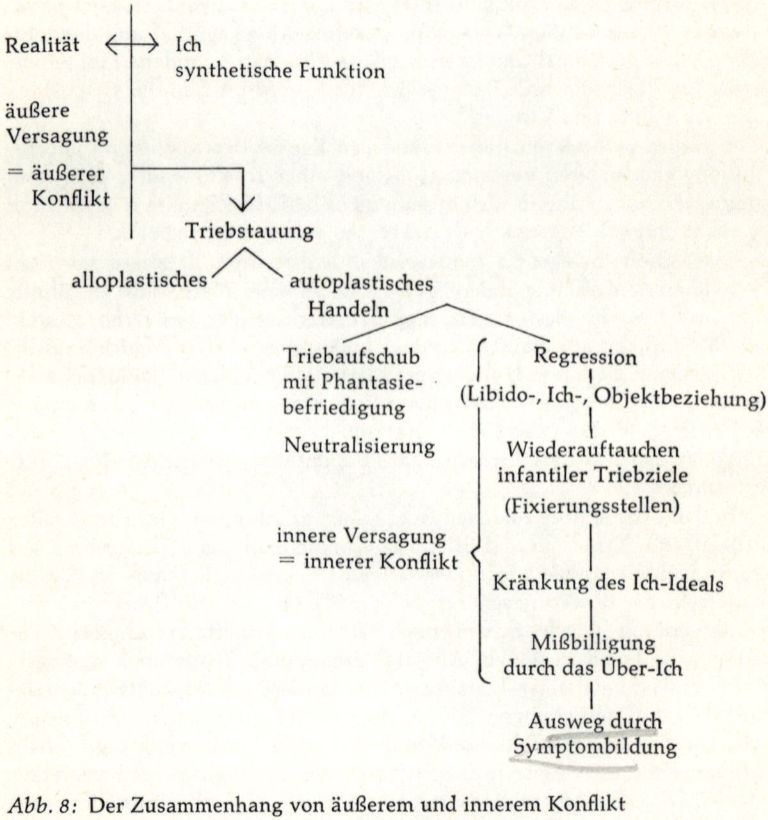

Abb. 8: Der Zusammenhang von äußerem und innerem Konflikt

7.1.5 Unterschiedliche Konfliktkonstellationen

Freud hat nicht nur die Konfliktkonstellation: Realität–Ich als Ausgangspunkt für einen neurotischen Konflikt beschrieben. Vielmehr hat er u. a. von zwei weiteren, sehr häufigen Konstellationen gesprochen, nämlich von

a) dem Konflikt zwischen dem Ich und dem Es,
b) dem Konflikt zwischen dem Ich und dem Über-Ich.

ad a) Hierbei ist die Versagung nicht Resultat einer Veränderung in der Außenwelt, sondern geht auf dyssynchrone Entwicklungsvorgänge zwischen einer bestimmten eingefahrenen Weise der Triebbefriedigung und den mittlerweile fortgeschrittenen Ich-Funktionen zurück. »Ein junger Mann, der seine Libido bisher durch Phantasien mit Ausgang in Masturbation befriedigt hatte und nun dieses dem Autoerotismus nahestehende Regime mit der realen Objektwahl vertauschen will; ein Mädchen, das seine ganze Zärtlichkeit dem Vater oder Bruder geschenkt hatte und nun für einen um sie werbenden Mann die bisher unbewußten, inzestuösen Libidowünsche bewußtwerden lassen soll; eine Frau, die auf ihre polygamen Neigungen und Prostitutionsphantasien verzichten möchte, um ihrem Mann eine treue Gefährtin und ihrem Kind eine tadellose Mutter zu werden: diese alle erkranken an den lobenswertesten Bestrebungen, wenn die früheren Fixierungen ihrer Libido stark genug sind, um sich einer Verschiebung zu widersetzen, wofür wiederum die Faktoren Disposition, konstitutionelle Anlage und infantiles Erleben entscheidend werden.« (Freud Bd. VIII, S. 325/326)

ad b) Hierbei ergibt sich die Triebstauung durch ein äußerst intolerantes Über-Ich, das rigorose Einschränkungen aller Triebansprüche verlangt. »Ein extrem triebfeindlicher Pubertätsausgang zum Beispiel ist gemeinhin nicht allein durch die Angst vor der Triebstärke, sondern darüber hinaus durch ein höchst intolerantes Über-Ich bedingt. Bereits die Befriedigung der lebensnotwendigen Körperbedürfnisse, so das Stillen von Hunger und Durst, ist verpönt, insofern es mit Lustgewinn verbunden ist, und es wird nur unter Gewissensskrupeln und unter Anwendung von Maßnahmen gestattet, die den Lustgewinn verringern.« (Roskamp 1967, S. 112)

Deutsch/Senghaas (1972) haben eine Typologie möglicher Konflikte innerhalb des Freudschen Strukturmodells entworfen und in einem Schema dargestellt (vgl. S. 120):

Läßt man die konfliktauslösende Instanz außer acht (betrachtet man also z.B. den Konflikt zwischen Über-Ich und Ich mit dem Konflikt zwischen Ich und Über-Ich als gleichwertig), so ergeben sich sechs Konflikttypen zwischen den Systemebenen und vier Konflikttypen innerhalb der Systeme, mit denen sich Freud nur am Rande beschäftigt hat.

Die in diesem Schema vorgenommene Ausweitung ändert jedoch nichts daran, daß sich der Konflikt im phänomenalen Erleben immer im Ich abspielt. »Denn es ist allein das Ich, das mit der Realität als Möglichkeit der Triebbefriedigung und als Gefahrenquelle in Kontakt steht. Allein im Ich können Gefahren erkannt und kann den Es-Wünschen entgegengetreten werden. Das Ich ist nicht nur Angststätte, es ist auch und vor allem der *Ort des Konfliktes;* hier treffen die Forderungen von Es, Über-Ich (und Realität) unabhängig voneinander ein und müssen irgendwie

	I Realität	II Über-Ich	III Ich	IV Es	Konflikttypen
I Realität	Konflikte zwischen Komponenten von Realität (z. B. Klassenantagonismus, Rollenkonflikte)	Realität versus Über-Ich (z. B. Vorurteil)	Realität versus Ich (z. B. Forderung nach Symbolbildungsvermögen)	Realität versus Es (z. B. Einschränkung des primären Narzißmus)	Realitätskonflikte
II Über-Ich	Über-Ich versus Realität (z. B. Empörung)	Konflikte zwischen Komponenten des Über-Ichs (z. B. Loyalitätskonflikte)	Über-Ich versus Ich (z. B. Schuldgefühle; Aufforderung, ein Ideal zu erreichen)	Über-Ich versus Es (z. B. Verdrängung; Abwehr sowie Symptombildung)	Über-Ich-Konflikte
III Ich	Ich versus Realität (z. B. Verneinung oder Bearbeitung der Realität)	Ich versus Über-Ich (z. B. Bewußtsein über die Historizität von Werten)	Konflikte zwischen Komponenten des Ichs (z. B. Rollenkonflikte, bewußt oder abwehrend bewältigt)	Ich versus Es (z. B. Verdrängung oder Rationalisierung; Realisierung von Imperativen der Realität)	Ich-Konflikte
IV Es	Es versus Realität (z. B. Projektion oder Autismus, über das Ich vermittelt)	Es versus Über-Ich (je nach Ich-Vermittlung: psychotische und neurotische Lösungen)	Es versus Ich (z. B. Triebangst; psychotisches Verhalten oder zwangsneurotische Symptomatik)	Konflikte zwischen Komponenten des Es (z. B. sich widersprechende Triebimpulse)	Es-Konflikte

Abb. 9: Ein Schema möglicher Konflikte in Freuds Modell

miteinander vereinbart werden – wobei ... die Triebbefriedigung das erste und letzte Ziel bleibt.« (Ulich 1971, S. 58)

Allein das Ich-System übt somit synthetische, kontrollierende, triebaufschiebende und neutralisierende Funktionen aus.

Neben den oben schon beschriebenen Möglichkeiten stehen ihm dabei vor allem die Abwehrmechanismen der Verdrängung, der Projektion, der Verleugnung, der Ich-Einschränkung u. a. (vgl. A. Freud 1936) zur Verfügung.

Ist nun dieses klassisch psychoanalytische Konfliktmodell, dessen Voraussetzungen und Charakteristika skizziert wurden, noch gültig? Im folgenden werden mögliche Unzulänglichkeiten und Verkürzungen darzustellen sein.

7.1.6 Kritik am klassisch psychoanalytischen Konfliktmodell

Eine Kritik an der Freudschen Konflikttheorie muß sich vor allem mit der behaupteten prinzipiellen Unvereinbarkeit zwischen Triebansprüchen und Gesellschaft, mit der These vom Über-Ich als dem Antagonisten der Triebimpulse, mit der Konzeption der Ichstärke, der Schichtspezifität des Konfliktmodells und dem Wandel bestimmter Konflikt- und Krankheitsformen beschäftigen.

7.1.6.1 Unvereinbarkeit zwischen Triebansprüchen und Gesellschaft?

Die Ableitung der inneren Versagung aus der Unvereinbarkeit zwischen kindlichen Triebansprüchen und dem Ich-Ideal und Über-Ich unterstellt, daß Gefühl, Affekt und Trieb und das die gesellschaftliche Vernunft repräsentierende Über-Ich zumeist unvereinbare Gegensätze sind. »Die Überzeugung von der Triebfeindlichkeit der Kultur und Gesellschaft, bei Rousseau als Grundkonflikt zwischen Natur und Gesellschaft formuliert, prägt das Konfliktmodell von Anbeginn stärker als alle Entdeckungen. Trotz aller Umformulierungen ... bleibt der Gegensatz zwischen den Trieben und dem verdrängenden Ich immer der Kern der Konfliktauffassung. Ohne die Unterdrückung durch die Gesellschaft, den Zwang zur Kultur, gäbe es nicht nur keinen Konflikt, sondern auch keine Persönlichkeit – es wäre nur ›Es‹.« (Ulich 1971, S. 60 f.)

Freuds dichotome Ich-Es-Psychologie und die darin zum Ausdruck kommende Kluft zwischen Vernunft und Gefühl ist uns so selbstverständlich geworden, daß wir die Prämissen dieser scheinbar ubiquitären condition humaine gar nicht mehr reflektieren.

Freuds naiver Psychologismus ist nach Schneider (1973) darin zu erblicken, daß er »die dichotome Zweiteilung der bürgerlichen Seele eben nur aus der Seele heraus (erklärt); die ›Vernunft‹, das ›Denken‹, die ›Ratio‹ begreift er nur innerpsychologisch als spezielle Ich-Funktion, der die Aufgabe der ›Realitätsprüfung‹ zufalle. Die spezifische abendländische Rationalität ist jedoch – gerade in ihrer abstrakten verdinglichten Form – keine primär innerpsychologische, das heißt aus dem ›Es‹ sich heraus differenzierende Ich-Leistung – wie Freud dachte –, vielmehr der Reflex der abstrakten Tausch- und Geldbeziehungen im Gehirn der Wirtschaftssubjekte« (S. 187). Freuds dichotome Ich-Es-Psychologie »ist der blinde theoretische Reflex der aus der Warenproduktion, dem Tauschprinzip entspringenden Dichotomie der ›bürgerlichen Seele‹, nämlich: der dichotomen Spaltung zwischen der kalkulierenden und abstrahierenden Vernunft und der von ihr ›verdrängten‹ nichtkalkulierbaren, nichtquantifizierbaren Sinnlichkeit« (S. 187).

Mit der Entwicklung der Warengesellschaft reproduziert sich nun diese dichotome Spaltung zwischen einem kalkulierenden, berechnenden, vorausplanenden Ich und einem nicht kalkulierbaren leidenschaftlichen Es auf einer immer höheren Stufe. »In dem Maße, wie die Arbeitskraft zur Ware und der gesellschaftliche Arbeitsprozeß unter den Verwertungsprozeß des Kapitals subsumiert wird, treten die ›menschlichen Leidenschaften‹, die ›Es‹-Funktionen – vom Standpunkt des rationell kalkulierenden Ichs – nur noch als ›Störfaktoren‹, als ›Fehlerquellen‹ des Produktionsverlaufs in Erscheinung« (S. 189). Schneider verweist auch auf einen Gedankengang von Reiche (1972) über die Attribute, die im allgemeinen zum Begriff des Ichs assoziiert sind; alle positiven Assoziationen sind »gruppiert um Kontrolle, Herrschaft, Entscheidung, Abgrenzung, Zusammenfassung, Überblick, Unterordnung, Wachsamkeit; alle negativen Assoziationen gehen in die Richtung von Zerfließen, Die-Grenzen-nicht-mehr-ziehen-Können, Sich-Gehenlassen . . .« (S. 169/170).

Mit der seiner Konflikttheorie zugrunde liegenden Annahme einer nur um den Preis der Aufgabe von Kultur zu erreichenden Milderung des Gegensatzes zwischen Natur und Kultur übersieht Freud den Unterschied zwischen Bürger und Mensch. Da er sein Konfliktmodell als ein anthropologisch invariantes entworfen und die sozio-ökonomische Vermitteltheit des Ich-Es-Konfliktes nicht reflektiert hat, trifft seine Konfliktkonzeption genau genommen dann auch nur auf den Bürger der Jahrhundertwende zu.

Diese These ist im zweiten Kritikpunkt noch weiter zu verfolgen.

7.1.6.2 Über-Ich als Antagonist der Triebimpulse?

Im Verlauf der ödipalen Phase verinnerlicht nach Freuds Auffassung das Kind die elterlichen Normen. Vor allem in der Auseinandersetzung mit dem Vater findet für das Kind der Kampf zwischen Lust- und Realitätsprinzip statt. Aber spätestens seit Mitscherlichs Veröffentlichung »Auf dem Weg zur vaterlosen Gesellschaft« (1963) wurde deutlich, daß Freuds Konzeption Beobachtungen und Erfahrungen der bürgerlich-patriarchalischen Kleinfamilie entstammten; in der autoritären Familienkonstellation der Jahrhundertwende war der Vater zumeist der Alleinverdiener, die Frau der »häusliche Leibeigene« (Horkheimer). Mit der Entwicklung der Industrialisierung im Zuge der Veränderung vom Konkurrenz- zum Monopolkapitalismus sank der Herrschaftseinfluß des Vaters vor allem deshalb, weil auch die Frau in den Berufsprozeß eingegliedert wurde und zum Einkommen der Familie beitrug. »Zudem verschwindet der Vater, soweit er sich beruflich produziert und sein Können demonstriert, auch aus dem Gesichtskreis der Familie. Statt dessen wächst die Bedeutung anderer Mittelspersonen, etwa der Lehrer. Über das Schulsystem und die Massenmedien wirkt die Gesellschaft immer häufiger über den Kopf des Vaters hinweg auf die Heranwachsenden unmittelbar. An dieser Form der unvermittelten Sozialisierung des einzelnen durch außerfamiliäre Instanzen zeigt sich die Kehrseite des Abbaus väterlicher Autorität. Einst hatte sie ja die Normen und Sanktionen der Gesellschaft nicht nur umgesetzt, sondern in der Familie als einem privaten Bereich auch gebrochen. Schon Herbert Marcuse hat darauf hingewiesen, daß die Familie, solange sie einen intakten Privatbereich sicherte, nicht nur das Realitätsprinzip verkörperte, sondern auch die Individuen in ihrer Fähigkeit zur Resistenz gegen die öffentliche Macht gestärkt hat. Die erschütterte Autorität innerhalb der Familie setzt deshalb nicht nur Möglichkeiten der Emanzipation frei; zugleich räumt sie auch einer ungebrochenen Sozialisierung der Kinder im Interesse der öffentlichen Macht das Feld erst ein.« (Habermas 1970, S. 123).

Somit ist das Über-Ich, in Freuds Konfliktmodell der Antagonist kindlicher Triebimpulse, nicht mehr ausschließlich die Instanz sedimentierter gesellschaftlicher Herrschaft, die dem einzelnen zugleich auch immer Chancen der Emanzipation gewährte, indem sie als Auseinandersetzung und Abarbeitung förderndes Element eigene Identitätsbildung ermöglichte. Zwar gilt, daß auch weiterhin, vor allem in früher Kindheit in der Auseinandersetzung mit dem Vater oder der Mutter, noch Vorformen des Über-Ichs entstehen, »doch der zentrale, das Über-Ich als verinnerlichten Verhaltenskodex konstituierende ödipale Konflikt geht unter den neuen Bedingungen anders vonstatten als einst. Der Vater, gesellschaftlich entmachtet, kann dem kindlichen Narzißmus nicht mehr Genüge tun, weil das Kind nur noch gehorchen soll, ohne auf die Nachfolge in der Position dessen hoffen zu können, mit dem es sich identifizieren müßte. Zugleich werden auch die sexuellen Rollenunterschiede zwischen Mann und Frau undeutlicher, was die Schwierigkeit der Identitätsfindung in der ödipalen Situation vergrößert. Diese Situation scheint die Kinder zum Ausweichen auf andere Symbole als den Vater zu zwingen« (Horn 1967, S. 22).

Veranlaßten die durch väterliche Machtausübung vermittelten Normen das Kind auch zu einer oftmals brutalen Unterdrückung seiner Triebimpulse, so war die Herrschaft des Über-Ichs durch den möglichen Widerspruch zum Ich immer schon zwiespältig. »Die historischen Bedingungen, die zum Abbau des Über-Ichs geführt haben, implizieren aber bereits eine neue und in gewisser Hinsicht fatalere Form der Herrschaft: die unmittelbare Manipulation des Ichs, eine nunmehr ungebrochene Identifikation mit dem Bestehenden.« (Geulen 1972, S. 121)

Es ist offenkundig, daß mit der These vom teilweisen Abbau des Über-Ichs und der nur partiellen Identifikation mit dem Vater die Konfliktkonzeption von Freud eine Modifikation erfahren muß. Das Über-Ich kann nicht mehr ausschließlich für die innere Versagung einer sich im Zuge der Regression einstellenden infantilen Triebbefriedigung verantwortlich gemacht werden; der eigentliche innere (neurotische) Konflikt besteht deshalb auch nicht mehr allein zwischen Trieb und Triebabwehr. Andere Konfliktarten und – damit einhergehend – andere psychische Krankheitsformen stehen aus diesem Grunde heutzutage im Vordergrund (vgl. Kap. 7.1.6.5).

7.1.6.3 Gültigkeit des Konfliktmodells zu Zeiten Freuds?

Das skizzierte Konfliktmodell der Psychoanalyse trägt nicht nur Spuren sozio-ökonomischen Wandels an sich, sondern es muß auch bezweifelt werden, ob es zur Zeit Freuds generelle Gültigkeit beanspruchen durfte. Wassermann (1959), zitiert nach Haseloff (1962, S. 57), hat die Schichtzugehörigkeit der in den Schriften Adlers und Freuds erwähnten Patienten rekonstruiert und ist dabei zu folgenden Ergebnissen gelangt:
Für die Patienten Freuds ergab sich die folgende Verteilung:

Oberschicht	74%
Mittelschicht	23%
Unbemittelte	3%

Bei Adler findet sich dagegen folgende Verteilung:

Oberschicht	26%
Mittelschicht	38%
Unbemittelte	36%

Es muß somit problematisiert werden, ob das an der hysterisierten Wiener Oberschicht entwickelte Konfliktmodell Freuds zur damaligen Zeit auch für andersgeartete Konfliktursachen und -verläufe der weitgehend besitzlosen Unterschicht zutreffend gewesen ist. »Dieses ganz andere klassen- und schichtspezifische Substrat, aus dem Adlers Patienten kamen, ergab freilich auch ein ganz anderes klinisches Bild: Für die von den Zwängen der unmittelbaren Produktion befreiten Patienten Freuds stand vor allem die Problematik familiärer Abhängigkeiten, ödipaler Konflikte und neurotischer Triebunterdrückung durch die bürgerliche Sexualmoral im Vordergrund; das Symptombild der meist deklassierten und proletarisierten Patienten Adlers war dagegen von dem aus ihrer sozialen und ökonomischen Unterprivilegiertheit resultierenden ›Minderwertigkeitskomplex‹ (Adler) geprägt; ihre emotionale Problematik war daher hauptsächlich auf die Überwindung ihres unterprivilegierten Status, auf sozialen Aufstieg und Geltung, das heißt auf die ›Kompensation‹ ihres sozialen ›Minderwertigkeitskomplexes‹ konzentriert. Darum spielt auch die ›sexuelle Ätiologie‹ in der Theorie Adlers eine vergleichsweise untergeordnete Rolle.« (Schneider 1973, S. 94).

7.1.6.4 Ichstärke als bürgerliches Privileg?

Schließlich ist der Begriff der Ichstärke, als dessen vorrangigste Leistung die synthetische, vermittelnde Funktion des Ichs zu betrachten ist, einer kritischen Sichtung zu unterziehen. Schneider (1973) hat darauf aufmerksam gemacht, daß Freuds Begriff von Arbeit, der in nahezu allen Ich-Funktionen impliziert ist, weitgehend den Standpunkt der privilegierten Kopfarbeit widerspiegelt. »Die hohe intellektuelle und emotionale ›Autonomie‹ des psychoanalytischen Ideal-Ichs, des ›genitalen Charakters‹, sein überragendes Sublimierungs-, Reflexions- und Abstraktionsvermögen, seine hochentwickelte Fähigkeit zur Triebkontrolle und Triebintegration sind luxurierende Attribute der Kopfarbeit. Jedenfalls setzt die Ausbildung dieser blendenden ›genitalen‹ Eigenschaften und Potenzen nicht nur eine durchsonnte Kinderstube, sondern auch eine luxurierende ökonomische und soziale Lage voraus. Wo – wie in den oberen Rängen der bürgerlichen Gesellschaft – der ›genitale Charakter‹, dieses Idol der Freudschen Ich-Psychologie, gehobelt wird, da fliegen – weiter unten – die Späne: denn die ›geistige‹ Ich-Autonomie der bürgerlichen Minderheit setzt die materielle, das heißt Lohnabhängigkeit der proletarischen Mehrheit, die ›Triebsublimierung‹ hier, den lebenslänglichen Triebverzicht dort, die ›Reflexions- und Abstraktionsfähigkeit‹ hier, die intellektuelle Verkümmerung dort, voraus.« (S. 96) Aber nur scheinbar ist das Ich des Kopfarbeiters autonomer; denn die Entfremdung macht auch vor ihm nicht halt: »Das ›genitale‹ Charakterideal basiert auf der Fiktion eines ›freien‹, seiner Triebe mächtigen autonomen Ichs, welches in der kapitalistischen Gesellschaft selbst ein Ding der Unmöglichkeit ist, weil das Subjekt ... fremden, von ihm selbst unabhängigen und seiner bewußten Kontrolle entzogenen Produktions- und Verwertungsbedingungen unterworfen ist.« (Schneider S. 96)

7.1.6.5 Auftreten und Wandel bestimmter Konflikt- und Krankheitsformen

Das nur in aller Kürze anzuschneidende Problem des Auftretens und Wandels bestimmter Krankheitsformen soll die Frage beantworten helfen, ob Konfliktverläufe und -ausgänge eine – im Vergleich zu Freuds Zeiten – Abänderung erfahren haben.

Oftmals ist beschrieben worden, daß die lärmenden konversionshysterischen Symptome um die Jahrhundertwende den »stilleren« psychosomatischen Krankheitsbildern gewichen sind. Weit weniger bekannt ist dagegen, daß sich auch das Bild der Charakterneurosen geändert hat. H. und Y. Lowenfeld (1970) haben z. B. darauf hingewiesen, daß aufgrund des Verlustes einer verbindlichen väterlichen Autorität und einer allzu permissiven Erziehung die Triebunterdrückung geringer geworden, daß das Über-Ich (vor allem in seinen späteren Introjekten) im allgemeinen nur schwach ausgebildet ist und daß man eine erhöhte Unselbständigkeit mit infantiler Frustrationsintoleranz, als Kennzeichen eines schwachen Ichs, bei Kindern und Jugendlichen vorfinden kann. Bei einer statistischen Überprüfung der Gründe von Individuen, die 1965 das Psychoanalytische Institut in New York aufsuchten, fanden die Autoren, daß die Symptome große Ähnlichkeit aufwiesen: »Unzufriedenheit, innere Spannung, Selbsthaß, depressive Stimmung, Lebensunlust, Gefühl der Leere, Unfähigkeit zu lieben« (S. 713). Die von den Autoren – allerdings nur in kulturkritischer Sicht – gestellte Diagnose erinnert an die psychoanalytischen Beschreibungen des sog. Psychopathen (vgl. z. B. Parin 1961/62), wenn sie schreiben: »Man kann heute, wenn auch vereinfachend, feststellen, daß die entscheidenden Verdrängungen nicht das Es betreffen, sondern das Über-Ich. Die ständige Verbalisierung der Es-Impulse in der heutigen Kultur macht deren Verdrängung weniger möglich und auch weniger notwendig. Ihre Aufdeckung in der Analyse ist daher nicht schwierig, während die Schuldgefühle verdrängt oder verleugnet werden. Die verdrängten Anteile des Über-Ichs zu analysieren, ist in einem gesellschaftlichen Klima, in dem das Über-Ich als überflüssiger Appendix betrachtet wird, nicht einfach. Diese Entwicklung scheint einer der Hauptgründe dafür zu sein, daß die Analysen mehr und mehr Zeit erfordern.« (S. 713)

Von anderen Überlegungen ausgehend, aber eine ähnliche Symptomatik beschreibend, hat in den letzten Jahren Kohut (1966, 69, 73) eine neue Form psychischer Erkrankungen beschrieben, die sog. narzißtischen Störungen. Diese Störungen beruhen nicht mehr auf einer Verdrängung verpönter sexueller Triebregungen; vielmehr steht im Mittelpunkt narzißtischer Störungen das Verhältnis des betreffenden Individuums zu seinem nur mangelhaft idealisierten Ich-Ideal und Über-Ich bzw. zu seinen abgespaltenen narzißtischen Impulsen. Dem Individuum mit einer narzißtischen Störung ist es nicht gelungen, die im Verlauf der frühen Kindheit idealisierten Elternimagines und das als allmächtig phantasierte Selbst in seine Struktur zu integrieren. Die ausgebliebene oder nur mangelhaft sekundärprozeßhafte Verfügung über objekt-idealisierende und grandios-narzißtische Impulse macht eine Abspaltung dieser archaisch gebliebenen Triebe notwendig; die Folgen sind eine übergroße Abhängigkeit von bestimmten Führern (z. B. Lehrern, Vorgesetzten usf.), deren Zuwendung und Bestätigung nahezu suchtartig benötigt wird, und immer wieder durchbrechende Größenphantasien, deren Frustration zu übertriebenen Schamgefühlen und »narzißtischer Wut« führt.

Welche Erziehungshandlungen können zu narzißtischen Störungen führen? Kohut (1973) äußert sich in diesem Zusammenhang nur kurz über elterliche Verhaltensweisen; mit wenigen Zeilen beschreibt er beispielsweise das Paradox, daß auch die uneinfühlsame Bescheidenheit eines Elternteils »das phasenentsprechende Bedürfnis des Kindes, ihn zu verherrlichen, traumatisch frustrieren kann« (1973, S. 63). An anderer Stelle macht Kohut Aussagen über die Entstehung narzißtischer Verwundbarkeit als einem Hauptsymptom narzißtischer Störungen (die z. B. in einer übergroßen Empfindlichkeit gegenüber allen Arten von Kränkungen und Benachteiligungen besteht): »Die spezifischen pathogenen Elemente der Persönlichkeiten der Eltern liegen im Bereich ihrer eigenen narzißtischen Fixierungen. Wir finden insbesondere in den frühesten Phasen, daß a) die Selbstbezogenheit der Mutter zu einer Projektion ihrer eigenen Stimmungen und Spannungen auf das Kind und somit zu gestörter Einfühlung führen kann, daß sie b) selektiv (hypochondrisch) auf die Stimmungen und Spannungen des Kindes reagiert, die mit ihren eigenen narzißtischen Spannungen und Voreingenommenheiten übereinstimmen, und daß sie c) auf die Stimmungen und Spannungen des Kindes nicht reagiert, wenn ihre Voreingenommenheit nicht in Einklang mit den Bedürfnissen des Kindes stehen. Das Ergebnis ist ein traumatisches Alternieren zwischen falscher Einfühlung, Übereinfühlung und mangelnder Einfühlung.« (S. 87).

Mit Hilfe der im 6. Kapitel beschriebenen Vorgänge des Sicheinfühlens in die Erwartungen und Bedürfnisse des Interaktionspartners, deren nur mangelhafte Realisierungschancen aufgrund der in vielen Bereichen und Interaktionen gestörten Zwischenmenschlichkeit aufgezeigt wurden, wäre es möglich, die Aussagen von Kohut in einem interaktionistischen Bezugsrahmen weiterzuverfolgen. Vielleicht würde sich dann auch aufzeigen lassen, daß narzißtische Störungen eine sozialtypische Erkrankungsform darstellen, die nur dann angemessen verstanden werden kann, wenn man sie im Kontext gesellschaftlicher Bewußtseinsbildung und Identitätsfindung interpretiert (vgl. Kilian 1972).

So kommt z. B. Horn (1972), den mehr als die Individualgenese narzißtischer Störungen die sozialpsychologische und gesellschaftstheoretische Bedeutung interessiert, zu dem Schluß, daß bei der narzißtischen Charakterstruktur Sachverhalte aufzeigbar sind, »die sich zwanglos ... (dem) Bild des ›subjektiven Faktors‹ unter den Bedingungen radikaler Entfremdung – und das heißt eben: auch durch die Psychologie der Subjekte selber vermittelter Entfremdung – fügen: symbiotische Mutterbeziehungen (oder der Rückzug auf Ersatzphantasien); ein formal bleibendes Verhältnis zum Vater; Omnipotenzphantasien und Minderwertigkeitsgefühle zugleich im Umgang mit der Realität; mangelhaft im Realitätsprinzip begründete Selbstachtung; eine archaische Form von Identität, die aus mangelnder Kommunikation mit als wertvoll erlebten Objekten resultiert. Wie das Selbst sind auch die Objekte in ihrer Eigenstruktur relativ unbekannt und werden, je nachdem, ob sie sich in zugleich phantastischer und realer, d. h. infantiler Weise für die eigenen Zwecke nutzen lassen und sich diesem Verlangen fügen oder nicht, als absolut positiv oder absolut negativ eingeschätzt« (S. 57).

Kommen wir zum Schluß dieser kritischen Betrachtung. Es wurde aufzuzeigen versucht, daß der im Freudschen Konfliktmodell als unvermeidlich herausgestellte Gegensatz von Es und Ich (und Über-Ich), die Kluft zwischen Leidenschaft und Vernunft, eher ein Charakteristikum dieser

Tauschgesellschaft ist als ein ubiquitäres Merkmal des Menschen. Des weiteren wurde verdeutlicht, daß die im Konfliktmodell hypostasierte Instanz des Über-Ichs sich heutzutage tendenziell als »entstrukturiert« beschreiben läßt, so daß vom Über-Ich als einem Antagonisten der Triebimpulse nur noch beschränkt die Rede sein kann. Es wurde ferner problematisiert, ob das Freudsche Konfliktmodell auch für Unterschichten als Paradigma konflikthaft ablaufenden Sozialisationsgeschehens aufzufassen ist und ob die synthetische Ichfunktion als ein Index für Ichstärke (deren graduelle Ausgeprägtheit für den Ablauf von Konflikten bedeutsam ist) trotz ihres eindeutigen Schichten- oder Klassencharakters weiterhin als zentrale Vermittlungsgröße gelten kann. Schließlich wurde anhand des Wandels bestimmter psychischer Erkrankungen in Frage gestellt, ob das hauptsächlich an hysterischen, phobischen und zwangsneurotischen Strukturen entwickelte Konfliktmodell Freuds auch noch für heutige Erkrankungsformen (z. B. narzißtische Störungen i. S. v. Kohut) Gültigkeit besitzt.

Welche Konsequenzen ergeben sich aus dieser Kritik? Zunächst wird man feststellen müssen, daß die Kritik an der Invarianzannahme Freuds bezüglich des Gegensatzes Natur, Kultur nur theoretisch von Bedeutung ist; denn die Kluft zwischen Gefühl und Vernunft (Es und Ich) ist ein zentrales Faktum innerhalb der derzeitig bestehenden Gesellschaft. Andere Schlußfolgerungen sind hingegen aus der These über die Entstrukturierung des Über-Ichs zu ziehen, denn dieses Argument weist ebenso wie der Sachverhalt des Wandels bestimmter Krankheitsformen darauf hin, daß Sozialisationsbedingungen und Konfliktverläufe heutzutage anders verlaufen als zu Zeiten Freuds. Das Argument der Klassenspezifität verdeutlicht, daß unterschiedliche Konfliktverläufe je nach Klassen- bzw. Schichtzugehörigkeit anzunehmen sind (etwa der psychotische Konflikt, der überwiegend in der Unterschicht auftritt).

Inwieweit die vorgetragenen Kritikpunkte auch eine Modifikation der mehr formalen Prämissen des Konfliktmodells erforderlich machen (z. B. Abwehr von Triebimpulsen aus Angst, die Virulenz der zum Bewußtsein drängenden unbewußten Vorstellungs- und Affektrepräsentanzen, die symbolische Ausdruckskraft verdrängter Triebrepräsentanzen, der im Falle einer Regression eintretende Abbau des sekundärprozeßhaften Funktionsmodus des Denkens, Fühlens und Handelns u. a. m.) kann in dieser Arbeit nicht weiter verfolgt werden.

Nach dieser Darstellung und der Kritik am klassischen psychoanalytischen Konfliktmodell wollen wir uns nun dem Konzept von Lorenzer zuwenden, dessen Ausführungen über konflikthaft verlaufende Sozialisation sich besser mit den vorangegangenen sozialpsychologischen Überlegungen vereinbaren lassen als die Sichtweise Freuds.

7.2 Das Konfliktkonzept von Lorenzer

Lorenzer hat die Psychoanalyse als symbolische Interaktionstheorie konzipiert. Damit hat er Versuchen, Psychoanalyse auf eine funktionalistische Verhaltenslehre zu reduzieren, ein dezidiert interaktionistisches Verständnis gegenübergestellt: »... Die psychoanalytische Theorie in ihrem ursprünglichen, d. h. wesentlichen Gehalt ist keine *Psychologie*, sondern eine *Interaktionstheorie*« (1971, S. 35). Als den Gegenstand der Psychoanalyse bestimmt er deshalb auch folgerichtig »Interaktionsformen, die *problematisiert in realer Leidenssituation* der Individuen, *lebensgeschichtlich konkret* erkannt und *praktisch verändert* werden müssen« (1973, S. 105). Lorenzer möchte in seiner Interpretation der Psychoanalyse als einer materialistischen Sozialisationstheorie vor allem die Frage klären, wie die biographische Organisation der Identität einerseits als Geschichte der inneren Triebnatur des Kindes, andererseits aber auch als Geschichte aufgrund objektiver politisch-ökonomischer Prozesse zu verstehen ist, ohne dabei in Biologismus, idealistischen Subjektivismus, Kulturismus oder in eine ökonomistische Interpretation abzugleiten.

Gegenüber einer idealistischen Version des symbolischen Interaktionismus gilt es festzuhalten, daß kommunikatives Handeln und symbolische Interaktion auch von körperlich materiellen Prozessen, d. h. von Trieben, bestimmt sind. Die dem Erleben zugänglichen triebbestimmten Interaktionen, die vom Individuum sprachlich artikuliert werden, brauchen sich mit den tatsächlichen Impulsen keineswegs zu decken. Vielmehr können bestimmte szenische Erfahrungen, die in früheren Interaktionen erworben und an bestimmten Symbolen festgemacht wurden, desymbolisiert werden. Desymbolisierte Trieb- und Interaktionsrepräsentanzen werden zum »Klischee« erniedrigt, das – obgleich aus dem bewußten Sprachspiel ausgeschlossen – auch weiterhin seine verhaltensregulierende Funktion ausübt. Dadurch wird kommunikatives Handeln in psychoanalytisch interaktionistischer Sicht um eine zentrale Dimension erweitert: »Die bewußte, symbolisch vermittelte Kommunikation wird ergänzt, bestätigt, modifiziert oder widerlegt durch eine unbewußte, klischee-vermittelte auf dem Wege über das erscheinende Verhalten. Interaktion impliziert also stets beide Formen der Kommunikation.« (Wellendorf 1973, S. 43)

In den folgenden Abschnitten werden die zentralen Konzepte: Interaktion, Repräsentanz, Symbol, Klischee, Desymbolisierung im Zusammenhang mit dem Konfliktkonzept verständlich dargestellt.

7.2.1 Psychoanalyse als Interaktionstheorie

Lorenzer bezeichnet als den Gegenstand der Psychoanalyse »das System der angezeigten Interaktionsformen und d. h. der objektiv-bedingten Strukturen der Vergesellschaftung im Subjekt« (1972, S. 13).

Im Verlauf der kindlichen Entwicklung kommt es aufgrund konflikthafter Erfahrungen zu einer Verstümmelung der Interaktionsstruktur.

Diese Kommunikationsstörung ist als Differenz zwischen bewußten und unbewußten Interaktionsformen auszumachen. Wie kommt es nun nach Lorenzer zu dieser Differenz, die sich auch als Sprachzerstörung zeigt?

Ausgehend von dem älteren psychoanalytischen Begriff des »Triebschicksals« bestimmt Lorenzer, daß alles triebbestimmte Erleben abhängig ist von der Beziehung zu Liebesobjekten. »Triebbestimmtes Erleben ist zugleich Erfahrung von Interaktion, ist körperbestimmte Interaktion – womit eine Verbindung hergestellt wird, die im Triebbegriff selbst schon angelegt ist. Trieb ist ex definitione: Körperbedürfnis ›in-Beziehung-zu‹. Erlebnis als körperbestimmte Interaktion realisiert sich in angebbaren szenischen Erfahrungen des Kindes, ist ein in der Realität verankerter Bildungsprozeß. Erlebnis ist der Niederschlag real erfahrener, körperbestimmter Interaktion.« (1972, S. 17)

Diese Interaktion läuft in der Frühzeit der Mutter-Kind-Beziehung auf seiten des Kindes sprachlos ab, ist weitgehend gestisches Zusammenspiel. Gegenüber einer familialistischen Verkürzung dürfen nicht nur die familialen Interaktionsmuster betrachtet werden, sondern auch die gesellschaftlichen Prinzipien, die die mütterlichen Gesten, Körperbewegungen und Handgriffe allemal bestimmen: »Die Interaktion, die eine Mutter dem Kind anbietet, und d. h. die konkrete Praxis ihres Interagierens, ist das Produkt ihrer eigenen Lebenspraxis.« (1972, S. 47) Die kulturspezifischen Normen (etwa Pflichten einer jungen Mutter dem Kind gegenüber, Abstillpraktiken etc.) werden von der Mutter im Lichte ihrer eigenen Lebenspraxis interpretiert und in die Interaktion zunächst mittels Gesten, später mit Hilfe von sprachlichen Symbolen eingebracht.

Zunächst jedoch wird durch das von der Mutter gesprochene Wort eine bestimmte Interaktion auf den Begriff gebracht. Diesen Prozeß hat Lorenzer folgendermaßen beschrieben:

»1. Die Mutter spricht ein Wort, z. B. ›Mama‹.
2. Die Mutter zeigt dabei in impliziter Geste auf die als bestimmte Interaktionsform vom Kind angeeignete Interaktion.
3. Das Kind hört das Wort als Teil der für es im Moment aktuellen Interaktion, und d. h. als Kennzeichnung dieser Interaktionsform.
4. Das Kind spricht ein Wort – z. B. ›Mama‹ – als Teil der Interaktion. Es ist dabei auch Hörer seiner Äußerungen, womit der senso-motorische Zirkel des Sprechens geschlossen wird ... Damit erst ist das Wort eingeführt und wird der Verselbständigungsprozeß des Symbols Mama eingeleitet.« (1972, S. 67)

So werden die vom Kind als Affekt- und Vorstellungsrepräsentanzen erfahrenen Triebwünsche, die niemals bloße Natur sind, sondern von Anfang an, beeinflußt durch die Interaktionsformen der frühen Mutter-Kind-Dyade, als sprachlich vermittelte Interaktionsformen erlebt; schon von Anfang an enthält der Einwortsatz »Mama« eine pragmatische Funktion, etwa in dem Sinne: Mama, gib mir zu essen; Mama, beschütze mich; Mama, spiel mit mir.

7.2.2 Repräsentanz, Symbol und Klischee

Triebe finden ihren psychischen Ausdruck in den sog. Repräsentanzen, die zunächst nur eine affektive (z. B. Lust-Unlust), später auch eine kognitive und sprachliche Gestalt annehmen. Freud hat die im Unbewußten vom Trieb besetzte Repräsentanz als Sachvorstellung konzipiert; jene im sprachlichen Medium ablaufenden Vorstellungen wurden als Wortvorstellungen bezeichnet. Eine Bewußtwerdung der triebbestimmten Sachvorstellungen ist nur möglich, wenn sie mit den Wortvorstellungen verbunden werden. In der von Lorenzer vorgenommenen Revision des psychoanalytischen Symbolbegriffs werden Sachvorstellungen als Ausdruck von in Interaktionen organisierten Triebrepräsentanzen vom Ich aufgenommen und unter dem Einfluß sprachlich vermittelter Interaktion zu Symbolen umgestaltet: »Es kann zwei Arten von strukturierenden Repräsentanzen geben, bewußte und unbewußte. Die bewußten Repräsentanzen haben den Charakter von Symbolen, die unbewußten Repräsentanzen sind dagegen nicht symbolische Strukturen.« (1970, S. 79) Lorenzer nennt diese nicht symbolischen Repräsentanzen »Klischees«.

Wichtig ist nun, daß sich Triebrepräsentanzen – gemäß der oben ausgeführten Charakterisierung des Triebes als »Körperbedürfnis-in-Beziehung-zu« immer auf bestimmte Ziele, und das heißt auf Lustgewinn mit Hilfe bestimmter Objekte richten. Gemäß dem primärprozeßhaften Funktionieren kindlicher Affekt-, Vorstellungs- und Handlungsvorgänge können Triebrepräsentanzen sich nicht nur auf eine klar konturierte Objektrepräsentanz richten, sondern auch auf die triebvermittelten Repräsentanzen von Erlebnissen, Vorgängen, die mit der ursprünglichen Lust und Unlust verschaffenden Repräsentanz der Mutter assoziativ in Verbindung gebracht werden können. Daraus geht hervor, daß die Objektrepräsentanzen, auf die sich das Kind in der Interaktion bezieht und die es im Falle des bewußten Erlebens mit Symbolen belegt, in sich vielschichtig sind und im Falle der Klischees über eine Unmenge von Konnotationen verfügen. Die an Symbolen festgemachte Objektrepräsentanz der Mutter wird sich also im kindlichen Erleben nicht nur als »meine Mutter« manifestieren; vielmehr wird die Repräsentanz Mutter jene in unzähligen Beziehungen erworbenen interaktiven Bedeutungen, etwa der folgenden Art annehmen: Mutter, die mir zu essen gibt, die mir Geborgenheit gibt, die mir Spielzeug schenkt, die mich bestraft, die bei mir bleiben soll, die ich zu schlagen versuche, wenn sie mir etwas nicht gibt, usf. Die unbewußten, sich an den Sachvorstellungen in unendlich assoziativer Vielfalt abspielenden Konnotationen der Triebobjektrepräsentanzen folgen der vor allem im Kleinkindalter vorherrschenden primärprozeßhaften Funktionsweise, als deren wichtigste Prinzipien Verdichtung, Verschiebung und Aufhebung zeitlicher und kausaler Logik anzusehen sind.

Was passiert nun, wenn das Kind bestimmte Triebregungen als konflikthaft erfährt, weil ein Ausleben des Bedürfnisses von den Eltern bestraft werden würde? Was geht im kindlichen Erleben z. B. vor sich, wenn der Wunsch, der Mutter zu widersprechen, als Ausdruck eines Bedürfnisses nach Selbständigkeit, von der Mutter mit der Drohung von Liebesentzug beantwortet wird? Die herkömmliche psychoanalytische Antwort lautet, daß das Kind seine Bedürfnisse nach Selbständigkeit, seine als konstruktiv zu verstehende Aggression verdrängen wird. Dieser Verdrängungsvorgang geschieht nach Freud dadurch, daß den an Wortvorstellungen festgemachten Vorstellungsrepräsentanzen die Besetzungsenergie vom Ich entzogen wird und sie somit wieder zu unbewußten Sachvorstellungen werden. Die nicht zum bewußten Erleben zugelassenen Triebimpulse behalten aber ihre Virulenz, da sie vom ständig nachdrängenden Trieb mit Triebenergie besetzt werden. Es kommt deshalb im Freudschen Verständnis zu Ersatz- und Symptombildungen, in denen sich der verdrängte Trieb eine Abfuhr verschafft. Wie sieht nun Lorenzer in seinem pointiert interaktionistischen Verständnis der Psychoanalyse diesen Vorgang der Verdrängung und seiner Konsequenzen für menschliche Kommunikation?

7.2.3 Desymbolisierung und Klischeebildung

Da Trieb- und Objektrepräsentanzen im Falle des bewußten Erlebens an Symbolen festgemacht sind, muß der symbolhafte Charakter einer bestimmten szenisch-situativen Repräsentanz (Trieb in Beziehung zum Objekt) desymbolisiert werden. (Eine andere Möglichkeit bestünde in der Verleugnung der von der Mutter angesonnenen Erwartung, vgl. 6. Kap.). Selbstverständlich wird nicht das Symbol der gesamten Repräsentanz Mutter desymbolisiert, sondern im obigen Beispiel die in bestimmten Interaktionen gewonnenen Erfahrungen in Zusammenhang mit den Trieberlebnissen der Selbständigkeit, der Abgrenzung, der reaktiven Aggression gegenüber der Mutter. Da nur diese Aspekte der Objektrepräsentanz Mutter desymbolisiert werden, bleibt also die Mutter als vielfältiges, aus anderen szenisch-situativen Erlebnissen bestehendes Beziehungsobjekt durchaus bestehen. Die desymbolisierten Trieb- und Objekt-(Aspekt-)Repräsentanzen werden zu Klischees, die ihren Beziehungscharakter im Unbewußten bewahren, aber gemäß den unter den desymbolisierten oder nicht zum Symbolisierungsvorgang zugelassenen Repräsentanzen üblichen Gesetzmäßigkeiten eine primärprozeßhaft assoziative Erweiterung und Verzerrung erfahren können. So mag, um ein allerdings nicht generalisierungsfähiges Beispiel zu geben (weil es immer nur um die idiosynkratischen primärprozeßhaften Assoziationen eines bestimmten Kindes gehen kann), das aus der Kommunikation in Sprache und Handeln ausgeschlossene Klischee z. B. Verbindungen mit einer aus Märchenbüchern oder aus Erzählungen der Mutter extrahierten Gestalt einer Hexe, die widerspenstige Kinder in den Ofen sperrt oder auffrißt, eingehen; grundsätzlich können aber alle Erinnerungsspuren, die in irgendeiner assoziativen Verknüpfung mit der als traumatisch erfahrenen Interaktion (im Beispiel: Aggression gegen die Mutter, mit anschließender mütterlicher Drohung vor Strafe oder deren Ausführung) stehen, diese auswuchernde Gestalt des Klischees bedingen. Klischees haben ihre trieb-energetisch-dynamische Relevanz nicht verloren, sondern üben auch weiterhin einen – verzerrenden – Einfluß auf Kommunikationsvorgänge aus.

Wie kann man sich diesen verzerrenden Einfluß verdeutlichen? Zunächst wäre es plausibel anzunehmen, daß an die Stelle eines selbständigen, durchsetzungsfähigen Handelns gegenüber der Mutter (oder im späteren Leben gegenüber Frauen) eine »Lücke« als Folge einer »Gehemmtheit« des betreffenden Bedürfnisses und Erlebnisses tritt. Der Betreffende würde sich dann als jemand erleben, der in bestimmten Situationen kein konstruktiv-aggressives Verhalten äußern kann. Unter interaktionistischen Gesichtspunkten müssen wir diesen Vorgang jedoch noch genauer betrachten.

Im Verlauf der kindlichen Entwicklung kommt es zu einer Vielzahl von Desymbolisierungen bestimmter Trieb-in-Beziehung-zu-Objekt-Aspekt-Repräsentanzen, so daß Teile der psychischen Prozesse unter die Dominanz von primärprozeßhaft ablaufenden Beziehungsstrukturen (= Klischees) geraten. Der bewußten (weitgehend sekundärprozeßhaft und symbolisch ablaufenden) Verfügbarkeit über Triebrepräsentanzen, deren Souveränität vor allem im Triebaufschub ermöglichenden gedanklichen Probehandeln mit kleinen Besetzungsmengen zum Ausdruck kommt, stehen somit innerpsychische Abläufe gegenüber, die quasi automatisch ablaufen, sofern bestimmte Auslösesituationen (Lorenzer: »szenische Arrangements«) gegeben sind. Kommt beispielsweise der Junge in späteren Lebensphasen in die Situation, in der er sich gegenüber einer Frau durchsetzen oder behaupten müßte, so läuft jenes klischeebestimmte unbewußte Erleben ab: Das mit Angst konditionierte interaktiv organisierte Erleben, das im Unbewußten konnotative Erweiterungen erfahren hat, wird nun durch die ausgelöste konstruktive Aggression gegenüber dieser Frau reaktiviert und löst einen Schematismus aus, der dem Betreffenden selbst völlig uneinsichtig bleibt. Denn die Angst, die sich wegen eines erforderlichen Handelns (z. B. Durchsetzung) einstellt, wird von dem Betreffenden durchaus als abwegig erkannt.

In vielen Fällen bleibt es jedoch nicht dabei, daß kommunikatives Handeln in bestimmten Interaktionen ausschließlich nach dem Muster klischeevermittelten unbewußten Erlebens abläuft. Es findet vielmehr eine vom bewußten Erleben ausgehende Auseinandersetzung mit dem klischeevermittelten Verhalten und Erleben in bestimmten Kommunikationen statt, die Freud unter der Überschrift »sekundärer Abwehrkampf« bereits 1926 (in »Hemmung, Symptom und Angst«) beschrieben hat. »Einerseits wird das Ich durch seine Natur genötigt, etwas zu unternehmen, was wir als Herstellungs- oder Versöhnungsversuch beurteilen müssen ... So wird es verständlich, daß das Ich auch versucht, die Fremdheit und Isolierung des Symptoms aufzuheben, indem es alle Möglichkeiten ausnützt, es irgendwie an sich zu binden und durch solche Bande seiner Organisation einzuverleiben ... Im weiteren Verlaufe benimmt sich das Ich so, als ob es von der Erwägung geleitet würde: das Symptom ist einmal da und kann nicht beseitigt werden; nun heißt es, sich mit dieser Situation befreunden und den größtmöglichen Vorteil aus ihr ziehen. Es findet eine Anpassung an das ichfremde Stück der Innenwelt statt, das durch das Symptom repräsentiert wird, wie sie das Ich sonst normalerweise gegen die reale Außenwelt zustande bringt. An Anlässen hierzu fehlt es nie. Die Existenz des Symptoms mag eine gewisse Behinderung der Leistung mit sich bringen, mit der man eine Anforderung des Über-Ichs beschwichtigen oder einen Anspruch der Außenwelt zurückweisen kann. So wird das Symptom allmählich mit der Vertretung wichtiger Interessen betraut, es erhält einen Wert für die Selbstbehauptung, verwächst immer inniger mit dem Ich, wird ihm immer unentbehrlicher ... Andere Symptomgestaltungen, die der Zwangsneurose und der Paranoia, bekommen einen hohen Wert für das Ich, nicht weil sie ihm Vorteile, sondern weil sie ihm eine sonst entbehrte narzißtische Befriedigung bringen. Die Systembildungen der Zwangsneurotiker schmeicheln ihrer Eigenliebe durch die Vorspiegelung, sie seien als besonders reinliche oder gewissenhafte Menschen besser als andere; die Wahnbildungen der Paranoia eröffnen dem Scharfsinn und der Phantasie dieser Kranken ein Feld zur Betätigung, das ihnen nicht leicht ersetzt werden kann.« (Freud, Bd. XIV, S. 125 f.)

Die von Freud beschriebenen synthetischen Bemühungen des Ichs können im interaktionistisch-psychoanalytischen Bezugsrahmen folgendermaßen präzisiert werden: Die aufgrund bestimmter mütterlicher Ängste und Konflikte – in mehr oder weniger gestörter Kommunikation – ausgeführten konfliktinitiierenden Handlungen (wozu z. B. Attribuierungen gehören, in denen bestimmte Erwartungen zum Ausdruck kommen) können eine Desymbolisierung kindlicher Handlungen zur Folge haben. Im weiteren Verlauf versucht das Kind, klischeebestimmtes Verhalten, das irrational anmutet und schematisch abläuft, in sein symbolisch vermitteltes kommunikatives Handeln zu integrieren; dazu muß es für das irrationale Verhalten einen Namen finden. In der Interaktion mit der Mutter wird dieses regressive Verhalten nun wieder in eine symbolische Interaktion eingefädelt. Indem die Mutter das Verhalten des Kindes als »bescheiden« oder »artig« definiert, gelingt es dem Kind teilweise, sein klischeebestimmtes Verhalten sekundär in symbolisch organisiertem, kommunikativem Handeln unterzubringen. Fortan hat bescheidenes oder zuvorkommendes Auftreten in der Interaktion mit einer Frau für dieses Individuum zwei Bedeutungen, von denen die eine aber unbewußt bleibt. Einerseits versteht die im Beispiel geschilderte männliche Person ihr Handeln in bezug auf eine Frau als »einfühlend«, »zuvorkommend« usf. gemäß den in früheren Interaktionen stattgefundenen mütterlichen Definitionen und Etikettierungen seines regressiv primärprozeßhaft-ablaufenden, klischeebestimmten Verhaltens. Andererseits besitzt das einstmals zu Zwecken der Angstvermeidung entstandene, aus der Desymbolisierung hervorgegangene Klischee weiterhin eine unbewußte kommunikative Bedeutung; im Verhalten erscheint in Formen vielfältiger Modifikation auch ferner die Angst vor einer konstruktiven Auseinandersetzung mit der Frau.

Diese Angst kann sich hinter mannigfachen Verhaltensweisen verbergen, die oftmals nur aufgrund ihrer Rigidität noch ihre Herkunft aus der infantilen Angst verraten; eigenmächtiges, autoritäres, herrschsüchtiges Verhalten ist hier beispielsweise zu nennen (man vergleiche dazu auch das Verhalten des Ehemannes im Beispiel 1).

In dem skizzierten Beispiel wird also das klischeevermittelte Verhalten in unterschiedlichen Bearbeitungen und Überformungen artikuliert. Dennoch läuft es noch immer mit strenger Folgerichtigkeit ab, sobald irgendein aggressionsauslösendes Verhalten von seiten einer Frau gegeben ist. Wie auch immer das Individuum sich – je nach Art und Umfang der sekundären Bearbeitung – verhalten mag: bescheiden, nicht aggressiv – aber auch eigenmächtig oder herrschsüchtig, die Interpretation des eigenen Verhaltens bleibt unvollständig. Zwar vermag es, für das sekundär wieder in symbolische Interaktionen eingefädelte Verhalten Motive zu nennen (die den mütterlichen Definitionsprozessen entstammen), aber das zugleich stattfindende klischeebestimmte Verhalten wird falsch interpretiert. »Denn durch die unablässige Überformung allen Verhaltens wird der Verlust an subjektiver Verfügung (als der ein Verfall in klischeebestimmtes Verhalten gelten muß) ebenso ausgeglichen wie irreführend zugedeckt. Weil das klischeebestimmte Verhalten mit symbolvermitteltem Verhalten ständig verbunden wird und das letztere ersteres überformt, wird das klischeebestimmte Verhalten der Beobachtung (und erst recht der Selbstbeobachtung) entzogen. Die ›Lebenslüge‹ des Neurotikers besteht darin.« (Lorenzer 1970, S. 91)

Unter Hinzuziehung der Gedanken von Lorenzer können wir nun auch die kognitiven Vorgänge im Verlauf einer bestimmten Interaktion anhand des skizzierten Beispieles bestimmen; angenommen, es wäre im Verlauf der Kommunikation vom männlichen Individuum ein konstruktiv-aggressives Verhalten gegenüber seiner Ehefrau erforderlich, dann wird die Ehefrau

1. als »Mutter« behandelt (die konstruktiv-aggressives Verhalten bestraft);
2. in der – falsch interpretierten – Interaktionssituation als »Ehefrau« angesehen.

Entsprechend befindet sich der Mann in der gegebenen Interaktion

1. als »Sohn«, der sich
2. in der – falsch interpretierten – Situation als »Ehemann« versteht.

»Dasselbe Geschehen«, schreibt Lorenzer, »wird zugleich ›nicht verstanden‹ und ›verstanden‹, indem es falsch verstanden wird.« (1970, S. 92)

Der neurotische Konflikt manifestiert sich also nicht in Sprachlosigkeit, sondern in einer Sprachverwirrung. Diese Sprachverwirrung ist aufgrund der Differenz von symbolvermitteltem bewußtem Handeln und klischeebestimmtem Verhalten auszumachen. Lorenzer verdeutlicht diese sich als Kommunikationsstörung manifestierende Sprachverwirrung anhand der Vermischung der Objektrepräsentanzen (vgl. S. 92); in unserem Beispiel ergibt sich, daß:

»Ehefrau« = Ehefrau (+ Mutter),

wobei der in Klammer gesetzte Anteil seine Herkunft dem klischeebestimmten Verhalten verdankt, während der andere Anteil dem bewußten Erleben entstammt. Im Verlauf der Kommunikation setzen sich aber beide Verhaltensanteile durch, so daß gilt:

»Ehefrau« = Ehefrau + Mutter.

Unter Hinzuziehung der interaktionistischen Sichtweise, in der es keine isolierten Trieb- oder Objektrepräsentanzen gibt, kann die Formel nun folgendermaßen erweitert werden: »Ehefrau« (gegenüber der man sich nicht zu behaupten versteht, obgleich ein konstruktiv-aggressives Verhalten angezeigt wäre) = Ehefrau (zu der man sich zuvorkommend und nicht aggressiv verhält) + Mutter (vor der man Angst hatte, seine Selbständigkeit und Durchsetzungsfähigkeit zu entfalten).

Der in Anführungszeichen gesetzte Begriff »Ehefrau« ist somit Teil einer Privatsprache geworden (denn sein Begriffsumfang gilt nur für diesen Mann); er ist aber zugleich noch Teil einer Umgangssprache. Der Begriff »Ehefrau« ist deshalb »Bestandteil einer pseudo-kommunikativen Privatsprache« (S. 92).

Fassen wir Lorenzers Konzept noch einmal stichwortartig zusammen:

1. Im Verlauf der Mutter-Kind-Interaktion kommt es zur Verdrängung bestimmter kindlicher Körperbedürfnisse, die immer als Trieb-»in-Beziehung-zu« definiert sind.
2. Dieser Verdrängungsvorgang wird von Lorenzer als Desymbolisierung bezeichnet.
3. In der Desymbolisierung wird die »Geschlossenheit des Sprachspiels aufgebrochen – Sprache wird korrumpiert, der Zugang zu den Motiven wird verschüttet . . .« (1970, S. 168).
4. Die Dynamik der exkommunizierten und desymbolisierten Interaktionsszene bleibt aber im Klischee erhalten.
5. Durch sekundäre Überarbeitungen und synthetische Bemühungen wird klischeebestimmtes Verhalten mit symbolvermitteltem Handeln verbunden.
6. Da diese Verbindung aber dem bewußten Erleben und der Symbolbildung nicht zugänglich ist, entsteht eine Sprachverwirrung.
7. Die sich einstellende Sprachverwirrung ist Folge der konflikthaft erfahrenen Interaktion und führt wiederum zu mannigfachen Interaktionsstörungen.

7.3 Erziehung zur Konfliktfähigkeit im psychoanalytischen Ansatz

Die in der symbolisch interaktionistischen Betrachtungsweise des psychoanalytischen Konfliktkonzepts zunächst einmal in den Vordergrund der Betrachtung gestellten Interaktionen dürfen in ihren gesellschafts- und kulturspezifischen Determinanten keineswegs für »invariant« gehalten werden (vgl. Schneider 1973, S. 151 ff.). Vielmehr gilt es, wiederum in Erinnerung zu rufen, daß die Bedingungen deformierter Interaktion gemäß der in Kapitel 2 explizierten Thesen nur hinreichend verstanden werden können, wenn man sie aus den Bewußtseins- und Triebdeformationen und der gestörten Zwischenmenschlichkeit ableitet, die aus der bestehenden Organisationsform menschlicher Arbeit resultiert. Einen »ewig gleichbleibenden« Gegensatz zwischen kindlicher Triebnatur und Kultur annehmen zu wollen oder unvermeidliche elterliche Erziehungspraktiken wie Abstillen oder Reinlichkeitsdressur u. dgl. m. für Interaktionsstörungen verantwortlich zu machen, wäre eine total verkürzte Sichtweise.

Die Bedingungen der konfliktinitiierenden Erziehungshandlungen, die zu einer Verdrängung und damit zu einer Desymbolisierung symbolisch kommunikativen Handelns führen, wurden in den vorangegangenen Kapiteln skizziert. In diesem Kapitel ging es nicht so sehr um die detaillierte Beschreibung elterlicher Handlungen (wie Mitteilungen in gestörter Kommunikation, bestimmte Kognitionsvorgänge wie Attribuierungen, Etikettierungen usf., Verunmöglichung von Identitätsbalance), sondern um die Tiefenstruktur des Konflikts. Es kam uns darauf an, die zwei Ebenen in jeder gestörten Kommunikation aufzuzeigen: die bewußte symbolvermittelte und die unbewußte klischeebestimmte, deren nicht verstandene Differenz zur Sprachverwirrung und damit zu einer weiteren Verfestigung gestörter Zwischenmenschlichkeit beiträgt.

Die Folgerungen für eine Erziehung zur Konfliktfähigkeit lassen sich in wenigen Sätzen ausdrücken; es käme darauf an, die in überwiegender Mehrzahl überflüssigen Desymbolisierungsprozesse innerhalb des kindlichen Bewußtseins zu vermeiden. Dazu sind die in den Kapiteln 4 bis 6 ausgeführten Vorschläge heranzuziehen. Die in psychoanalytischen Publikationen geäußerten Thesen über eine Erziehung zur Ichstärke oder zum Realitätsprinzip (vgl. z. B. Bittner 1969) sind zwar gut gemeint, aber greifen zu kurz; denn bedeutsamer als alle elterlichen Überlegungen, wie sie ihr Kind zur Ichstärke erziehen könnten, sind ihre zumeist in gestörter Kommunikation ablaufenden Erziehungshandlungen, in denen bestimmte identitätsbehindernde Erwartungen und Etikettierungen allemal schon eine Erziehung zur Ichstärke unmöglich machen.

Zusammenfassung

Ausgehend von der Kritik an verschiedenen Forschungsergebnissen einer empirisch-nomothetischen Sozialisationsforschung wurde aufzuzeigen versucht, daß bislang keine theoretisch ausreichend fundierten Konzepte für eine konfliktorientierte Erziehung vorliegen. In dieser Arbeit mußte deshalb zunächst einmal ein komplexes sozialpsychologisches und psychoanalytisches Konfliktmodell als heuristischer Rahmen für die weitere Forschungsarbeit entwickelt werden.

Mit der Einführung von gesellschaftlichen Bedingungen für die Entstehung von Konflikten, aus denen mannigfache psychische Störungen hervorgehen können, sollte verdeutlicht werden, daß die Beschränkung auf eine individualpsychologische Ebene unzureichend ist. Gestörte Kommunikations- und Interaktionsprozesse, in denen konflikteinleitende und -verfestigende Handlungen auftreten, sind in den allermeisten Fällen durch das Sozialsystem bedingt. Mit dem Theorem »Warencharakter der zwischenmenschlichen Beziehungen« wurde aufzuzeigen versucht, daß Interaktionsstörungen nicht nur durch den Rekurs auf das Individualsystem oder das familiäre System zu erklären sind, sondern nur durch den Einbezug der gesellschaftlichen Vermitteltheit gestörter Zwischenmenschlichkeit hinreichend verstanden werden können.

Bei der Konzeptualisierung des Konfliktmodells wurde davon ausgegangen, daß eine sozialpsychologische bzw. soziologische Perspektive, die z. B. anhand der Ausführungen über »Etikettierung« beschrieben wurde, mit einer psychoanalytischen Betrachtungsweise zu kombinieren ist. Der Vorteil des sozialpsychologischen Ansatzes ist darin zu sehen, daß er symbolische Interaktionsvorgänge und Kognitionsprozesse präzise erfassen kann. Zudem erlaubt der sozialpsychologische Ansatz eher, Aspekte des sozialen Kontextes miteinzubeziehen und so den individualsystematischen Charakter der psychoanalytischen Theorie zu überschreiten.

Mit Hilfe der psychoanalytischen Theorie können andererseits die Struktur und Dynamik von verinnerlichten Interaktionsrepräsentanzen genauer geklärt werden als mit sozialpsychologischen Ansätzen.

Die in diesem Buch beschriebene Kombination der beiden Theorieansätze sollte einen Bezugsrahmen schaffen, der die Einseitigkeiten einer ausschließlich soziologischen bzw. sozialpsychologischen und einer ausschließlich psychoanalytischen Theoriebildung über Entstehung, Verlauf und Verfestigung psychischer Konflikte vermeidet.

Die Forderung nach einer konfliktorientierten Erziehung, deren Prämissen in Stichworten skizziert wurden, darf gemäß der obigen Ausführungen nicht individualpsychologisch fehlinterpretiert werden. Konfliktfähigkeit, als Resultat einer Erziehung zu einer progressiven Konfliktverarbeitung, ist nicht nur die Fähigkeit, Konflikte binnenpsychologisch zu betrachten und zu lösen, sondern auch konfliktinitiierende Etikettierungen, Identitätszuschreibungen und Kommunikationsstörungen in ihrer gesellschaftlichen Vermitteltheit zu erkennen. Diese Erkenntnis sollte dazu führen, sich von dem herkömmlichen Verständnis über die Ursachen psychischer Erkrankungen zu lösen.

Literatur

Abelson, P. R. u. a. (Hrsg.): Theories of cognitive consistency: a source book. Chicago 1968

Ackermann, P.: Politisches Lernen in der Grundschule. München 1973

Adorno, Th. W. u. a.: Der Positivismusstreit in der deutschen Soziologie. Neuwied/Berlin ²1969

Ammon, H.: Dynamische Psychiatrie. Darmstadt/Neuwied 1973

Argyle, M.: Soziale Interaktion. Köln 1972

Bateson, G./Jackson, D. D./Haley, J./Weakland, J. W.: Towards a theory of schizophrenia. In: Behav. Science (1), 1956, 251—264; ferner in: Bateson, G. u. a.: Schizophrenie und Familie. Frankfurt 1969

Baumrind, D.: Current patterns of parental authority. Developm. Psychol. 4, 1971, 1—103

Becker, H. S.: Outsiders. Studies in the sociology of deviance. New York 1963

Becker, W. C.: Consequences of different kinds of parental discipline. In: Hoffman, M. L./Hoffman, L. W. (Hrsg.): Review of child development research, Bd. 1. New York 1964

Berndt, H.: Zur Soziogenese psychiatrischer Erkrankungen. Familiendynamische Aspekte der Schizophrenieforschung. In: Mitscherlich, A. u. a. (Hrsg.): Der Kranke in der modernen Gesellschaft. Köln 1967, 454—482

Bernstein, B.: Socio-linguistic approach to socialization: With some reference to educability. In: Gumperz, J./Hymes, D. (Hrsg.): Directions in sociolinguistics. New York 1970

Bittner, G.: Psychoanalyse und soziale Erziehung. München 1969

Blumer, H.: Der methodologische Standort des symbolischen Interaktionismus. In: Arbeitsgruppe Bielefelder Soziologen (Hrsg.): Alltagswissen, Interaktion und gesellschaftliche Wirklichkeit. Hamburg 1973, 80 ff.

Bodamer, J.: Der Mann von heute — Seine Gestalt und Psychologie. Freiburg/München ²1966

Bräutigam, W.: Reaktionen, Neurosen, Psychopathien — Ein Grundriß der kleinen Psychiatrie. Stuttgart 1968

Brezinka, W.: Die Pädagogik der Neuen Linken. Stuttgart 1973

Bronfenbrenner, U.: Socialization and social class through time and space. In: Maccoby u. a.: Readings in social psychology. New York 1958

– Wandel der amerikanischen Kindererziehung. In: Friedeburg, L. v. (Hrsg.): Jugend in der modernen Gesellschaft. Köln/Berlin 1965

Bschor, F. (Hrsg.): Jugendliche und Drogenkonsum. Pressedienst der FU, Nr. 5. Aus der Arbeit der Forschungsgruppe S am Institut für gerichtliche und soziale Medizin der FU. Berlin 1971

Buber, M.: Distance and relations. Psychiatry 1957, 20, zitiert nach: Watzlawick, P., Beavin, J. H. und Jackson, D. D.: Menschliche Kommunikation. Formen, Störungen, Paradoxien (aus dem Amerikanischen übersetzt). Bern 1969

Bühler, K.: Abriß der geistigen Entwicklung des Kindes. Leipzig 1919

Caesar, B.: Autorität in der Familie — Ein Beitrag zum Problem schichtenspezifischer Sozialisation. Hamburg 1972

Cline, V. V.: Interpersonal perception. In: Maher, B. A. (Hrsg.): Progress in experimental personality research. Bd. 1. New York 1964, 221—284

Combe, A.: Zur Kritik der Sozialisationsforschung. In: Die Deutsche Schule 64, 1972, 237—246
Coser, R. L.: Authority and structural ambivalence in the middle class family. In: Coser, R. L. (Hrsg.): The family. Its structure and functions. New York 1964, 370—383
– Role distance, sociological ambivalence, and transitional status systems. In: American journal of sociology 72, 1966, 173—187
Coutu, W.: Role playing versus role taking. An appeal for clarification. In: American sociological rev. 16, 1951, 180—187
de Boor, G. C.: Zur Psychosomatik der Allergie, insbesondere des Asthma bronchiale. Bern/Stuttgart 1965
Dessai, E.: Kinderfreundliche Erziehung in der Dreizimmerwohnung. Frankfurt a. Main 1973
Deutsch, K. W./Senghaas, D.: Die brüchige Vernunft von Staaten. In: Senghaas, D. (Hrsg.): Kritische Friedensforschung. Frankfurt a. Main ²1972
Dreitzel, H. P.: Die gesellschaftlichen Leiden und das Leiden an der Gesellschaft. Stuttgart 1972
Dürr, O.: Frieden — Herausforderung an die Erziehung. Stuttgart 1971
Erikson, E. H.: Identität und Lebenszyklus. Frankfurt a. Main 1966, 11—54
– Kindheit und Gesellschaft. Stuttgart ³1968
Feger, H.: Beiträge zur experimentellen Analyse des Konflikts. In: Thomae, H. (Hrsg.): Allgemeine Psychologie: Motivation. Hdb. d. Psychol. Bd. II. Göttingen 1965
Fend, H.: Sozialisierung und Erziehung. Weinheim/Berlin/Basel 1969
– Konformität und Selbstbestimmung. Weinheim/Berlin/Basel 1971
Festinger, L.: A theory of cognitive dissonance. Evanston, Ill. 1957
– /Carlsmith, J. M.: Cognitive consequences of forced compliance. In: Journ. of abn. a. soc. psychol. 58, 1959, 203—210
Ford, J. u. a.: Functional autonomy, role distance and social class. In: Brit. journ. of psychol. 18, 1967, 370 ff.
Freeman, Th./Cameron, J. L./McGhie, A.: Studie zur chronischen Schizophrenie. Frankfurt a. Main 1969
Frenkel-Brunswick, E.: Intolerance of ambiguity as an emotional and perceptional personality variable. In: Journ. of personality 18, 1949/50, 108—143
Freud, A.: Das Ich und die Abwehrmechanismen. München 1936, i. A. v. 1969
Freud, S.: Gesammelte Werke. Bände I, VIII, X, XIII, XIV. Frankfurt a. Main i. A. v. 1968—70
Frey, D.: Der augenblickliche Stand der »forced-compliance« Forschung. In: Zeitschr. f. Sozialpsychol. 1971, 2, 323–342
Gamm, H.-J.: Aggression und Friedensfähigkeit in Deutschland. München 1968
Geulen, D.: Gesellschaftliche Herrschaft und primäre Sozialisation. In: Széll, G.: Privilegierung und Nichtprivilegierung im Bildungssystem. München 1972, 107—136
Goffman, E.: Asylums: Essays on the social situation of mental patients and other immates. Garden City, N.Y. 1961 a
– Role distance, 1961 b. In: Goffman, E.: Encounters. Indianapolis ³1966, 83—152
– Stigma. Über Techniken der Bewältigung beschädigter Identität. Frankfurt a. Main 1967
– Interaction ritual: Essays in face-to-face behavior. Chicago 1968 (deutsch:

Interaktionsrituale. Über Verhalten in direkter Kommunikation. Frankfurt a. Main 1971)
Gold, V. u. a.: Kinder spielen Konflikte. Neuwied/Berlin 1973
Goslin, D. A. (Hrsg.): Handbook of socialization theory and research. Chicago 1969
Gottschalch, W. u. a.: Sozialisationsforschung. Frankfurt a. Main 1971
Graumann, C. F.: Interaktion und Kommunikation. In: Graumann, C. F. (Hrsg.): Sozialpsychologie. Hdb. d. Psychol. Bd. VII/2. Göttingen 1972
Greenson, R. R.: Zum Problem der Empathie. In: Psyche XV, 1961/62, 142—154
– Das Arbeitsbündnis und die Übertragungsneurose. In: Psyche XX, 1966, 81—103
Habermas, J.: Thesen zur Theorie der Sozialisation. Frankfurt a. Main 1968
– Arbeit, Erkenntnis, Fortschritt. Amsterdam 1970
– Vorbereitende Bemerkungen zu einer Theorie der kommunikativen Kompetenz. In: Habermas, J./Luhmann, N.: Theorie der Gesellschaft oder Sozialtechnologie. Frankfurt a. Main 1971, 101 ff.
Haensch, D.: Repressive Familienpolitik. Hamburg 1969
Hagemann-White, C./Wolff, R.: Gesellschaftliche Entwicklung und Sozialisationsforschung. In: Erziehung und Klassenkampf 9, 1973, 5–26
Hartley, E. L. u. R. E.: Die Grundlagen der Sozialpsychologie. Berlin 1955
Hartmann, H.: Stand und Entwicklung der amerikanischen Soziologie. Einführung zu: Hartmann, H. (Hrsg.): Moderne amerikanische Soziologie. Neuere Beiträge zur soziologischen Theorie. Stuttgart 1967, 1—92
Haseloff, O. W.: Zur Soziologie psychoanalytischen Wissens. In: Kölner Zeitschr. f. Soziologie und Sozialpsychol. 14. Jg., Köln-Opladen 1962, 39—58
Heckhausen, H.: Die Interaktion der Sozialisationsvariablen in der Genese des Leistungsmotivs. In: Graumann, C. F. (Hrsg.): Sozialpsychologie. Hdb. d. Psychol. Bd. VII/2. Göttingen 1972
Heider, F.: The psychology of interpersonal relations. New York 1958
Hentig, H. v.: Erziehung zum Frieden. In: Lorenz, F. (Hrsg.): Frieden. Stuttgart ²1968
Herrmann, Th.: Psychologie der Erziehungsstile. Göttingen 1966
– Über einige Einwände gegen die nomothetische Psychologie. In: Zeitschr. f. Sozialpsychol. 1971, 2, 123–149
Hofer, M.: Die Schülerpersönlichkeit im Urteil des Lehrers. Weinheim 1969
Hoffman, M. L.: Child rearing practices and moral development. Child development 34, 1963, 295 ff.
– Moral development. In: Mussen, P. H. (Hrsg.): Carmichael's manual of child psychology. Vol. II, New York 1970
Hofstätter, P. R.: Psychologie. Frankfurt a. Main 1957
Holfeld, H.: Kasuistischer Beitrag zur schizophrenen Um- und Innenwelt. In: Zeitschr. f. Psychosom. Med. u. Psychoanalyse 17, 1, 1971, 51–67
Holzkamp, Ch.: Die Entwicklung der kognitiven Fähigkeiten. In: Familienerziehung, Sozialschicht und Schulerfolg. (Hrsg. b:e Redaktion). Weinheim/Berlin/Basel 1971
Holzkamp, K.: Kritische Psychologie. Frankfurt a. Main 1972 a
– Soziale Kognition. In: Graumann, C. F. (Hrsg.): Sozialpsychologie. Hdb. d. Psychol. Bd. VII/2. Göttingen 1972 b
– Sinnliche Erkenntnis — Historischer Ursprung und gesellschaftliche Funktion der Wahrnehmung. Frankfurt a. Main 1973

Horn, K.: Dressur oder Erziehung. Frankfurt a. Main 1967
– (Hrsg.): Gruppendynamik und der »subjektive Faktor«. Repressive Entsublimierung oder politisierende Praxis. Frankfurt a. Main 1972
Huch, K. J.: Einübung in die Klassengesellschaft. Frankfurt a. Main 1972
Huffschmid, J.: Die Politik des Kapitals. Frankfurt a. Main 1969
Hull, C. L.: The goal-gradient hypothesis applied to some »field-force« problems in the behavior of young children. In: Psychol. rev. 45, 1938, 271–299
Jones, E. E./Gerard, H. B.: Foundations of social psychology. New York 1967
Jones, E. E. u. a.: Attribution: Perceiving the causes of behavior. New York 1971
Kafka, F.: Brief an den Vater. Zit. n. Rattner, J.: Kafka und das Vater-Problem. München/Basel 1964
Kelley, H. H.: Attribution theory in social psychology. In: Levine, D. (Ed.): Nebraska Symposium on Motivation. Vol. 15, Lincoln: University of Nebraska Press 1967, 192–238
Keupp, H.: Psychische Störungen als abweichendes Verhalten. München/Berlin/Wien 1972
– /Bergold, J. B.: Probleme der Macht in der Psychotherapie unter spezieller Berücksichtigung der Verhaltenstherapie. In: Bachmann, C. H. (Hrsg.): Psychoanalyse und Verhaltenstherapie. Frankfurt a. Main 1972
Kilian, H.: Zur Problemstellung einer Kritischen Theorie der Psychoanalyse. In: Wehler, H.-U. (Hrsg.): Soziologie und Psychoanalyse. Stuttgart/Berlin/Köln/Mainz 1972
Kohut, H.: Formen und Umformungen des Narzißmus. In: Psyche XX, 1966, 561–587
– Die psychoanalytische Behandlung narzißtischer Persönlichkeitsstörungen. In: Psyche XXIII, 1969, 321–348
– Introspektion, Empathie und Psychoanalyse. In: Psyche XXV, 1971, 831–855
– Narzißmus. Frankfurt a. Main 1973
Krappmann, L.: Soziologische Dimensionen der Identität. Stuttgart 1971 a
– Neuere Rollenkonzepte als Erklärungsmöglichkeit für Sozialisationsprozesse. In: Familienerziehung, Sozialschicht und Schulerfolg (Hrsg.: b:e Redaktion). Weinheim/Berlin/Basel 1971 b
– Die Entstehung der Lernfähigkeit im Interaktionssystem der Familie und ihre Förderung in der Schule. In: Halbfas, H./Maurer, F./Popp, W. (Hrsg.): Entwicklung der Lernfähigkeit. Stuttgart 1972
Kris, E.: Psychoanalytic explorations in art. New York 1953
Laing, R. D.: The politics of experience and the bird of paradise. Harmondsworth, Middlesex, England 1967
– Mystifizierung, Konfusion und Konflikt. In: Bateson, G. u. a.: Schizophrenie und Familie. Frankfurt a. Main 1969, 274 ff.
– u. a.: Interpersonelle Wahrnehmung. Frankfurt a. Main 1971
Lehr, U.: Erscheinungsweisen des Konfliktes. In: Thomae, H. (Hrsg.): Allgemeine Psychologie: Motivation. Hdb. d. Psychol. Bd. II. Göttingen 1965
Leist, F.: Über Leben, Lüge und Liebe. Freiburg 1966
Lenk, H.: Leistungssport: Ideologie oder Mythos? Stuttgart/Berlin/Köln/Mainz 1972
Lenzen, D.: Didaktik und Kommunikation. Frankfurt a. Main 1973
Lewin, K.: Dynamic theory of personality. New York 1935

Lidz, T. u. a.: Zur Familienumwelt des Schizophrenen. In: Psyche XIII, 1959/60, 243—256
Lincke, H.: Das Über-Ich — eine gefährliche Krankheit? In: Psyche XXIV, 1970, 375—402
Loch, W.: Voraussetzungen, Mechanismen und Grenzen des psychoanalytischen Prozesses. Bern/Stuttgart 1965
Lorenzer, A.: Sprachzerstörung und Rekonstruktion. Frankfurt a. Main 1970
– Symbol, Interaktion und Praxis. In: Lorenzer, A. u. a.: Psychoanalyse als Sozialwissenschaft. Frankfurt a. Main 1971
– Zur Begründung einer materialistischen Sozialisationstheorie. Frankfurt a. Main 1972
– Über den Gegenstand der Psychoanalyse oder: Sprache und Interaktion. Frankfurt a. Main 1973
Lowenfeld, H. u. Y.: Die permissive Gesellschaft und das Über-Ich. In: Psyche XXIV, 1970, 706—720
Lückert, H. R.: Erziehung zum Frieden. In: Schlemmer, J. (Hrsg.): Krieg und Frieden. Wie lösen wir in Zukunft die politischen Konflikte? München 1970
Lukasczyk, K.: Soziale Wahrnehmung (Stichwort). In: Bernsdorf, W. (Hrsg.): Wörterbuch der Soziologie. Stuttgart ²1969
Mandel, A. u. K. H. u. a.: Einübung in Partnerschaft durch Kommunikationstherapie und Verhaltenstherapie. München 1971
Marx, K.: Das Elend der Philosophie. Berlin i. A. v. 1971
McCall, G. J./Simmons, J. L.: Identities and Interactions. An examination of human associations in everyday life. New York 1966
McHenry, R.: New methods of assessing the accuracy of interpersonal perception. In: Journ. of the theory of soc. behav. Vol. I, Nr. 2, 1971, 109—119
Mead, G. H.: Mind, self, and society. Chicago 1934/¹³1965
Merton, R. K.: Social theory and social structure. New York 1957
Meves, Ch.: Manipulierte Maßlosigkeit. Freiburg i. Br. 1971
Meyer, W.-U.: Anspruchsniveau und das Erleben der Selbstverantwortlichkeit für Erfolg und Mißerfolg in Leistungssituationen. In: Psychol. Beiträge II, 328—348
– u. a.: Die Entstehung der erlebten Selbstverantwortlichkeit: (2) in Abhängigkeit von Selbstverantwortlichkeit, Leistungsmotivation und Interaktion der Mutter. In: Heckhausen, H.. 1972, a.a.O.
Miller, D. R./Swanson, G. E.: The changing american parent. New York 1958
– Inner conflict and defense. New York 1960
Mitscherlich, A.: Auf dem Weg zur vaterlosen Gesellschaft. München 1963
– Die Unwirtlichkeit unserer Städte. Frankfurt a. Main 1965
– Krankheit als Konflikt. Frankfurt a. Main 1966
Mollenhauer, K.: Theorien zum Erziehungsprozeß. München 1972
Morris, G. O./Wynne, L. C.: Schizophrenic offsprings and parental style of communication: a predictive study using excerpts of family therapy recording. In: Psychiatry 28, 1965, 19—44
Murray, E. J./Berkun, M. M.: Displacement as a function of conflict. In: J. abn. soc. Psychol. 51, 1955, 47—56
Nunberg, H.: Allgemeine Neurosenlehre. Bern 1959
Nutz u. a.: Friedensfähigkeit und politisches Lernen. Starnberg 1973
Oevermann, U.: Soziale Schichtung und Begabung. In: Zeitschr. f. Päd. Beiheft 6, 1966

– Schichtenspezifische Formen des Sprachverhaltens und ihr Einfluß auf die kognitiven Prozesse. In: Roth, H. (Hrsg.): Begabung und Lernen. Stuttgart 1969, 297—356
– Sprache und soziale Herkunft. Frankfurt a. Main 1972
Osgood/Tannenbaum: The principle of congruity in the prediction of attitude change. In: Psychol. Rev. 1955, 62, 42—55
Parin, P.: Die Abwehrmechanismen der Psychopathen. In: Psyche XV, 1961/62, 322—329
Parow, E.: Psychotisches Verhalten und Umwelt. Frankfurt a. Main 1972
– Die Dialektik des symbolischen Austauschs. Frankfurt a. Main 1973
Parsons, T./Bales, R. F.: Family-socialization and interaction-process. London 1955
Pearlin, L. L./Kohn, M. L.: Social class, occupation, and parental values: A cross-national study. In: Amer. sociol. rev. 31, 1966, 466–479
Pressel, A.: Sozialisation. In: Beck, J. u. a.: Erziehung in der Klassengesellschaft. München 1970
Preuß-Lausitz, U.: Vom Schwinden der »Fähigkeit«, sich mit dem politischen System zu identifizieren. In: betrifft: Erziehung 2, 1973, 19 ff.
Quensel, St.: Wie wird man kriminell? In: Kritische Justiz, 1971, 375 ff.
Rainwater, L. u. a.: Workingmans Wife. New York 1959
Reiche, R.: Ist der Ödipuskomplex universell? Kursbuch 29, 1972, 159 ff.
Richter, H.-E.: Eltern, Kind und Neurose. Stuttgart 1963
Ritter, P. u. J.: Freie Kindererziehung in der Familie. Hamburg 1972
Rohr, Ch.: Verhaltensänderung — Psychologische Theorie der Veränderung menschlichen Verhaltens. München 1972
Rolff, H.-G.: Sozialisation und Auslese durch die Schule. Heidelberg 1967
Rosen, B. C.: The achievement syndrome. In: Amer. sociolog. rev. 1956, 203 ff.
Roskamp, H.: Grundzüge der Neurosenlehre. In: Loch, W. (Hrsg.): Die Krankheitslehre der Psychoanalyse. Stuttgart 1967
Saß, H.-W. (Hrsg.) Antiautoritäre Erziehung oder die Erziehung der Erzieher. Stuttgart 1972
Schaefer, E. S.: A circumplex model for maternal behavior. In: J. abn. soc. Psychol. 59, 1959, 226—35
Schäfer, K. H./Schaller, K.: Kritische Erziehungswissenschaft und kommunikative Didaktik. Heidelberg [1]1971
Schafer, R.: Generative empathy in the treatment situation. In: Psychoanal. Quart. 28, 1959, 342—373
Scheff, T. J.: Being mentally ill: A sociological theory. Chicago 1966
– Das Etikett »Geisteskrankheit«. Soziale Interaktion und psychische Störung. Frankfurt a. Main 1973
Schneider, M.: Neurose und Klassenkampf. Hamburg 1973
Searles, H. F.: Das Bestreben, den anderen verrückt zu machen — ein Element in der Ätiologie und Psychotherapie der Schizophrenie. In: Bateson, G. u. a.: Schizophrenie und Familie. Frankfurt a. M. 1969, 128 ff.
Seehuber, D.: Probleme der Erwachsenen bei der Kindererziehung. In: Saß a.a.O., S. 42—62
Senghaas, D. (Hrsg.): Friedensforschung und Gesellschaftskritik. Frankfurt a. Main 1973
Siegrist, J.: Das Consensus-Modell. Studien zur Interaktionstheorie und zur kognitiven Sozialisation. Stuttgart 1970

Singer, K.: Verhindert die Schule das Lernen? München 1973
Spitz, R. A.: Vom Säugling zum Kleinkind. Stuttgart 1967
Stelly, G.: Die Dummen und die Klugen. München 1972
Stierlin, H.: Über schizoide Einfühlung. In: Schelkopf, A./Elhardt, S. (Hrsg.): Aspekte der Psychoanalyse. Göttingen 1969, 123–129
– Das Tun des Einen ist das Tun des Anderen. Frankfurt a. Main 1971
Strauss, A.: Spiegel und Masken. Die Suche nach Identität. Frankfurt a. Main 1968
Stryker, Sh.: Theorie des symbolischen Interaktionismus: Eine Darstellung und einige Vorschläge für die vergleichende Familienforschung. In: Lüschen, G./Lupri, E. (Hrsg.): Soziologie der Familie. In: Zeitschr. f. Soz. u. Sozialpsych., Sonderheft 24, 1970, 49—67
Swanson, G. E.: Determinants of the individual's defenses against inner conflict. Review and reformulation. In: Glidewell, J. C. (Hrsg.): Parental attitudes and child behavior. Springfield, Ill., 1961, 5—41
Thiersch, H.: Stigmatisierung und Verfestigung des abweichenden Verhaltens. In: Zeitschr. f. Pädag. 1969
Thomae, H. (Hrsg.): Der Mensch in der Entscheidung. München 1960
Turner, R. H.: Role-taking: process versus conformity. In: Rose, A. M. (Hrsg.): Human behavior and social processes. London 1962, 20—40
Ulich, D.: Konflikt und Persönlichkeit. München 1971
– Soziale Beziehungen und Probleme der Macht in pädagogischen Interaktionen. In: Halbfas, H. u. a.: Soziales Lernen in der Schule. Stuttgart 1974 i. Druck
– /Mertens, W.: Urteile über Schüler. Weinheim/Basel 1973
Vilmar, F.: Die Verflechtungen von Rüstung, Wirtschaft und Wissenschaft. In: Senghaas, D., a.a.O. Frankfurt a. Main 1973
Vinnai, G.: Sozialpsychologie der Arbeiterklasse. Hamburg 1973
Waller, M.: Die Entwicklung der Rollenwahrnehmung: Ihre Beziehung zur allgemeinen kognitiven Entwicklung und sozialstrukturellen Variablen. In: Zeitschr. f. Sozialpsychol. 1971, 2, 343–357
Wallraven, K./Dietrich, E.: Politische Pädagogik — Aus dem Vokabular der Anpassung. München 1970
Watzlawick, P./Beavin, J. H./Jackson, D. D.: Menschliche Kommunikation — Formen, Störungen, Paradoxien. Bern/Stuttgart/Wien 1969
Weiner, B./Kukla, A.: An attributional analysis of achievement motivation. In: Journ. pers. soc. Psychol. 15, 1970, 1—20
Weiner, B. u. a.: Perceiving the causes of success and failure. In: Jones, E. E. et al. (Hrsg.): Attribution: Perceiving the causes of behavior. New York 1971
Weinstein, E. A.: The development of interpersonal competence. In: Goslin, D. A. (Hrsg.): Handbook of socialization theory and research. Chicago 1969, 753—775
Wellendorf, F.: Schulische Sozialisation und Identität. Weinheim/Basel 1973
White, R. W.: Motivation reconsidered: The concept of competence. Psychol. rev. 66, 1959, 297—333
Wilson, Th. P.: Theorien der Interaktion und Modelle soziologischer Erklärung.
In: Arbeitsgruppe Bielefelder Soziologen (Hrsg.): Alltagswissen, Interaktion und gesellschaftliche Wirklichkeit. Hamburg 1973, 54 ff.

Witkin, H. A.: Psychological differentiation. New York 1962
Wollschläger, G.: Kreativität und Gesellschaft, Frankfurt a. Main 1972
Wulff, E.: Psychopathie? — Soziopathie? In: Das Argument 71, 14, 1972, 62 ff.
Wynne, L. C.: The study of intrafamilial alignments and splits in exploratory family therapy. In: Ackermann, N. W. u. a. (Hrsg.): Exploring the base for family therapy. New York 1961, 95 ff.
– /Singer, M. Th.: Denkstörung und Familienbeziehung bei Schizophrenen. In: Psyche XVIV, 1965, 82—160
– /Ryckoff, I. M./Day, J./Hirsch, St. J.: Pseudo-Gemeinschaft in den Familienbeziehungen von Schizophrenen. In: Bateson, G. u. a.: Schizophrenie und Familie. Frankfurt a. Main 1969, 44 ff.
Wyss, D.: Die tiefenpsychologischen Schulen von den Anfängen bis zur Gegenwart. Göttingen 1961

Wolfgang Mertens — Gudrun Fuchs
Krise der Sozialpsychologie?

Zur Krisendiskussion über die theoretischen und methodischen Grundlagen der Sozialpsychologie

Etwa 180 Seiten. Paperback ca. DM 19.80

Das Buch informiert über eine entscheidende wissenschaftliche Entwicklung, die sich derzeit im Bereich der Sozialpsychologie vollzieht, und gibt Ausblicke auf mögliche und brauchbare Alternativen in einer zunehmend praktisch bedeutsamen Wissenschaft.

Wolfgang Mertens
Aspekte einer sozialwissenschaftlichen Psychologie

148 Seiten. Paperback DM 19.80

Der Autor zeichnet in seinem Buch kompetent und kritisch die unterschiedlichen methodologischen und wissenschaftstheoretischen Positionen in der heutigen Sozialwissenschaft nach und bringt dabei auch ihre wissenschaftsgeschichtlichen und -politischen Voraussetzungen, Bedingungen und Folgen zur Sprache. Ein Buch, das in wichtige Problembereiche der modernen sozialwissenschaftlichen Theorie und Methode sachkundig und engagiert eindringt.

Bernd Weidenmann
Lehrerangst

Ein Versuch, Emotionen aus der Tätigkeit zu begreifen

Etwa 200 Seiten. Paperback ca. DM 22.–

Dieses Buch beschäftigt sich mit der Angst des Lehrers vor dem Unterricht, einer Angst, die von der Forschung bislang kaum zur Kenntnis genommen wurde. Zugleich bringt es eine Kritik an der herkömmlichen psychologischen Angstforschung und weist Wege, die zu neuen konkreten Forschungsvorhaben über das Thema „Angst" führen können.

Ehrenwirth Verlag München